ÉDUQUER POUR RENDRE HEUREUX

Données de catalogage avant publication (Canada)

Portelance, Colette, 1943-
Éduquer pour rendre heureux: guide pratique pour les parents et les enseignants

1e éd.
(Collection Éducation)
Comprend des références bibliographiques.
ISBN 2-922050-10-6

      1. Bonheur chez l'enfant. 2. Enfants-Psychologie. 3. Enfants-Développement. 4. Éducation des enfants. 5. Parents et enfants. 6. Éducation-Finalités. I. *Éduquer pour rendre heureux*. II. Collection: Collection Éducation (Éditions du CRAM).

BF723.H37P67 1998   649'.1   C98-900996-3

Les Éditions du Cram Inc.
1030, rue Cherrier Est, bureau 205
Montréal, Québec, Canada, H2L 1H9
Téléphone (514) 598-8547, Télécopie (514) 598-8788
http://www.cram-eif.org

Dépôt légal - 4e trimestre 1998
Bibliothèque nationale du Québec
Bibliothèque nationale du Canada
Bibliothèque nationale de France

ISBN 2-922050-10-6

Imprimé au Canada

Colette Portelance

ÉDUQUER POUR RENDRE HEUREUX

Guide pratique pour les parents et les enseignants

Collection éducation

Du même auteur:
Relation d'aide et amour de soi
Approfondissez vos relations intimes par la communication authentique
La liberté dans la relation affective
Helping Relationships Through Self-love
Authentic Communication

Traitement de texte
François Lavigne

Révision
Pierre Lavigne

Correction linguistique
Louise Chevrier

Conception graphique et mise en pages
Guillaume P.-Lavigne

Conception de la couverture
Claudia Baillargeon

Photographie de l'auteur
Laforest et Sabourin

Illustration
Réflexion photothèque

Distribution et diffusion

Pour le Québec:
Québec-Livres
2185, autoroute des Laurentides
Laval (Québec)
H7S 1Z6
Téléphone (450) 687-1210
Télécopie (450) 687-1331

Pour la France:
D.G. Diffusion
6, rue Jeanbernat
F-31000-Toulouse
Téléphone 05.61.62.70.62
Télécopie 05.61.62.95.53

Pour la Suisse:
Diffusion Transat SA
Route des Jeunes, 4ter
Case postale 125
CH-1211-Genève 26
Téléphone 022/342.77.40
Télécopie 022/343.46.46

Pour la Belgique:
Vander SA
Avenue des Volontaires 321
B-1150-Bruxelles
Téléphone 032/2/762.98.04
Télécopie 032/2/762.06.62

DÉDICACE

À mes enfants,
À tous mes élèves,
d'hier,
d'aujourd'hui,
de demain.

À tous les éducateurs qui ont fait naître ce qu'il y a de meilleur en moi et à qui je dois en grande partie ce que je suis devenue.

À mon père, Nelson,
à ma mère, Jacqueline,
à Marie-Marthe Aubry,
à Gisèle Barret,
à Germaine Duval,
à Jeanne-Marie Gingras,
à Jean Lerède,
à Michel Lobrot.

Avec ma plus profonde reconnaissance.

INTRODUCTION

Ce livre n'est pas un livre théorique ni scientifique. Seules l'introduction et la conclusion, pour situer le lecteur dans le contexte éducatif actuel, contiennent quelques informations de nature théorique. Par contre, le cœur de cet ouvrage est le résultat de l'expérience de nombreux parents et de nombreux enseignants que j'ai rencontrés au cours de ma carrière et surtout le résultat de mon expérience personnelle d'éduquée et d'éducatrice auprès de mes quatre enfants, auprès des adolescents auxquels j'ai enseigné pendant dix-neuf ans et auprès des adultes en tant que formatrice de psychothérapeutes et de spécialistes de la relation d'aide au Centre de Relation d'Aide de Montréal depuis 1986 et à l'École internationale de formation à l'ANDC depuis 1996.

Conçu spécialement pour les éducateurs, cet ouvrage, **qui se veut surtout un guide pratique**, s'adresse particulièrement aux parents et aux enseignants. Il n'en reste pas moins que toutes les personnes en position d'autorité comprendront, en le lisant, à quel point elles sont importantes et influentes dans le processus relationnel avec leur entourage. Peut-être découvriront-elles, comme je le crois fondamentalement, que l'éducation ne concerne pas seulement les éducateurs des milieux scolaire et familial même si ces derniers sont incontestablement les personnes les plus importantes et les plus significatives en ce sens quant à leur

1

influence sur l'être humain. En effet, qui que vous soyez, vous avez tous à un moment de votre vie été des enfants ou des élèves. À ce titre, avez-vous pensé que vous avez été fortement influencés par les personnes qui ont eu la responsabilité de vous éduquer ? Avez-vous oublié que vous êtes en partie le produit de l'éducation que vous avez reçue ?

Ce que vous êtes aujourd'hui ne dépend pas seulement de votre héritage biologique et des événements de votre vie passée quoi qu'en pensent les déterministes dont les conceptions théoriques enlèvent à l'homme son pouvoir et sa responsabilité. S'il a été prouvé que le passé et l'hérédité ont une incidence sur certains aspects de votre physiologie et de votre personnalité, aucun scientifique n'a, jusqu'à maintenant, su démontrer de façon absolue le degré d'influence de votre constitution génétique et de votre héritage psychique sur vos comportements, vos attitudes, votre vie affective, vos modes de relation avec votre entourage, votre environnement et sur votre réussite personnelle, sociale ou professionnelle.

Les déterministes, pour qui tout est inné, prévisible et préétabli, et les behavioristes de la ligne radicale (Skinner), pour qui la personne humaine est une cire molle entièrement modelée par son environnement, ont privé l'homme d'un bien précieux : sa liberté. En donnant le pouvoir au passé, aux gènes et à l'environnement comme facteurs uniques de formation et de développement de l'homme, ces deux doctrines ont négligé l'importance de la participation de la personne à la création de son propre être et de son propre devenir. De plus, si le déterminisme minimise, voire supprime la place et le rôle de l'éducation dans le processus d'évolution de la personne humaine, le behaviorisme radical la surestime. En effet, l'homme façonné par son héritage biologique et par le passé, n'a pas besoin d'éducation puisqu'il est le résultat de sa constitution génétique et des événements antérieurs. Celui qui, d'autre part, est façonné par son entourage et son environnement est le produit exclusif de son éducation. Dans le premier cas, l'éducateur est inutile et dans le deuxième cas, il est tout-puissant. Dans les deux cas, la personne concernée n'est pas engagée dans le processus de création de ce qu'elle est. Elle est l'objet et non le sujet.

Toutefois, l'éduqué n'a pas toujours été délaissé au cours de l'histoire de la pédagogie. De nombreux spécialistes, particulièrement depuis le XVIIIᵉ siècle, ont centré leur approche éducative sur l'enfant. Rousseau, Montessouri, Freinet, Neil, Steiner et Rogers, pour n'en nommer que quelques-uns, se sont préoccupés de ses besoins, de ses intérêts, de son développement. Leur apport a été considérable dans les milieux éducatifs. Cependant, au nom de l'autonomie et du respect de la personne, certains ont versé dans le piège de l'Enfant-Roi et ont, par le fait même, minimisé le rôle de l'éducateur et de l'encadrement et l'importance de la relation éducative.

L'enfant n'est pas une cire vierge. Il naît avec des particularités qui, bien que non identifiées de façon précise, font de lui un être que nous ne pouvons façonner à notre guise sans porter atteinte à son essence. Toutefois, ses héritages biologique et psychique n'en font pas moins une personne qui a besoin d'apprendre pour se développer, une personne qui a besoin d'éducateurs, une personne à part entière qui a besoin d'être éduquée.

C'est en ce sens que l'éducation nous concerne tous. Même si vous n'avez pas d'enfants et pas d'élèves, vous avez tous été un enfant, un élève et vous avez tous bénéficié ou subi les effets de l'éducation. C'est en cela surtout

3

que le contenu de ce livre vous touchera. Outil de base pour les parents, les enseignants et les autres personnes qui oeuvrent dans le milieu de l'éducation, il sera pour les autres, un guide d'auto-éducation et d'autocréation, un moyen de se réapproprier leurs racines et leurs différences.

L'approche éducative proposée dans ces pages est fondée sur le respect profond de la nature de l'éduqué et de ce qui fait son unicité; elle donne à l'éducateur et à la relation éducative la place fondamentale qui leur revient dans le processus d'évolution de la personne humaine, de la société et de l'humanité.

Si les réformes de l'éducation, au point de vue de l'idéologie, tiennent de plus en plus compte de l'éduqué, elles ne donnent pas les résultats escomptés parce que, sur le plan de l'actualisation, elles se concentrent surtout sur la transmission de connaissances et les changements de programmes ou de structures; surtout, elles négligent trop la personne sur laquelle repose le succès de l'éducation : l'éducateur et, conséquemment, l'éduqué. Pourtant, Jung, Lozanov, Krishnamurti, ont démontré son influence indéniable sur le développement de l'éduqué : « *La véritable éducation commence par celle de l'éducateur (…)*, écrivait Krishnamurti dans son livre **De l'éducation**. *Son enseignement est à l'image de ce qu'il est.* »

Les parents et les enseignants éduquent avec ce qu'ils sont beaucoup plus qu'avec ce qu'ils savent. Si certains d'entre eux étaient conscients de l'importance de leur influence sur leurs enfants et leurs élèves, ils accorderaient plus de temps au travail sur eux-mêmes qu'ils en accordent à chercher à l'extérieur des solutions aux problèmes qu'ils rencontrent en tant qu'éducateurs.

Reportez-vous à votre expérience personnelle en tant qu'éduqué. Que vous reste-t-il de plus important de ces années de formation ? Quels sont les éducateurs de qui vous gardez les meilleurs souvenirs ? Quels sont ceux qui vous ont le plus apporté ? Quels sont ceux dont l'influence a été la plus bénéfique sur ce que vous êtes devenus ?

Quand je m'arrête moi-même à faire la rétrospective de l'éducation que j'ai reçue comme enfant, écolière et étudiante, des personnes bien précises me reviennent à l'esprit. Par leur respect, leur écoute, leur amour, leur confiance, ces personnes ont contribué à faire fleurir en moi ce qu'il y avait de meilleur. J'ai aujourd'hui une grande reconnaissance envers ces éducateurs qui ont cru en moi et qui ont accordé de l'importance à ce que j'étais. Avec eux je me suis sentie un être humain et non un objet à remplir de connaissances. Leur passion pour ce qu'ils faisaient a éveillé la mienne parce que ces maîtres ont su mettre leurs connaissances au service de l'être humain. Par leur approche éducative, ils m'ont donné les clés de ma réalisation en respectant ma différence. Ce sont eux qui m'ont appris le vrai sens de l'éducation. Ce sont eux qui m'ont apporté l'essentiel de ce que je suis comme personne et comme éducatrice.

Aujourd'hui, je sais qu'éduquer une personne, ce n'est pas la façonner, la modeler à l'image de nos introjections, la fabriquer comme un objet ou la gaver de connaissances.

**Le but de l'éducation n'est pas de
faire de l'éduqué un être parfait et**

**performant, mais plutôt et surtout
de le rendre heureux, c'est-à-dire
d'en faire un être satisfait de lui-
même et heureux de vivre.**

Certains parents croient que si leur enfant est meilleur que les autres, il réussira mieux sa vie. Si réussir sa vie signifie être supérieur aux autres par le biais de la connaissance et de la seule réussite professionnelle, sociale ou financière, peut-être atteindront-ils leur objectif. Mais à quoi sert le savoir et le succès professionnel si la vie affective est sacrifiée ? À quoi sert à une personne la réussite sociale et financière si, sur les plans intérieur, personnel et relationnel elle ne s'est pas réalisée ?

Nous ne sommes pleinement satisfaits et heureux que lorsque nous avons le sentiment profond d'avoir su nous accomplir sur les plans personnel , affectif, relationnel, social, professionnel et spirituel sans contourner les obstacles de la vie et sans nier la souffrance.

Aider l'éduqué à atteindre le bonheur, c'est faire de l'éducation beaucoup plus qu'une science dont les objectifs sont mesurables : c'est tenir compte de l'être global. La véritable éducation ne se limite pas à connaître les règles qui gouvernent les comportements pour mieux les prédire et les contrôler, comme le préconisent certains behavioristes. Elle ne repose pas uniquement non plus sur la connaissance du fonctionnement de l'esprit comme le croient certains cognitivistes.

**La véritable éducation s'adresse à la
personne globale. Elle est au service
de la pédagogie et elle a pour but
non seulement de changer les com-**

**portements de l'éduqué ou d'enri-
chir ses connaissances mais surtout
de le rendre heureux.**

Pour atteindre ce but qui ne se mesure pas scientifiquement mais qui se manifeste chez l'éduqué par le sentiment de satisfaction intérieure, il m'importe de donner à
l'éducation une orientation plus humaniste et plus globale.
C'est pourquoi je considère que

**éduquer une personne humaine
c'est lui apprendre :
· à être elle-même;
· à être en relation avec les autres;
· à être créatrice de sa vie et de ses
rêves.**

Si l'éducation est aussi « *la mise en œuvre des moyens
propres à assurer la formation et le développement de l'être humain* » (Robert), l'éducateur peut se demander par quels
moyens il peut apprendre à l'éduqué à être lui-même, à
être en relation avec les autres et à être créateur de sa vie et
de ses rêves.

Mon but, en écrivant ce livre, est précisément de répondre à ces trois questions en apportant de nombreux
exemples, en proposant des moyens concrets et pratiques
pour améliorer la qualité de l'éducation et pour nourrir la
relation éducative afin qu'elle devienne source de liberté,
de créativité et de bonheur et aussi le fondement d'une société humainement plus riche parce que plus harmonieuse
et plus équilibrée.

Chapitre 1

COMMENT APPRENDRE À L'ÉDUQUÉ À ÊTRE LUI MÊME ?

« *J'ai peur, j'ai peur* », crie en pleurant le petit Georges. Le prenant solidement par la main, son père le tire vers le déclencheur de sa frayeur, le gros chien noir du voisin, et lui dit d'un ton péremptoire : « *Arrête de pleurer. Tu n'as aucune raison de t'affoler, ce chien n'est pas méchant. Et puis, regarde ton frère, il est plus jeune que toi et il n'a pas peur, lui* ».

À son émotion première vécue par rapport au chien, s'ajoutent, dans le cœur de Georges, une crainte de la réaction de son père en plus de sentiments intenses de honte, de culpabilité et d'infériorité. Paralysé par l'angoisse, il refoule instantanément cette souffrance insupportable pour ne plus la ressentir. À cinq ans, il comprend que pour être conforme aux usages et pour être aimé de son père, il ne doit pas pleurer et, conséquemment, il ne doit pas avoir peur.

Son émotion et l'expression de son émotion n'ayant pas été reconnues, Georges apprendra, comme des milliers d'enfants, à renier une partie importante de lui-même; il apprendra, pour être accueilli par son entourage, à se fabriquer un personnage « acceptable », qui n'est pas vraiment lui-même.

Qui ne reconnaît pas des bribes de sa propre histoire dans l'expérience de Georges ? N'avons-nous pas un jour ou l'autre fait le choix inconscient de trahir notre essence même pour satisfaire de façon compensatoire notre besoin vital d'amour ? N'avons-nous pas développé une façon d'être, d'agir et de réagir qui ne correspondait pas à ce que nous étions fondamentalement pour ne pas être rejeté, disqualifié ou abandonné par ceux de qui notre vie dépendait ?

Loin de moi l'idée d'accuser les éducateurs qui, eux aussi, ont souffert de ce tiraillement intérieur, de cette lutte entre la personne encore si fragile de l'enfant qu'ils ont été et le personnage qui se présentait comme leur seule bouée de sauvetage psychique. Comment pouvaient-ils apprendre à leurs enfants à être eux-mêmes alors qu'ils ne l'avaient pas appris ?

Pour répondre à cette question qui fait l'objet du présent chapitre, je montrerai, après avoir exploré le sens de « être soi-même », les caractéristiques et les conséquences d'une éducation qui « fabrique » des personnages et les caractéristiques et les conséquences d'une éducation qui cultive l'épanouissement de la personne. Le rôle et l'importance de l'éducateur dans ces deux types d'éducation y seront clairement démontrés.

Être soi-même

Après avoir connu deux échecs amoureux très éprouvants, mon fils David était plutôt réticent à vivre une autre expérience amoureuse. La peur de souffrir encore l'empêchait de céder à ses attirances pour certaines femmes. Il réussit à contenir ses élans jusqu'à ce qu'il rencontre Karine qui, par sa transparence, son ouverture, son respect profond de l'autre, réussit à faire fondre assez de résistances en lui pour qu'il consente, malgré la peur, à ouvrir son cœur, une fois encore, à l'amour. Animé par le désir de réaliser son rêve de bâtir une relation amoureuse satisfaisante et doutant de sa capacité d'y arriver, il me demanda un jour : « *Maman, toi qui as été heureuse avec papa, j'aimerais que tu me dises comment faire pour que ma relation avec Karine ne se termine pas comme les deux autres ?* ».

Sa question me laissa d'abord perplexe. Il s'agissait du bonheur de mon fils. Je voulais lui donner la clé magique de la réussite d'une vie de couple et je me sentais impuissante à la trouver. « *De nombreux facteurs ont contribué à assurer la réussite de ma vie amoureuse,* lui répondis-je, *mais je ne sais trop ce qui pourrait nourrir la tienne. Toutefois, ajoutai-je, je suis certaine d'une chose que je considère très importante. Je vais t'en faire part.* **Il est fondamental que tu sois toi-même avec Karine, que tu n'essaies pas de répondre à l'idéal qu'une femme peut se faire d'un homme et que tu la vois aussi telle qu'elle est sans l'idéaliser.** *Ne tente pas,* ai-je

11

poursuivi, *d'être ce que tu crois que tu devrais être ou encore ce que tu crois qu'elle voudrait que tu sois, pour lui plaire. Si tu te fabriques un personnage pour être aimé d'elle, tu ne seras jamais sûr de son amour pour toi et ton attachement sera empoisonné par l'insécurité. Ce que tu gagneras à être toi-même n'a pas de prix puisque tu auras la conviction profonde, si elle reste en relation avec toi, qu'elle t'aime vraiment pour ce que tu es. Et cela contribuera à développer l'amour de toi-même et te donnera un sentiment profond de liberté intérieure* ».

Cet événement s'est passé il y a de cela quelques années. Au moment où j'écris ces pages, David vit toujours une relation amoureuse avec Karine et je ne puis dire à quel point je suis remplie de bonheur de les voir amoureux et sereins parce qu'ils sont authentiques.

Combien de personnes sont incapables de relations amoureuses et affectives satisfaisantes parce qu'elles cherchent toute leur vie l'homme idéal ou la femme idéale, en un mot, l'être parfait qui ne les forcera jamais à faire face à leur imperfection, à leurs propres faiblesses, à leurs propres limites.

Dans sa quête d'amour sans problème, l'homme tente de fuir la partie de lui-même qu'il n'accepte pas et qu'il n'aime pas, cette partie que Jung appelle « l'ombre » et qui le constitue autant que son côté « lumière ». Le refoulement

**de sa partie sombre fait naître en
l'être humain ce que Jung a
nommé la « persona » et Winnicott
le « faux self », c'est-à-dire le
personnage.**

L'être humain se fabrique une image parce qu'il est convaincu, consciemment ou non, que certains éléments de sa personne ne seront pas aimés étant donné qu'ils ont été plus ou moins rejetés par ses éducateurs et qu'il a donc appris à rejeter lui-même.

Amener à la lumière les parties qui sont cachées, c'est s'ouvrir à l'apprivoisement de l'être dans sa globalité, c'est commencer un cheminement qui mène vers l'unification de ses contradictions ; c'est harmoniser en soi la nuit et le jour, c'est-à-dire la douceur et la colère, l'amour et le ressentiment, la générosité et la possessivité, la paix et la guerre, comme l'a si bien fait le maître de l'inconscient collectif et des archétypes. Seule la poursuite de cette route conduit vers la vérité, vers cette vérité bien personnelle qui n'a rien d'absolu puisqu'elle est le résultat d'une démarche qui a pour but de devenir soi-même et d'être vrai.

Par la narration de l'expérience de David, qui rejoint celle de la plupart d'entre nous, j'ai voulu montrer vers quelle direction peut nous attirer notre grand besoin d'être aimé. Il peut nourrir ou détruire l'amour de soi. Il peut nous pousser à nous trahir par la négation de notre « ombre » ou contribuer à nous construire par l'acceptation et l'expression de ce que nous sommes véritablement.

Voilà où se situe le principal carrefour de l'éducation. Elle peut mener

13

> **l'enfant vers sa vérité, son essence,
> l'unification harmonieuse de toutes
> ses facettes, tant les lumineuses que
> les ombrageuses, ou créer une scis-
> sion intérieure entre ce qu'il est et ce
> qu'il devrait être. Elle peut le rendre
> heureux ou insatisfait.**

On comprendra pourquoi j'accorde autant d'importance à **l'éducateur**. Le chemin qu'il choisit de prendre lui-
même quand il arrive au carrefour, aura une influence
certaine sur les éduqués. C'est une grande responsabilité,
j'en conviens, mais elle lui donne une importance prioritaire dans le processus éducatif. **Il est l'âme de l'éducation.** Quand donc lui donnerons-nous sa véritable place ?
Quand donc lui donnerons-nous les moyens de se préparer aux véritables exigences de sa mission et de l'accomplir
sans l'emprisonner dans des contraintes de performance
qui ont un effet destructeur, autant sur lui-même que sur
les éduqués ? Quand lui procurerons-nous les moyens psychologiques et pédagogiques d'actualiser les belles théories de façon à ce qu'il puisse accorder réellement la priorité
à la personne à qui il s'adresse et qu'il puisse lui apprendre
à être heureuse en étant pleinement elle-même ? Mais pour
y arriver, voyons ce que signifie « être soi-même ».

> **Être vrai ou être soi, c'est apprivoi-
> ser sa vérité profonde, c'est-à-dire
> ses besoins, ses désirs, ses émo-
> tions, ses sentiments, ses opinions,
> ses valeurs, ses croyances, pour agir
> en accord avec ce qui habite chaque
> individu et le constitue plutôt que
> de prendre ses points de référence à
> l'extérieur de lui et d'agir en fonc-**

tion des valeurs, des jugements, des critiques et du regard des autres.

Je ne saurais trop insister sur le bien-être et la liberté que procure l'authenticité. Il suffit de nous arrêter quelques instants et de faire l'exercice suivant pour nous en convaincre.

Prenez le temps de vous détendre. Chassez de votre esprit toute préoccupation et portez attention à votre respiration sans la changer.

....
....

Laissez maintenant monter l'image d'une personne en présence de laquelle vous vous sentez détendu, vous ne déployez pas d'effort et avec qui vous vous sentez adéquat et libre d'être ce que vous êtes. En sa présence, vous n'avez pas peur d'être jugé et vous avez toujours le sentiment d'être à la hauteur. Soyez attentif aux réactions de votre corps et à ce que vous ressentez quand vous pensez à cette personne. Prenez bien le temps de percevoir ce qui se passe en vous avant de passer à l'étape suivante.

....
....

Pensez maintenant à une personne en présence de laquelle vous vous sentez inconfortable. Chaque fois que vous la rencontrez, vous vivez un certain malaise; vous n'êtes pas dégagé, vous perdez votre spontanéité et vous n'êtes plus entièrement vous-même. Prenez le temps de bien ressentir votre gêne et essayez de mettre des mots sur ce que vous vivez.

....
....

15

Voyez maintenant en quoi vous n'êtes pas entièrement vous-même avec cette personne.

- *Quelle image voulez-vous donner de ce que vous êtes ?*
- *Quelle partie de votre « ombre » voulez-vous lui cacher ?*
- *Quelles peurs vous privent de votre liberté d'être naturel ?*
- *Quel besoin vous pousse à agir comme vous le faites avec cette personne ? Avez-vous besoin de plaire, d'être aimé, d'être reconnu ?*
- *Par quel moyen indirect vous occupez-vous de votre besoin ?*
- *Que pouvez-vous faire pour trouver votre liberté d'être vous-même en présence de cette personne ?*

....
....

Cet exercice peut vous faire voir que plusieurs de vos relations sont insatisfaisantes parce que vous ne vous donnez pas le droit d'être vous-même. Vous pouvez vous demander alors comment l'éducation a contribué à fabriquer vos personnages plutôt qu'à faire éclore la personne réelle que vous êtes.

Éduquer pour fabriquer des personnages

Il existe un grand danger à parler ici des erreurs de certaines pratiques éducatives. Certains lecteurs peuvent s'en servir pour se « victimiser » et rendre les éducateurs responsables de leurs problèmes et de leurs souffrances. Ces personnes risquent d'oublier que l'essentiel de leur histoire éducative trouve une résonance importante dans l'histoire personnelle de leurs parents et de leurs enseignants. En effet, ces derniers ont eux aussi développé, pour se défendre contre l'envahissement de leur douleur intérieure, une façon d'être qui soit acceptable.

Rien ne sert de blâmer pour apprendre à être soi et pour faire évoluer l'éducation. Mon but n'est pas d'accuser et de reprocher leur action à ces personnes qui ont donné le meilleur d'elles-mêmes pour participer à notre éducation. Étant moi-même mère de quatre enfants et ayant été enseignante au secondaire pendant dix-neuf années, je sais que ma bonne volonté et tous les efforts que j'ai déployés pour apporter le maximum à mes enfants et à mes élèves n'ont pas fait de moi une éducatrice parfaite.

Bien que j'aie contribué à faire naître le plus possible la personnalité de mes enfants et des adolescents à qui j'ai enseigné, j'ai, à certains moments, encouragé bien involontairement la formation de certaines facettes de leurs personnages parce que j'ai attaché trop d'importance au regard extérieur. Reconnaître aujourd'hui mes erreurs aussi bien que mes forces c'est donner la victoire à la personne sur le personnage, c'est favoriser l'accueil de mon côté « ombre » et me donner la liberté d'être entièrement ce que je suis et ce, sans jugement ni culpabilité.

Je souhaite donc que cette partie du livre favorise l'accueil de soi, chez chacun de mes lecteurs, cet accueil nécessaire pour apprendre à être de plus en plus fidèle à sa vérité profonde et pour apprendre aux éduqués à être eux-mêmes. Aussi est-il important de s'arrêter non pas surtout à trouver ce qui, dans l'approche de nos éducateurs, a contribué à susciter la culpabilité, l'humiliation, la honte d'être nous-mêmes mais aussi ce qui, dans notre façon d'éduquer nos enfants et nos élèves, les a privés ou les prive d'une partie de leur nature véritable et ce, parce que nous avons tendance à répéter ce que nous avons appris et à voir plus facilement les faiblesses de nos parents et de nos enseignants que les nôtres.

Agir en fonction du regard des autres

À certains moments et dans certaines circonstances, n'avons-nous pas appris aux jeunes, bien inconsciemment, qu'il n'est pas correct d'être authentique et surtout qu'il faut agir en fonction du regard des autres?

Je ne peux exprimer à quel point la peur du jugement a emprisonné ma vie. Centrée sur ce que les autres pouvaient penser de moi, j'étais parfois incapable d'identifier mes émotions, mes besoins et mes valeurs et j'agissais selon les critères de mon entourage pour ne pas être rejetée. Enfant, il ne me venait pas à l'esprit de me demander ce que je voulais. J'agissais parfois aveuglément, guidée par le regard des autres. Une image que j'ai reçue de mon institutrice quand j'étais petite fille m'a profondément marquée. Elle représentait l'œil de Dieu, cet œil perçant qui voit tout, qui juge tout, qui punit le mal. J'étais coincée. J'ai grandi dans la peur d'être vue, d'être fautive, dans la peur du péché, de l'enfer, de la condamnation pour mes fautes. Je suis consciente du fait que ces peurs trouveront une résonance plus grande dans les générations des baby-boomers dont je suis, et chez les personnes qui les ont précédés que chez les plus jeunes. Toutefois, ces derniers ne sont pas moins limités par une éducation qui, dans bien des cas encore, a donné beaucoup plus d'importance aux autres qu'à eux-mêmes.

À ce moment précoce de mon existence, une introjection s'est ancrée en moi : « tu dois être parfaite », ce qui signifiait, dans l'interprétation que j'en ai faite, « tu ne dois pas céder à la colère, à la jalousie, à l'orgueil, à la paresse, à la luxure, à l'égoïsme, à la haine, au ressentiment; tu dois répondre à l'idéal qu'on attend de toi ». Ces valeurs éducatives et religieuses que mon père avait reçues de sa famille m'ont été transmises avec amour et fermeté. À cette époque, l'idée de les contester ne m'a jamais effleuré l'esprit. J'étais plutôt hantée par le sentiment d'être une mauvaise fille parce que je n'arrivais pas à m'élever au degré de perfection que je croyais nécessaire d'atteindre pour être adéquate. J'étais aussi effrayée à l'idée qu'un manquement à ce programme risquait d'être inexcusable. Mon véritable enfer sur terre était la peur de perdre ma réputation. Je devais la garder à tout prix pour ne pas être bannie, abandonnée par ma famille et rejetée du reste du monde extérieur. Mon avenir en dépendait.

Je reconnais que mes peurs ont alimenté mon imaginaire et que les conséquences me paraissaient colossales bien qu'elles aient eu un lien avec la réalité.

L'éducation que j'ai reçue était en grande partie imprégnée de valeurs religieuses intégrées dans les cellules de mon peuple depuis des générations. Aussi m'était-il impossible de les déloger facilement. J'ai connu une religion punitive plus qu'une religion d'amour, le message d'ori-

19

**gine du Dieu amour ayant été dé-
formé trop souvent au profit du
pouvoir et de la peur.**

Ceci dit, je m'en voudrais de ne pas aborder mon éducation avec discernement. S'il y a eu ces moments de souffrance à la source de ma peur du jugement et de mon emprisonnement psychique, ce n'est pas parce que j'avais des parents et des éducateurs inadéquats. Ils m'ont transmis ce qu'ils avaient reçu avec honnêteté et avec la conviction que c'était juste. Aussi ai-je bénéficié, en contrepartie, d'une éducation fondée sur la droiture, la générosité, l'amour, l'ouverture du cœur et de l'esprit, l'habitude à se remettre en question. S'il y eut des événements marquants sur le plan de la souffrance, il y eut aussi des moments intenses de bonheur qui ont nourri mon cœur, m'ont propulsée en cultivant ce que j'avais de meilleur en moi. Étant de nature très vulnérable, j'ai été autant influencée par le pire que par le meilleur.

**Si j'avais, aujourd'hui, à choisir mes
parents, sans hésiter un seul instant,
je choisirais les mêmes tels qu'ils
sont. La vie m'a donné à travers eux
le support et les difficultés dont
j'avais besoin pour me réaliser.**

En dépit de ma peur et grâce à leur ouverture, j'ai pu, petit à petit, construire mes valeurs et discerner ce qui me convenait de ce qui m'enlevait ma liberté intérieure. J'ai réussi sans contestation, sans affrontement, à remplacer la religion fondée sur la peur et le péché par des valeurs spirituelles qui naissent de mon expérience personnelle de la foi. Bien que la peur du jugement ne soit pas disparue, elle n'a plus sur moi le pouvoir que je lui donnais parce que ma démarche de libération m'a amenée à être de plus en plus fidèle à ce que je suis. Je sais aujourd'hui que je ne suis pas parfaite et que je ne suis pas une « mauvaise fille » même si je vis parfois de la colère, de la jalousie et du ressentiment.

J'ai compris que l'intensité de la peur du regard des autres et de leur jugement est proportionnel au jugement que je porte sur moi-même et à celui que je porte sur les autres.

Le chemin qui me mène chaque jour vers l'authenticité me rend plus libre d'être ce que je suis, ce qui me permet d'être une éducatrice plus respectueuse de la nature humaine. Loin de moi l'idée de laisser croire au lecteur que je suis arrivée au bout de ma route. Je ne veux surtout pas susciter de l'idéalisation. Je suis toujours en route, comme vous, vers le cœur de mon être. Mon travail d'éducatrice, par le biais de la formation à la relation d'aide que je dispense au Centre de Relation d'Aide de Montréal est une de mes meilleures voies d'apprentissage. J'aide les autres à se donner la liberté d'être eux-mêmes tout en travaillant constamment à me la donner de plus en plus moi-même. Ma satisfaction en écrivant ces pages est de constater le chemin que j'ai parcouru. Je suis loin de cette époque où la honte m'écrasait et annihilait mon essence même.

Je me souviens d'un événement de mon enfance qui me fait sourire aujourd'hui et qui pourtant m'a fait souffrir d'une culpabilité sans fond. C'était le Carême, ce temps de l'année où il ne fallait surtout pas manger de gâteries. Ce jour-là, il faisait un temps radieux. C'était le printemps et j'étais allée à pied au village pour ma leçon de piano. J'avais environ une dizaine d'années. Quand j'ai quitté mon professeur, vers le milieu de l'après-midi, une envie très forte me prit de m'acheter une sucette à saveur d'orange, communément appelé « popsicle ». Déchirée entre mon désir et ma culpabilité, j'ai longtemps hésité avant de céder à mon envie et, malgré ma honte, d'oser me présenter au restaurant pour demander, d'une voix à peine audible, la friandise que je voulais. J'étais convaincue que la serveuse me jugeait et j'avais très peur qu'elle informe mon père de ma mauvaise action. Aujourd'hui, en écrivant cet événement, je me rends compte de mon courage. Je suis même surprise de constater que mon désir a eu raison de ma peur, de ma culpabilité et de ma honte. Il n'en reste pas moins que sur le chemin du retour, chaque fois que je rencontrais une personne sur le trottoir, je m'empressais de mettre mon « popsicle » sous mon aisselle pour le cacher du regard extérieur. Je portais une blouse jaune clair ce jour-là. Inutile de vous dire que j'ai été beaucoup plus punie pour avoir taché ma blouse que pour avoir acheté ma gâterie.

Aussi drôle que me paraisse maintenant cette anecdote, elle n'en représente pas moins le pouvoir que j'avais donné au regard des autres. Ce pouvoir m'empêchait non seulement d'agir en toute liberté mais d'être librement ce que j'étais. Quand je suis devenue mère à mon tour, j'ai éduqué mes deux aînés en donnant moi aussi, et trop souvent, le pouvoir à ma peur du jugement et au regard des autres. Paradoxalement, j'ai répété avec mes enfants ce qui avait été une source de souffrance dans l'éducation que j'avais reçue et ce, tant que je n'ai pas fait de travail sur moi-même pour transformer mon fonctionnement insatisfaisant en une approche plus personnelle de l'éducation.

Ce phénomène de répétition se produit fréquemment d'une génération à l'autre. Parce qu'ils ont intégré les modèles éducatifs qu'ils ont connus, la plupart des éducateurs les reproduisent à leur insu. Ce qui assure l'évolution des approches éducatives dans la famille, à l'école et dans la société, c'est la remise en question d'un grand nombre de parents ou d'enseignants qui se rendent compte que leur fonctionnement ne leur donne pas les résultats qu'ils souhaitent tant chez les éduqués dont ils sont responsables que dans le type de relation qu'ils voudraient établir avec eux.

Un grand nombre de ceux que j'ai rencontrés dans mon travail ont exprimé leur insatisfaction et leur impuissance. Ils cherchaient des solutions miracles, des trucs, des méthodes pour améliorer leur approche auprès des jeunes. Ils attendaient, pour la plupart, que je leur donne une clé pour résoudre leurs problèmes. Ils me cédaient leur pouvoir. Ils avaient du mal à trouver en eux les réponses qu'ils cherchaient, ce qui les rendait dépendants et impuissants.

J'ai toujours beaucoup d'admiration pour les parents et les enseignants qui se remettent en question. C'est le premier pas essentiel vers le changement. Ces personnes doivent toutefois franchir une autre étape pour améliorer leur rôle auprès des éduqués, celle d'apprendre à trouver les moyens qu'ils doivent autant chercher à l'intérieur qu'à l'extérieur d'eux-mêmes. Ce qu'ils ont d'abord et avant tout à découvrir, ce ne sont pas des méthodes. Je les encourage plutôt à se connaître, à apprivoiser leur vérité profonde, à développer l'amour d'eux-mêmes de façon à ce qu'ils fassent confiance à leurs propres forces, à leurs propres valeurs, à leurs propres besoins, à leurs propres ressources. Mon but est de leur apprendre à accorder plus d'importance à leur ressenti qu'à l'opinion des autres, en un mot, de leur apprendre à se connaître, à reconnaître leur valeur et à assumer leur différence. Ils peuvent ainsi choisir parmi les méthodes d'éducation enseignées, celles qui correspondent le plus à ce qu'ils sont plutôt que d'essayer d'appliquer sans succès des approches qui réussissent à d'autres personnes mais pas à eux parce qu'elles ne leur conviennent pas.

Pour qu'une approche éducative soit efficace, elle doit découler de la personne même de l'éducateur, de ses ressources profondes, de ses valeurs, de ses croyances. À cette condition seulement, elle peut contribuer à donner aux enfants l'entière liberté d'être vrais et elle peut leur apprendre à se soustraire au pouvoir accordé au regard extérieur; par conséquent, elle les rendra heureux.

Ainsi s'atténuera la tendance à mentir ou à ménager les autres pour dissiper la honte d'être soi et la peur de déplaire ou de blesser.

Mentir ou ménager les autres
pour dissiper la honte et la peur

Quand elle entend la sonnerie du téléphone, Julie court pour aller répondre. Elle est arrêtée dans son élan par sa mère qui lui dit : « *Si c'est tante Germaine, dis-lui que je ne suis pas là* ». La petite ne comprend pas : on l'a sévèrement punie la veille pour avoir menti et voilà que maintenant, la personne qui lui a fait promettre de toujours dire la vérité, lui demande de mentir. Confuse et déchirée, elle décroche le récepteur et dit : « *Maman dit qu'elle n'est pas là* ».

Mais qu'est-ce qui motive l'intervention de la mère de Julie ? Pourquoi ment-elle à tante Germaine ?

Le mensonge est très souvent un moyen inconscient de se défendre contre la peur et la honte. On ment pour ne pas blesser, pour ne pas déplaire, pour ne pas susciter de conflits ou pour échapper au jugement de l'autre et au rejet.

Trop de parents mentent à leurs enfants soit pour les empêcher de souffrir, soit pour ne pas montrer une facette d'eux-mêmes qu'ils n'acceptent pas. Ils sèment ainsi dans le cœur de leur enfant l'insécurité, le doute, le manque de confiance. Tous ces sentiments sont fréquemment à l'origine de comportements réactionnels de la part des jeunes et se traduisent pour certains par l'insolence et le manque de respect de l'autorité et pour d'autres, par le retrait et le repli sur soi. Ces derniers ne permettent à leurs éducateurs aucun accès à leur monde intérieur.

> **Les enfants ont besoin de la vérité quel que soit leur âge. Lorsqu'on leur ment ou qu'on les ménage pour les empêcher de souffrir à court terme, on les fait souffrir davantage à long terme. La vérité c'est que nous nous protégeons nous-même contre la douleur qui nous envahit quand ils ont de la peine et quand ils ont mal. Nous ne leur faisons pas confiance.**

Certains enfants grandissent non seulement en doutant de nous mais avec le sentiment qu'ils n'ont pas la force d'affronter les épreuves de la vie. D'autres cherchent alors à fuir la souffrance et à se faire prendre en charge dans les moments difficiles. Ils ne sont pas équipés psychiquement pour traverser les obstacles de la vie parce qu'ils ne se font pas confiance eux-mêmes.

Le mensonge et le ménagement en éducation manifestent davantage un manque de courage ou un manque d'acceptation de soi qu'un manquement à la morale. Celui qui nie, tait ou transforme la vérité n'est pas un monstre. Quand la mère se cache pour ne pas que son enfant la voie partir, elle n'est ni méchante, ni malhonnête. Elle est même convaincue que son action est juste. En réalité, elle n'est pas consciente qu'en protégeant son fils contre la souffrance de l'absence, elle se protège elle-même. Ainsi en est-il du père qui cache sa vulnérabilité pour montrer qu'il est solide et qu'on peut s'appuyer sur lui. Au cours de son parcours éducatif, il a intégré une croyance qui influence son comportement. Il croit fermement que l'expression de la vulnérabilité est un signe de faiblesse. Aussi dira-t-il qu'il n'a pas peur alors qu'il est effayé, qu'il n'est pas blessé alors qu'il est atteint au plus profond de lui-même, qu'il ne ressent aucune infériorité alors qu'il ne se sent jamais à la hauteur, qu'il n'a pas mal alors qu'il crève de douleur.

Combien d'éducateurs, confrontés un jour ou l'autre aux mensonges des éduqués, se demandent comment encourager les jeunes à dire la vérité ? Ils ne sont généralement pas conscients qu'ils transmettent eux-mêmes ce moyen de défense parce qu'ils ont honte de leurs côtés négatifs et peur de blesser.

Le problème est difficile à résoudre parce qu'il suppose que ceux qui font œuvre d'éducation accueillent non seulement la peur et la partie d'eux-mêmes qu'ils cachent parce qu'ils en ont honte mais qu'ils accueillent aussi, sans se juger, leurs moyens de se protéger contre ces émotions désagréables, c'est-à-dire le mensonge ou le ménagement.

Il est tout à fait normal de ne pas vouloir être un déclencheur de souffrance pour les gens qu'on aime. Il est tout à fait normal de cacher, au moyen du mensonge, du ménagement ou du personnage, les facettes de notre personnalité qui ont été rejetées, ridiculisées, jugées ou sévèrement critiquées lorsque nous étions enfants. Cette attitude n'est ni condamnable, ni incorrecte, ni malhonnête. Elle est le résultat de l'éducation que nous avons reçue et de celle que nos parents et nos grands-parents ont hérité de leurs aïeuls. Il ne sera possible de transmettre un autre héritage aux générations futures que si nous cessons de nous juger, de nous rejeter et de nous critiquer nous-mêmes et que si nous accueillons nos ménagements, nos mensonges, nos personnages comme des portes d'entrée vers notre vérité profonde. Ainsi serons-nous mieux outillés devant les mensonges de nos enfants et de nos élèves parce que nous saurons qu'ils cachent des peurs et une honte d'être ce qu'ils sont. Au lieu de lutter contre leurs mensonges et de les réprimander sans discernement, nous nous remettrons en question nous-mêmes, nous leur en montrerons les conséquences et nous tenterons par le dialogue, de percer le mystère qu'ils dissimulent pour leur apprendre, par ce biais, à se connaître et à se donner la liberté d'être authentiques, uniques et différents, la liberté d'agir dans le respect fidèle de ce qu'ils sont plutôt que de mentir et de ménager pour être aimés ou de faire comme les autres pour être acceptés.

Faire comme les autres

> J'en étais à mes premières années d'enseignement au secondaire quand s'est passé l'événement qui suit. C'était lors d'une journée pédagogique. Dans mon souvenir, j'étais en réunion avec le personnel de l'école lorsqu'un de nos étudiants s'infiltra dans l'établissement pour insulter certains de ses professeurs. Il était ivre. Ce jeune était aussi un de mes élèves. C'était un adolescent très perturbé par sa vie familiale, un élève qui s'adonnait facilement à l'alcool et à la drogue. Dans le milieu où j'enseignais, il était considéré, à juste titre, comme un cas difficile. Je me souviens qu'au début de l'année, il me faisait peur. J'étais jeune moi-même et je doutais de ma capacité à me faire

respecter de lui, le respect étant la condition indispensable pour pouvoir lui apporter et lui apprendre quelque chose. Après quelques semaines
de cours, j'ai tout de même réussi à susciter sa
confiance. Il m'avait choisie comme confidente et
j'étais sensible à ses difficultés.

Ce jour-là, lorsqu'il imposa sa présence au
beau milieu de l'après-midi, un enseignant pro-
posa d'appeler la police. Il fut appuyé par tous
les autres. Au fond de moi-même, je n'étais pas
d'accord mais je n'ai pas réagi. Par manque de
confiance en moi, j'ai suivi les autres et je n'ai pas
empêché l'enseignant en question de requérir les
services de la police. J'avais peur de m'affirmer,
peur d'être jugée et ridiculisée. Je me suis tue.

Quand les deux policiers l'ont pris de force
pour le faire sortir de l'école, l'étudiant se tourna
vers moi et me regarda droit dans les yeux sans
dire un mot. À ce moment précis, j'eus le sentiment profond de l'avoir trahi. Je ne l'ai jamais
revu, mais chaque fois que je pense à lui, je revois
ses grands yeux bruns poser leur regard sur moi
et j'ai honte. Ce jour-là, pour suivre mes collègues,
je me suis trahie moi-même. Je n'ai pas eu le courage d'agir dans le respect de ce que je ressentais.

Combien de fois dans ma vie ai-je agi pour faire comme
les autres ? Combien de fois n'ai-je pas donné ma véritable
opinion par peur d'être jugée ou rejetée ? Combien de fois
n'ai-je pas suivi mes sentiments ? Combien de fois n'ai-je
pas été moi-même par manque de confiance en moi ?

**Éduqués à donner plus d'impor-
tance au monde extérieur qu'à leur
vérité profonde, de nombreux enfants se laissent influencer par les
autres parce qu'ils n'ont pas appris
à donner de la valeur à ce qu'ils
pensent et à ce qu'ils ressentent.**

Ces jeunes trouvent leur valorisation dans le fait d'être
comme les autres plutôt que dans celui d'être fidèles à eux-
mêmes. Leurs besoins, leurs émotions n'ayant pas été écoutés, ils grandissent à l'ombre d'eux-mêmes. L'éducateur qui
n'apprend pas à l'enfant à être lui-même forme des adultes
qui ne sont pas heureux parce que, généralement, il ne l'est
pas vraiment lui-même. Les conséquences d'une telle éducation sont souvent beaucoup plus lourdes qu'on ne puisse
le croire.

Conséquences d'une éducation qui forme des personnages

Les enfants dont les principaux éducateurs n'accueillent pas l'expression de leur vérité profonde se cons-
truisent un personnage qui trahit leur nature véritable. Ils
se perdent de vue et vivent plus ou moins loin d'eux-mêmes. Ces enfants grandissent en faisant davantage confiance
à ce qui vient de l'extérieur qu'à leurs perceptions intérieures. Ils deviennent des adultes sans aucun pouvoir sur eux-
mêmes. On reconnaît chez ces adultes au moins trois types
de personnes.

1. Il y a d'abord les **insatisfaits**, ceux qui ont toujours le
   sentiment de n'être pas acceptés et d'être incompris
   parce qu'ils ne s'acceptent pas eux-mêmes. Ces personnes sont incapables de faire des choix et de pren-

dre des décisions parce qu'elles ne savent pas ce qu'elles veulent. Aussi, se définissent-elles en victimes des gens et des circonstances et ont-elles tendance à critiquer tout ce qui les dérange. Elles sont très difficiles à satisfaire parce qu'elles attendent trop des autres et de la vie et ne participent pas à leur cheminement.

2. À l'opposé des insatisfaits se trouvent les **hyperdéfensifs**, ceux qui réagissent contre l'émotion honteuse et le besoin honteux par la négation totale de leurs faiblesses, ceux qui se défendent contre leur vérité profonde en s'affirmant péremptoirement, en prenant le pouvoir, en luttant pour avoir raison, en présentant leur opinion comme la vérité. Ceux-là affichent une fausse force, une fausse grandeur pour masquer leur sentiment inconscient de petitesse intérieure.

3. J'appelle ceux du troisième groupe, les **vénérables**, ceux qui présentent une façade de bonté, de magnanimité et d'amour. Ces personnes sont en fait de fins manipulateurs qui flattent et distribuent l'amour autour d'eux en enfonçant des lames de trahison par derrière. Inconscientes de leur profond sentiment d'infériorité, de leur grand besoin d'amour et de reconnaissance et, surtout, de leur ressentiment, elles donnent d'une main ce qu'elles aimeraient recevoir tout en punissant de l'autre parce qu'elles n'ont pas reçu ce qu'elles attendaient.

Ces personnes sont-elles méchantes, sans cœur, malfaisantes ? Je ne crois pas que, en général, elles le soient. Elles sont plutôt malheureuses et dépendantes d'un monde qui échappe totalement à leur conscience : le monde de leurs besoins, de leurs émotions, de leurs désirs. Elles se débattent tant bien que mal pour vivre ou même pour survivre en avançant sur des mers inconnues et souvent agitées. Elles pilotent le bateau de leur vie sans savoir naviguer et sans connaître l'équipage. Elle ne savent pas de quoi se composent leurs eaux intérieures. Elles se laissent guider par le monde inconnu qui les habite et ballotter par le vent et par les éléments extérieurs. Elles ne s'appartiennent pas. Croyant mettre le cap sur un pays de liberté, elles s'enlisent chaque jour davantage dans l'esclavage. Elles sont en effet esclaves de leurs besoins et de leurs émotions non identifiés et non apprivoisés et esclaves des événements et de leur entourage. Elles n'existent pas.

Voilà à quoi peut ressembler la vie de ceux qui n'ont pas appris à se connaître et à agir en accord avec ce qu'ils sont réellement. Fort heureusement, les êtres humains ne sont pas toujours et entièrement des personnages. Ils le deviennent, inconsciemment pour la plupart, quand s'éveillent en eux la honte ou la peur. Quand ils ne sont pas menacés, ils redeviennent des personnes. Toutefois, ce qui les fait passer du personnage à la personne échappe à la conscience de ceux qui n'ont pas appris à écouter leur vérité profonde. Ceux-là ont du mal à être maîtres de certaines de leurs actions, de leurs réactions et de leurs comportements parce qu'ils n'ont pas la connaissance d'eux-mêmes. C'est le rôle de l'éducateur d'aider, tant les adultes que les enfants et les adolescents, à se connaître, à s'accepter et à être fidèles à ce qu'ils sont. C'est son rôle d'avoir une approche éducative qui contribue à cultiver l'épanouissement de la personne globale et intégrale de ses enfants et de ses élèves de sorte qu'il puisse les rendre heureux.

Mais par quel moyen peut-il y arriver ? C'est ce que développe la troisième partie de ce chapitre.

Éduquer pour cultiver l'épanouissement de la personne

Si l'enseignant a pour rôle d'instruire, de transmettre des connaissances, le pédagogue a développé l'art d'enseigner, l'art de transmettre. Il sait trouver les moyens de communiquer son savoir de façon à ce que ce savoir soit compris et assimilé. Il sait aussi susciter l'intérêt de ses élèves et stimuler leur goût d'apprendre. L'éducateur, pour sa part, a un rôle beaucoup plus large, beaucoup plus subtil et beaucoup plus important puisqu'il influence la personne même de l'éduqué. Son action dépasse grandement le domaine de la connaissance et de la méthodologie. Il laisse, par ce qu'il est, une empreinte indéniable sur le psychisme des enfants et ce, qu'il le veuille ou non.

Affirmer que l'éducation relève uniquement des parents est, à mon avis, une aberration totale. Ils sont, j'en conviens, les premiers et les principaux éducateurs, ceux dont la marque aura un impact profond sur le fonctionnement personnel et relationnel des enfants. Toutefois, ils ne sont pas les seuls à les influencer parce que l'éducation ne tient pas surtout du savoir comme l'enseignement, ni du savoir-faire comme la pédagogie, mais du savoir-être. Elle touche autant l'intelligence émotionnelle des enfants que leur intelligence rationnelle. Elle transmet des valeurs, des croyances, des façons d'agir et de réagir sur le plan humain par des moyens qui sont beaucoup plus subtils que les mots. Même si un enseignant ne veut pas influencer, il le fait tout d'abord par ce qu'il est. Si tous les enseignants ont une influence inconsciente sur leurs élèves, ils ne sont pas tous de véritables éducateurs, c'est-à-dire des personnes conscientes de cette influence et soucieuses de travailler sur eux-mêmes pour la rendre bénéfique.

> **Le bon enseignant est compétent dans le sujet qu'il enseigne. Le bon pédagogue est compétent dans l'art de transmettre ses connaissances. Le bon éducateur est conscient que sa personne même a une influence incontestable sur l'inconscient des éduqués. Aussi a-t-il le souci non seulement d'améliorer constamment ses connaissances et sa pédagogie mais surtout de faire un travail sur lui-même pour se connaître et s'accepter davantage de façon à ce que ses paroles, ses actions et ses gestes soient de plus en plus en accord avec sa vérité profonde. Il pourra ainsi contribuer à rendre ses enfants ou ses élèves plus heureux parce qu'il pourra leur apprendre, par sa façon d'être, à devenir fidèles à ce qu'ils sont.**

Apprendre à un enfant ou à un élève, quel que soit son âge, à être authentique, suppose de l'éducateur qu'il s'accepte tel qu'il est, qu'il accepte aussi les éduqués tels qu'ils sont, qu'il respecte leur transparence, qu'il accueille leurs émotions, qu'il sache distinguer leurs émotions de leurs réactions défensives, qu'il les aide à trouver leur identité et à reconnaître leurs racines.

S'accepter tel qu'on est comme éducateur

Pendant de nombreuses années de ma vie, un profond sentiment d'infériorité et un manque chronique de confiance en moi-même m'ont empêchée d'exploiter mes potentialités, d'actualiser mes ressources créatrices et de me réaliser pleinement. J'étais alors souvent insatisfaite, frustrée, déçue de moi-même et souvent victime des circonstances. Ces caractéristiques me paralysaient d'autant plus qu'elles nourrissaient en moi un imaginaire destructeur. Chaque élan créateur était étouffé par la peur de l'échec, la peur de ne pas être à la hauteur, la peur de me montrer vulnérable, la peur de l'humiliation, du jugement, du conflit et même la peur de déranger, de blesser ou d'être blessée. Je n'acceptais ni cette extrême sensibilité ni mon sentiment d'impuissance et de non-confiance devant le passage à l'action. La honte de ma vérité intérieure me poussait fréquemment à fuir. Une peur quasi incontrôlable d'être humiliée et dominée dans l'expression de mon émotivité et particulièrement de ma peine me faisait adopter l'attitude d'un personnage stoïque, sans réaction. Bien que ce stoïcisme affecté résultait d'expériences réelles d'humiliation, il ne m'a pas moins emprisonnée dans une image qui n'était pas la mienne. Par surcroît, il était suivi de longues périodes de ressentiment qui m'éloignaient des autres et m'enfermaient dans une solitude empoisonnée.

Plusieurs fois au cours de mon existence, j'ai utilisé mon énergie vitale pour cacher derrière un masque d'impassibilité, la souffrance de mon chaos intérieur. Je ne voulais plus laisser aux autres le pouvoir de profiter de ce que je considérais comme « ma » faiblesse. Je ne voulais plus prendre le risque d'être blessée davantage. Comme l'expression de mon agressivité faisait de moi une « mauvaise fille » et que l'expression de ma vulnérabilité m'entraînait dans le gouffre de la honte et de l'humiliation, j'ai choisi de jouer un personnage inébranlable pour donner à mes éducateurs l'impression qu'ils ne m'atteignaient pas. Ainsi, étais-je convaincue, ils ne me feraient plus mal. J'étais loin de me rendre compte, par ce choix inconscient, de tout le mal que je me faisais subir à moi-même.

Je me souviens d'un événement que j'ai vécu alors que j'avais environ 20 ans. J'étais dans mon lit et je dormais quand j'ai entendu la voix de mon père. Il était en colère. Je n'ai pas mis beaucoup de temps à réaliser que ses paroles s'adressaient à moi. Il critiquait mon copain qui est aujourd'hui mon mari et me disait qu'il désapprouvait totalement mon choix. Ses jugements acerbes me faisaient mal à crier de douleur. Cependant, il n'a jamais su à quel point j'ai été blessée par ses mots parce que j'ai caché ma tête sous l'oreiller et j'ai retenu mes larmes jusqu'à ce qu'il cesse de parler et qu'il s'en aille. À cause de mon silence, j'ai creusé un fossé entre lui et moi, ce qui m'a fait beaucoup souffrir parce que je l'aimais et l'admirais profondément. Il était un modèle pour moi. Malgré tout, le temps m'a prouvé que j'avais raison d'être fière de lui, de lui faire confiance et de l'aimer si fort parce qu'il a su, plus tard, faire ce que de nombreux parents n'acceptent jamais de faire : il a reconnu qu'il s'était trompé et nous a présenté ses excuses à moi et à mon mari. Son ouverture à reconnaître ses erreurs était manifestement l'expression de l'acceptation de ce qu'il était vraiment. Il savait que, lorsqu'il avait peur ou qu'il avait mal, il réagissait par une colère défensive et accusatrice plutôt que de dire ses appréhensions et sa peine. Il connaissait cette facette de sa personnalité et avait appris à la reconnaître comme faisant partie de lui.

Certains éducateurs ont adopté bien des personnages pour assurer leur survie psychique. Ceux qui n'ont pas eu droit à l'erreur ou à l'imperfection ont appris à maintenir une image de femme idéale ou d'homme idéal. Conséquemment, ils ont tendance à nier spontanément tout ce qui, par introjection, n'est pas parfait en eux soit la plupart de leurs émotions, de leur besoin d'être aimés et sécurisés, de leurs fautes. Il est très difficile, voire souvent impossible, d'établir une relation affective satisfaisante et durable avec une personne qui nie sa réalité psychique.

Se montrer parfait quand on est en position d'autorité, c'est susciter et entretenir chez l'éduqué une idéalisation qui l'empêche d'apprendre à vivre la relation avec une personne réelle, une personne qui n'est ni idéale, ni parfaite. L'enfant ou même l'adulte qui idéalise trop longtemps ses éducateurs a souvent

**du mal à faire face à la réalité dans
ses relations affectives. Il exige ni
plus ni moins la perfection chez
l'autre et il ne connaît pas le véritable bonheur de la relation durable.**

Aussi, l'éducateur aurait-il avantage à être attentif à
ce phénomène et à se remettre en question s'il suscite sur
une période trop prolongée une certaine forme d'adula-
tion. De même, l'éduqué ou l'aidé qui a atteint une certaine maturité devrait s'interroger lui-même s'il voit son
père, sa mère, son professeur ou son thérapeute comme
parfaits. Certains éducateurs ont fortement intégré, pour
survivre, un personnage de perfection qu'ils ne reconnaissent pas, soit parce qu'ils sont inconscients, soit parce qu'ils
ont honte de ce qu'ils cachent. Ceux-là nous diront qu'ils
ne veulent pas être idéalisés mais ils seront incapables dans
l'ici et maintenant d'une situation concrète de reconnaître
leurs erreurs ou de montrer leurs véritables émotions, leurs
véritables besoins, leurs véritables intentions. Leurs actions
contrediront leurs paroles. Leur personnage aura raison de
leur personne parce qu'il est très bien ancré dans leur psychisme.

Le seul moyen, pour ces derniers, d'accéder progressivement à leur réalité d'êtres humains, est d'accueillir leur
personnage de perfection, de l'accepter de sorte qu'ils en
voient les effets sur leurs relations affectives et qu'ils cons-
tatent qu'ils n'en ont pas nécessairement besoin pour être
aimés. Continuer à se défendre contre une menace extérieure inexistante, c'est comme porter un scaphandre pour
marcher sur la plage. C'est précisément à l'éducateur que
revient la tâche de faire voir à l'enfant la différence entre la
menace réelle et la menace imaginaire. C'est lui qui peut
faire découvrir à l'éduqué, par une approche de non-juge-

ment, les scaphandres qu'il porte dans des lieux et des moments inappropriés. Ainsi aidera-t-il celui qui a besoin d'être reconnu à voir qu'il adopte, pour satisfaire son besoin, un personnage de supériorité, de vantardise, un personnage qui étale ses connaissances pour impressionner et qui attire le contraire de ce qu'il recherche. Il réussira à cultiver la personne de chacun des enfants s'il cultive d'abord la sienne, s'il accepte ses propres personnages tout autant que les leurs.

Un personnage est tenace et ne disparaît pas facilement. D'ailleurs, le but d'une approche éducative créatrice n'est pas de chercher à l'éliminer mais de d'abord l'accepter puis d'apprendre à composer avec lui. Il ne s'agit pas de l'extraire comme un organe malade mais de l'intégrer à sa vie parce qu'il est une porte d'entrée sur l'authenticité. Si nous ne reconnaissons pas sa présence, il deviendra une seconde nature et nous privera d'une ouverture sur notre vraie personne.

Ainsi l'expérience importante et significative que j'ai vécue avec mon père n'a pas détruit le personnage de femme stoïque que j'adoptais spontanément quand je me sentais menacée. J'ai longtemps lutté pour m'en débarrasser. J'avais honte non seulement de la vulnérabilité, de l'infériorité, du manque de confiance et de la peur qu'il camouflait mais aussi du personnage lui-même.

39

Mais il était tellement intégré à mon fonctionnement psychologique que je n'arrivais pas à le déloger. J'ai mis du temps à comprendre qu'il avait
assuré ma survie psychique quand j'étais enfant
et qu'il m'avait protégée contre le désespoir et la
dépression. Je ne pouvais donc me défaire si facilement, par efforts de volonté, de ce qui m'avait
sauvé la vie. J'ai mis du temps à comprendre qu'il
m'était impossible d'apprivoiser, d'accepter et de
révéler la vérité qu'il dissimulait si habilement
sans l'accepter lui-même comme faisant partie
aussi de ce que je suis. **C'est paradoxalement l'acceptation de nos personnages qui fait de nous
une personne.**

Aujourd'hui, quand je me sens inférieure, que
je manque de confiance en moi-même ou que je
suis blessée, mon personnage apparaît toujours
comme un chien de garde psychique. Il a besoin
que je l'apprivoise pour me donner accès à ma
vérité profonde. Cependant, parfois la souffrance
est si forte, la peur d'être humiliée si intense, la
honte si vive que mon chien de garde ne me laisse
pas passer. Il bloque le chemin qui mène à l'expression de ma peine. Dans ces moments-là, au
lieu de lutter contre lui, de me faire violence, de
me disqualifier et de me culpabiliser de n'être pas
parfaite, je l'accueille et je me donne le temps dont
j'ai besoin pour ouvrir mon cœur.

Apprendre en tant qu'éducateur à être soi-même, ce
n'est pas se demander d'être parfait. L'être qui veut se
montrer parfait n'est pas authentique. Apprendre à être soi,

c'est, pour chacun, apprendre à accepter non seulement ses besoins, ses émotions, ses sentiments, ses désirs mais aussi ses personnages qui l'ont fabriqué parce que, grâce à eux, on n'a pas tué définitivement ses émotions, sa vulnérabilité, et son âme sensible et profondément humaine puisque, à un certain moment de la vie, ils l'ont protégée.

Il m'arrive encore d'être ce personnage de femme impassible ou fuyante quand je suis profondément blessée, mais maintenant je me donne le droit de l'être sans me juger, sans me condamner. Cette acceptation me rend plus tolérante envers moi-même, plus respectueuse de mon rythme d'ouverture et tellement plus tolérante envers les autres. De plus, l'accueil de ma « persona » me donne souvent le cadeau de m'ouvrir à ma propre personne et de prendre le risque de révéler ma souffrance ici et maintenant.

Récemment, lors d'une réunion du conseil d'administration de l'Association Québécoise des Écoles Privées de Formation à la Psychothérapie et à la Relation d'Aide, j'ai exprimé, à l'occasion d'une discussion, un point de vue qui a fait réagir un de mes collègues. Il a cru que je voulais le viser personnellement. Comme mes paroles ne s'adressaient pas à lui spécialement et que je n'avais aucune intention de le vexer, j'ai été très surprise de sa réaction et j'ai soudainement senti une grande peine m'envahir. J'étais malheureuse de l'avoir blessé et j'avais peur que cet incident crée une distance entre nous. À ce moment de la réunion officielle et sérieuse, pendant que mon collègue parlait, j'ai ressenti mon émotion et j'ai perçu le personnage d'impassibilité qui voulait s'imposer entre elle et moi. La peur d'être humiliée, rejetée et jugée était grande étant donné le climat habituel de ce genre de rencontre. Aussi était-il menaçant pour moi de montrer ma vulnérabilité. Je crois que l'accueil du personnage a ouvert la porte à l'émotion que j'ai exprimée authentiquement et sans vergogne. Je suis repartie de cette réunion avec un profond sentiment de bien-être et de liberté et une ouverture du cœur qui m'a rapprochée de mon collègue plutôt que de m'en éloigner. J'étais heureuse.

Tel est le but réel de l'éducation : rendre heureux. Plutôt que d'apprendre aux enfants à trouver leur bonheur dans la performance, dans la réussite sociale et financière et dans la perfection, l'éducateur peut semer en eux les graines d'un bonheur plus simple, plus accessible, plus profond, le bonheur de trouver l'harmonie intérieure, le bonheur de sentir couler l'énergie dans tout leur être quand leurs paroles et leurs actions reflètent fidèlement le langage de leur cœur et de leur corps.

Cette harmonie résulte d'un travail d'acceptation de son propre vécu, de ses propres besoins et de ses propres personnages. Sans cette acceptation, l'éducateur ne pourra cultiver l'épanouissement de la personne des éduqués parce qu'il sera incapable de les accepter tels qu'ils sont.

Accepter les éduqués tels qu'ils sont

En tant que parent, je me suis souvent posé la question suivante par rapport à mes enfants : comment les éduquer sans altérer leur personnalité et leur différence? Le problème se pose surtout lorsque les enfants déclenchent en nous un sentiment d'insécurité intense.

J'ai quatre enfants. Certains d'entre eux n'ont pas été vraiment sources d'inquiétude pour moi. L'un d'entre eux, par contre, m'a fait nager entre la peur, l'insécurité, l'anxiété et l'angoisse, spécialement au moment de l'adolescence. Il était de nature hardi, énergique et aventureux. Dès l'enfance, j'ai su que rien n'arrêterait ses explorations, pas même une blessure. Je l'ai vu dégringoler les marches de l'escalier qui menait au sous-sol de notre maison, se blesser et recommencer à mon insu, alors qu'il n'avait que deux ans et demi. À cinq ans, alors qu'il tentait de descendre une colline en vélo avec la famille, il a décidé de lâcher les guidons. Il a fait une chute qui l'a conduit directement à l'hôpital pour plusieurs jours. À son retour, alors qu'il avait encore du mal à marcher, il m'a demandé pour retourner faire du vélo sur la même colline.

Cet enfant-là voulait tout expérimenter. Il avait le don de se sortir des situations les plus difficiles. Longtemps j'ai eu peur. Je me demandais où fixer les limites à ses actes audacieux sans lui enlever sa nature intrépide. J'ai oscillé entre le contrôle et le laisser-faire. J'ai versé dans la comparaison avec sa sœur et son frère aînés jusqu'à ce que j'accepte qu'il était différent. Il était téméraire mais aussi débrouillard. Il était intrépide mais aussi très adroit et déterminé. Il était parfois irréfléchi mais intelligent. En fait, il avait en lui les ressources nécessaires pour faire son chemin et se tirer d'affaires. L'acceptation de sa différence m'a aidée à l'aborder en tenant compte de ce qu'il était. Il avait quatorze ans quand il est allé en voyage en République Dominicaine avec un copain. À seize ans, il est parti seul en France pour un mois avec sa tente et son sac à dos. À l'aube de l'adolescence, il vivait ses premières expériences sexuelles. Et j'en passe.

Avec lui, j'ai commis des erreurs. Parfois trop sévère, parfois trop débonnaire, j'ai mis du temps à doser l'encadrement et la liberté. Récemment, il m'a dit que ce qui l'avait le plus aidé dans son éducation et ce qui l'avait empêché de mettre sa vie et son avenir en péril au moment de l'adolescence, c'est qu'il s'était toujours senti profondément aimé.

Aujourd'hui, je suis fière de lui et satisfaite de moi-même. Je reconnais que je n'ai pas toujours su être une mère adéquate. Mon insécurité m'a parfois fait glisser sur la voie du contrôle, de la culpabilisation et du reproche.

Cependant j'ai su globalement respecter sa différence en acceptant les caractéristiques de sa personnalité. Cette acceptation m'a permis de l'éduquer à partir de ce qu'il était plutôt que de le placer dans le moule de l'enfant idéal et sécurisant. Grâce à lui j'ai fait tout un travail sur moi-même. L'éducation de cet enfant m'a éduquée à l'acceptation.

Si vous le rencontriez aujourd'hui, vous verriez qu'il n'a pas perdu sa nature aventureuse et originale. Il aborde sa vie sous un angle bien différent du mien. Ayant étudié en lettres, en musique, en théâtre, en création littéraire, il me disait récemment qu'il voulait faire un certificat en biologie. Comme j'ai appris à choisir mes études en fonction de ce que je voulais faire dans la vie sur le plan professionnel, je lui ai dit : « *Pourquoi veux-tu étudier la biologie* » ? Il m'a répondu qu'il n'avait aucun objectif professionnel, qu'il n'avait pas choisi cette matière dans le cadre d'un plan de carrière mais parce qu'il était intéressé à connaître son corps. « *De toute façon, a-t-il ajouté, je suis convaincu que, quoi que je fasse, ces études m'apporteront quelque chose* ».

Plutôt que de tenter de lui prouver la pertinence de mon point de vue, j'ai écouté le sien et accepté sa différence. En l'écoutant, j'ai pris conscience que je sacrifie trop souvent le présent au profit de l'avenir et que je ne donne pas toujours assez d'importance au plaisir dans ma vie. J'ai reçu une éducation au « devoir » et à la prévoyance, ce qui me procure de nombreux avantages, mais

45

aujourd'hui, j'ai besoin de me donner aussi le droit au plaisir dans l'ici et maintenant. Sans cet équilibre entre les deux, la vie manque de passion. Ce que mon fils me dit, c'est qu'il n'est pas mauvais de préparer son avenir mais pas au détriment du présent. Je lui fais entièrement confiance. Je ne sais pas où il s'en va mais je sais qu'il suit son chemin. Ce chemin, quoique différent du mien, le mènera à sa propre destination par les moyens qui lui conviennent. Le fait qu'il assume entièrement sa survie financière par un travail à temps partiel me confirme qu'il sait prendre sa vie en main.

Je ne dirai jamais assez aux éducateurs à quel point il est important d'éduquer leurs enfants et leurs élèves à partir des besoins de ces derniers. J'ai vu trop de parents rêver l'avenir de leurs enfants et pousser ceux-ci sur des routes qu'ils ne voulaient pas suivre parce qu'elles ne correspondaient pas à leurs besoins ni à leurs intérêts, ni même à leurs talents.

Observez vos enfants, observez vos élèves et soyez conscients de vos comparaisons défavorables. Soyez conscients de ce que vous souhaitez qu'ils deviennent pour ne pas leur imposer vos rêves sans respecter leur différence. Ajustez votre approche éducative à leur personnalité. Ne tuez pas l'enthousiasme d'un enfant téméraire, apprenez-lui plutôt à la canaliser. Ne banalisez pas les habiletés manuelles d'un

**enfant pragmatique. Apprenez-lui
plutôt à s'en servir pour se réaliser.
Ne forcez pas l'enfant introverti à
tout vous raconter, apprenez-lui
plutôt à trouver son propre mode
d'expression.**

L'observation et l'acceptation de ce qu'ils sont de même que le respect de leur transparence sont des moyens indispensables pour cultiver la personne des éduqués et les rendre heureux.

Respecter la transparence des enfants

Les enfants ont une pureté, une innocence que certains éducateurs ne respectent pas. Ils expriment ce qu'ils sont, ce qu'ils veulent et ce qu'ils pensent sans l'interférence des introjections, de la peur du jugement ou du rejet. Malheureusement, ils sont trop souvent réprimés dans leur spontanéité et ils ne comprennent pas pourquoi ils sont brimés dans l'expression naturelle de ce qu'ils sont. Ils en arrivent à ne plus savoir ce qui est correct et ce qui ne l'est pas, ce qu'il faut dire ou taire, ce qu'il faut faire ou éviter. En grandissant, il vivent de plus en plus d'insécurité et manquent de plus en plus de confiance en leurs perceptions et en eux-mêmes. Ils ne prennent pas leurs points de référence en eux mais dans le regard de leurs éducateurs.

Brimer la transparence des enfants, c'est détruire petit à petit ce qui les caractérise, c'est les rendre conformes à des normes qui ne leur ressemblent pas, c'est contribuer à bâtir une société qui donne plus d'importance au paraître qu'à l'être.

Aucun éducateur n'est à l'abri du piège du paraître. N'est-il pas important pour la plupart des parents que leur enfant fasse bonne impression et qu'il exécute ses finesses devant leur famille et leurs amis? Bien sûr qu'il est tout à fait normal pour des parents d'être fiers de leurs enfants, mais lorsqu'ils se servent d'eux pour se valoriser, lorsqu'ils les utilisent pour nourrir leur ego, ils ne les respectent pas. Il est fondamental que l'éducateur soit conscient de ses besoins de reconnaissance sans quoi il risque de se servir de ses enfants ou de ses élèves pour les satisfaire. Il risque même d'exiger de ses petits qu'ils se montrent meilleurs que les autres. J'ai vu, en effet, des enfants se prêter aux pressions plus ou moins subtiles de leurs parents et devenir des objets de performance pour répondre à leurs aspirations. À contrecoeur, certains se transformaient presque en bêtes de cirque pour être aimés ou approuvés. D'autres cherchaient constamment à impressionner. Ces enfants ont appris à établir leur valeur en se comparant aux autres plutôt qu'en accueillant et en exploitant tout simplement ce qu'ils étaient. Ils participaient à un spectacle triste à voir parce qu'au fond, ils étaient malheureux. Un peu comme des pantins ou des marionnettes, ils étaient actionnés par des fils invisibles qui les liaient aux éducateurs de qui leur action dépendait.

Il existe une grande différence entre se servir des enfants pour se donner de la valeur et les aider à s'épanouir et à développer leurs potentialités. Seul l'accueil de la vérité qui l'habite peut permettre à l'éducateur de faire la différence. Seule l'écoute de ses véritables motivations, de ses véritables besoins peut guider ses interventions. Aucun parent, aucun enseignant n'est à l'abri de ce problème. Tous les éducateurs, sans exception, ont besoin de reconnaissance et tous ont, bien inconsciemment, satisfait ce besoin par des moyens qui n'ont pas toujours été profitables aux enfants.

C'est surtout le manque de connaissance de soi qui est l'une des principales sources d'égarement des enseignants et des parents. Par manque d'écoute de leur vérité intérieure, certains ont adopté des méthodes éducatives qui n'ont pas toujours permis la transparence des éduqués.

J'ai d'ailleurs moi-même versé plus d'une fois dans ce piège avec mes enfants. Il m'est arrivé de vouloir protéger mon image à leur détriment.

Je me souviens d'un événement précis qui s'est produit lorsque nous habitions à Paris. C'était en 1982. Nous avions quitté le Québec quelques mois plus tôt. Mon fils Guillaume avait dix ans. L'adaptation à l'école française n'était pas facile pour lui. Aussi chaque jour, lorsqu'il revenait du collège et au cours du repas du soir, nous accordions beaucoup d'importance à l'écoute de ses expériences de la journée et de son vécu comme nous le faisions avec nos trois autres enfants. Ce soir-là, il nous parla surtout de son cours d'anglais. L'institutrice avait demandé aux élèves de la classe : « *Qu'est-ce que vos parents font lorsque vous êtes insolents ou que vous faites des écarts graves aux règlements qu'ils vous imposent* » ? Me sentant directement concernée, j'ai spontanément interrompu mon fils pour savoir ce qu'il avait répondu. Il m'a dit en riant : « *J'ai dit que lorsque tu n'es pas contente, tu me « brasses les idées ». Comme elle ne comprenait pas, je lui ai expliqué que tu me prends par les bras et que tu me secoues un peu, comme le vent secoue les branches d'un arbre ».*

Il avait dit la vérité. Cependant, pendant qu'il parlait, j'ai senti monter en moi une grande peur d'être jugée par son institutrice. Aussi, ai-je réagi à son histoire en lui reprochant fermement d'avoir dévoilé à l'école notre vie privée. Par mes blâmes, j'ai éteint la flamme de vie dans ses yeux. Il est devenu taciturne et triste alors qu'il avait tant de plaisir à raconter cet événement.

Cette nuit-là, je n'ai presque pas dormi. J'ai pris conscience de ce que je venais de faire vivre à mon fils. Je me sentais très coupable de l'avoir réprimandé alors qu'il avait tout simplement dit la vérité. J'avais honte d'avoir cherché à me cacher derrière une argumentation qui avait semé la confusion dans le cœur de mon enfant. J'avais honte de n'avoir pas eu le courage d'assumer la réalité par peur du jugement. Mon fils avait dit la vérité. Peu importe ce qu'en penseraient ses instituteurs, je ne voulais plus ternir sa transparence pour préserver mon image. Je voulais plutôt m'accepter telle que j'étais, assumer mes actions au risque même d'être désapprouvée et de perdre une certaine crédibilité. Je tenais à garder la confiance de mon fils et à préserver sa fraîcheur. Le lendemain dès mon réveil, je suis allée lui parler. Je me suis excusée de lui avoir fait des reproches et je l'ai félicité d'avoir été honnête. Je lui ai dit que j'avais eu tort et qu'il avait très bien répondu à la

> question de son institutrice. Il a retrouvé le sourire et j'ai ressenti une paix intérieure profonde. Lorsque j'ai partagé cette histoire avec d'autres parents, ils ont tous reconnu avoir vécu des expériences semblables. Plusieurs m'ont dit qu'ils se sentaient libérés d'en parler et sécurisés de bénéficier d'une écoute sans jugement.

Lorsque chez éducateur l'être remporte la victoire sur le paraître, il rend l'enfant heureux parce qu'il lui laisse la liberté d'être lui-même, la liberté d'exprimer authentiquement ses besoins et ses émotions.

Accueillir les émotions

De nombreuses recherches ont été faites pour connaître davantage l'être humain. Nous avons beaucoup appris sur le fonctionnement du cerveau, du corps et même du psychisme. Malgré toutes ces découvertes, il reste encore un monde que la plupart des hommes ne connaissent pas, celui de leurs propres émotions. La plupart l'abordent rationnellement, soit pour en parler théoriquement, soit pour s'en défendre.

L'émotion vécue ici et maintenant, en situation, fait peur. Les avenues pour la fuir sont beaucoup plus nombreuses que les chemins qui mènent vers elle. Les conséquences sur le plan relationnel et sur l'éducation sont plutôt dramatiques. En effet, comme nous le savons, nous ne pouvons choisir de vivre ou de ne pas vivre d'émotions. Elles surgissent spontanément et fréquemment dans le psychisme dès qu'un déclencheur extérieur ou imaginaire provoque leur apparition. Elles peuvent être agréables ou désagréables à vivre. Quand elles sont agréables, elles nous rendent généralement heureux. Dans le cas contraire, elles nous font souffrir. C'est précisément pour ne pas avoir mal que nous avons appris à fuir. Le problème c'est qu'une émotion ne disparaît pas parce qu'on la fuit. Elle agit sur le psychisme et influence à notre insu nos attitudes, nos actions, nos réactions, nos choix, nos comportements. Elle a même le pouvoir de détériorer notre corps lorsque nous la réprimons et de nuire considérablement à nos relations affectives et éducatives. C'est pourquoi il est essentiel de lui donner la place qui lui revient dans nos vies et dans celle de nos enfants et de nos élèves.

Le premier et le plus important travail qu'un éducateur doit faire sur lui-même est d'apprendre à accueillir ses propres émotions et à les identifier dans l'ici et maintenant des événements de sa vie. Il ne s'agit pas de savoir qu'il est vulnérable mais de ressentir sa vulnérabilité au moment précis où il la vit. Il ne s'agit pas de savoir qu'il a un complexe d'infériorité mais de ressentir le sentiment d'infériorité à la minute où il envahit son être.

Lorsque les émotions ne sont pas accueillies dans l'ici et maintenant, lorsqu'elles ne sont pas écoutées et identifiées, elle provoquent des réactions défensives qui perturbent la relation éducative et nuisent à l'épanouissement de l'enfant et de l'éducateur. Les réactions défensives les plus répandues en éducation sont la culpabilisation, la rationalisation, la banalisation, la répression, l'humiliation et la prise en charge.

Que se passe-t-il chez l'éducateur qui réagit défensivement à ses enfants ou ses élèves ? Pour répondre à cette question, prenons l'exemple type d'un petit garçon que je nommerai Paul. Il a plus de quatre ans lorsque sa mère, pour la première fois, le confie à une gardienne parce qu'elle a besoin de vacances. Au moment du départ, Paul s'accroche à elle et cherche à la retenir. Envahi par des sentiments de peine, d'insécurité et d'abandon, il pleure intensément. Il ne veut pas passer la semaine avec la baby-sitter. Il veut garder sa mère près de lui.

Visiblement ébranlée par les larmes de son fils, la mère de Paul, comme la plupart des mères placées dans une telle situation, réagira selon le fonctionnement défensif qu'elle a intégré pour se protéger contre ses émotions désagréables lorsqu'elle était enfant. Elle peut le culpabiliser, rationaliser sa peine, la banaliser, la réprimer, la prendre en charge ou encore humilier son fils.

Culpabilisation : « *Écoute Paul, depuis ta naissance, je n'ai jamais pris de vacances, j'ai passé toutes mes journées à m'occuper de toi, j'ai été attentive à tous tes besoins, je mérite bien que tu me laisses partir sans problème.* »

Rationalisation : « *Tu n'as aucune raison de pleurer. Sois raisonnable. Tu es un grand garçon maintenant.* »

Banalisation :   « *Ne t'affole pas mon chéri. Ce n'est pas grave. Tu verras, dans quelques minutes, tu n'y penseras plus et puis je serai de retour dans quelques jours.* »

Répression :   « *Arrête de pleurer. Je ne veux plus t'entendre, t'as compris ?* »

Humiliation :   « *Cesse de faire le bébé. Regarde-toi dans le miroir. Vois comme tu as l'air ridicule.* »

Prise en charge : « *Je ne peux pas te laisser comme ça. Viens, je t'emmène avec moi.* »

Qu'est-ce qui pousse la mère de Paul à glisser spontanément dans l'une ou l'autre de ces réactions sinon l'émotion désagréable qui l'envahit lorsqu'elle voit son enfant malheureux ? Inconsciemment elle tente de contrôler le déclencheur de sa souffrance. Si Paul cesse de pleurer, elle ne vivra plus de culpabilité. Aussi, tente-t-elle d'arrêter ses larmes.

Il est bien évident que cette mère n'est pas consciente de son fonctionnement défensif. Elle croit aider son enfant en réagissant de cette manière. En fait, elle agit avec lui comme elle agit envers elle-même. Elle cherche à contrôler les émotions de son fils parce qu'elle contrôle inconsciemment les siennes. Elle n'écoute pas la peine de Paul parce qu'elle ne prend pas le temps d'accueillir ses propres émotions. En réalité, son cœur est rempli de culpabilité, de tristesse, d'inquiétude et d'impuissance. Si elle entend sa propre souffrance, elle pourra non seulement entendre celle de son fils mais aussi trouver un moyen pertinent de l'aider à traverser cette épreuve.

« Tu as beaucoup de peine parce que je m'en vais. Tu as peut-être peur que je t'abandonne. Tu sais, je suis triste de te voir malheureux. Mais regarde, j'ai préparé quelque chose pour toi. J'ai mis sept étoiles de couleurs différentes sur le mur de ta chambre et j'en ai fabriqué sept autres que je poserai sur le mur de ma chambre d'hôtel. Quand tu regarderas tes étoiles, tu sauras que je ne t'oublie pas. Tous les matins, à ton réveil, tu enlèveras une étoile. Le jour où tu enlèveras la dernière sera le jour de mon retour. Je ferai la même chose avec mes étoiles. D'accord ? »

Par ce genre d'intervention, la mère comprend bien les émotions de son fils, lui exprime sa tristesse et lui propose un moyen symbolique pour garder le lien affectif avec elle de façon à le sécuriser. Au lieu de prendre en charge sa souffrance en changeant les modalités de son projet de vacances, elle trouve un moyen de lui donner le pouvoir de s'occuper lui-même de ses propres malaises. Et même si elle ne réussit pas à dissiper complètement la peine de son enfant et qu'elle est encore elle-même ébranlée, il est important qu'elle parte quand même et qu'elle fasse confiance à son fils. Ce dernier sentira alors qu'il a les ressources nécessaires pour vivre une semaine sans elle et il en ressortira avec plus de confiance en lui-même.

Cet exemple montre bien l'importance primordiale pour un éducateur, d'apprivoiser son monde émotionnel et d'identifier sa vérité intérieure pour accueillir celle de l'éduqué et pour l'aider à mettre des mots sur ce qu'il ressent.

L'émotion se présente généralement comme un chaos. Quand nous vivons des malaises émotionnels, nous baignons dans la confusion, ce qui peut sembler très insécurisant. Comme elle est un phénomène de nature irrationnelle, nous risquons de nous y perdre si nous n'identifions pas ce qui nous habite. La fuite de l'émotion résulte surtout de la peur légitime d'être submergé par elle, de la peur de « perdre la tête ». Il est en effet dangereux de l'aborder sans la raison. C'est un peu comme s'enfoncer dans la jungle sans guide ou se laisser tomber dans un puits sans fond, sans moyens pour remonter.

Pour vivre l'émotion sans perdre notre équilibre psychique, nous avons besoin de l'intervention du monde rationnel. Autrement dit, nous avons besoin de notre tête pour écouter notre cœur. Cependant, le problème qui se pose souvent est que la raison domine l'émotion. Elle cherche à la contrôler, à la réprimer, à l'étouffer, ce qui est néfaste sur les plans physiologique, psychologique et relationnel.

Le rôle de la raison n'est pas de dominer la vie émotionnelle mais d'identifier les éléments du chaos qui la constitue. Au lieu de régir l'émotion, la raison a pour rôle de travailler avec elle.

Ainsi chaque instance aura sa place dans le psychisme et chacun agira, dans le respect de ses fonctions, en collaboration avec l'autre. Cette relation interne évitera à la personne d'être submergée par son monde émotionnel qui fait perdre la raison ou d'être dominée par son monde rationnel qui fait taire le cœur.

Une raison qui se veut collaboratrice et porteuse d'harmonie servira à identifier les composantes de la nébuleuse émotionnelle. Ainsi, quand nous vivons cette confusion intérieure dans laquelle nous plonge très souvent l'émotion, il est important de ne pas la fuir mais de prendre le temps de l'accueillir de façon à mettre en mots ce que nous ressentons. Cette démarche n'est pas toujours évidente pour celui qui a appris à refouler ses émotions au point de ne plus les ressentir. Dans ce cas, elle résulte d'un apprentissage. Nous pouvons en effet apprendre à apprivoiser et à identifier les éléments de notre vérité profonde dans l'ici et maintenant des situations. Il s'agit d'accepter l'aide d'une personne qui saura nommer ce que nous ressentons.

Cet apprentissage devrait faire partie de la formation des éducateurs de sorte qu'ils puissent, à leur tour, aider leurs enfants ou leurs élèves à choisir les mots qui correspondent à leurs états intérieurs. Chez les enfants, cet apprentissage peut se faire très jeune. Les parents peuvent commencer à initier leur bébé quand il est au berceau, avant même qu'il s'exprime par le langage verbal. Dès l'âge de trois ans, mon petit-fils était en mesure de dire : « *J'ai de la peine, je suis en colère ou même j'ai peur* ». Comme ses parents avaient nommé ses émotions depuis sa naissance, il a fini par faire le lien entre chacun de ses états intérieurs et les mots pour les exprimer.

Si l'éducateur a du mal à accueillir sa propre peine, sa propre colère, sa propre jalousie ou sa propre peur de perdre l'amour, s'il juge que certaines émotions sont épouvantables, il ne laissera pas les éduqués les exprimer librement.

Tout un travail d'acceptation de lui-même est essentiel s'il veut s'ouvrir au monde des personnes qu'il a charge d'éduquer, s'il veut leur donner le droit de laisser émerger ce monde intérieur qu'ils ne choisissent pas de vivre ou de ne pas vivre. On ne peut pas, en effet, choisir de ne plus être jaloux ou de ne plus être vulnérable. On peut, par contre, prendre la décision de ne pas montrer certaines facettes de nous-même qui nous font honte, ce qui est bien différent. Mais la honte de soi nous empêche, comme je l'ai dit précédemment, de nous donner la liberté d'être entièrement nous-même. Elle nous emprisonne. Aussi l'éducateur a avantage à s'ouvrir à tout ce qu'il est en acceptant toutes les composantes de sa vérité profonde. Il sera tellement plus accueillant aux éduqués.

Un autre problème empêche certains parents et certains enseignants de comprendre les émotions de leurs enfants ou de leurs élèves. Ils ne distinguent pas l'émotion de la réaction défensive. Pour me faire comprendre, je citerai l'exemple de Louis et de Pascal qui sont deux frères jumeaux.

Habité par une intense colère parce que son frère a démoli son château de cartes, Pascal s'empare d'un gros camion et s'en sert pour frapper Louis violemment. Alerté par les hurlements de son fils, le père accourt, enlève le camion des mains de Pascal et l'envoie dans sa chambre pour le reste de l'après-midi sans dire un mot de plus.

Devant une telle situation, il est tout à fait normal, voire impératif, que le parent intervienne. Cependant, le père des jumeaux a réagi plutôt qu'agi. Il n'a pas su être éducateur auprès de ses deux enfants. Les risques sont grands que Louis retire une fausse leçon de son geste. Il est possible qu'il croie que c'est mal non seulement de frapper son frère mais aussi d'être en colère. Pour l'éduquer à l'acceptation de lui-même, son père peut lui faire comprendre, par l'accueil de l'émotion, qu'il a droit à sa colère et que s'il l'isole dans sa chambre, c'est parce qu'il a tourné sa colère contre son frère. Autrement dit, ce n'est pas le fait d'être en colère qui est répréhensible mais sa façon de l'exprimer. L'enfant doit comprendre clairement pourquoi il doit assumer la conséquence de son geste.

D'autre part, un travail d'éducation s'impose aussi auprès de Pascal qui a démoli le château de son frère. Pour protéger son enfant contre les coups qu'il a reçus et parce que ce dernier a été blessé, le parent risque d'agir en « sauveur » plutôt qu'en éducateur. Pascal a aussi besoin de se sentir accueilli dans l'émotion qui a provoqué son comportement. De plus, il doit apprendre à faire la différence entre son vécu et sa réaction de façon à bien saisir sur quoi porte la conséquence de son action. Ainsi, le père, après avoir montré sa sensibilité à la blessure physique de l'enfant, après l'avoir pansé si c'est nécessaire, a avantage à aller jusqu'au bout de son rôle d'éducateur s'il ne veut pas faire de son fils une victime qui utilisera la plainte ou les larmes pour faire oublier ses fautes.

Une telle approche de l'éducation a pour avantage d'aider l'éduqué à gérer ses émotions, ce qui est bien différent d'une éducation qui favorise le refoulement et le contrôle du monde émotionnel. Contrôler, c'est donner prédominance à la tête sur le cœur. Gérer sa vérité profonde, c'est l'apprivoiser, l'accueillir pour choisir ensuite ce qu'on en fait. On peut consciemment décider de l'exprimer ou de la taire sans la fuir. On peut choisir aussi « quand » et « comment » lui donner sa place dans une relation. Ainsi, au lieu d'être esclaves de nos réactions et de nos comportements, au lieu de laisser notre chaos intérieur mener notre imaginaire et nos actions à notre insu, nous serons maîtres de nos vies parce que nous aurons appris à établir une harmonie, à l'intérieur de nous-mêmes, entre notre monde rationnel et notre monde irrationnel. Voilà le résultat d'une approche éducative qui apprend aux éduqués à être eux-mêmes, qui leur donne le contrôle de leur vie parce qu'elle les aide à trouver leur identité.

Aider l'éduqué à trouver son identité

Au cours de ma carrière d'enseignante et de praticienne de la psychothérapie, j'ai rencontré de nombreuses personnes qui étaient à la recherche de leur identité, des adolescents et des adultes tellement obnubilés par les « il faut que… » qu'ils n'avaient aucune idée de ce qui faisait d'eux des êtres à part entière. Ils étaient fondus dans la masse au point d'avoir perdu leur unicité. D'autres, au contraire, voulant se distinguer à tout prix, versaient dans une affirmation défensive de leur différence qui faisait d'eux des individualistes à outrance et des êtres qui, pour trouver leur identité, la perdaient complètement. Ils étaient, en effet, préoccupés par « l'idée » de manifester leur différence mais n'avaient aucune conscience de ce qui constituait vraiment leur singularité.

On ne trouve pas son identité dans le conformisme, encore moins dans une attitude anticonformiste défensive parce que **l'identité est l'ensemble des traits et des caractéristiques qu'une personne partage avec les membres de ses groupes d'appartenance et l'ensemble des traits et caractéristiques qui l'en distinguent.**

L'enfant, tout comme l'adulte, trouve son identité par l'appartenance à sa famille, à sa classe ou à des groupes sportifs, culturels, psychologiques ou spirituels. Il a besoin d'appartenir à un groupe pour savoir qui il est. La satisfaction de ce besoin est fondamentale puisqu'il est à la base de la construction de sa personnalité et à l'origine de sa recherche d'identité. Il est bien évident que le mot « appartenir » auquel je fais référence ici signifie « faire partie d'un groupe » et non en dépendre ou en devenir la propriété.

Le premier groupe d'appartenance d'un individu et le plus important est sa famille. Dès sa naissance l'enfant « fait partie » de cette cellule. Le fait de naître dans une famille en particulier a un impact considérable sur ce qu'il deviendra comme personne. En règle générale, c'est dans le milieu familial que l'enfant trouve aussi les caractéristiques de son identité culturelle puisque la famille est le lieu d'apprentissage de la langue, de la religion, des aspects propres au pays d'origine, des caractéristiques intellectuelles et artistiques. Il exerce donc une influence considérable sur la plupart des personnes, y compris celles qui ont grandi dans des familles d'adoption ou dans des familles de substitution même si, dans ce dernier cas, l'identité est beaucoup plus difficile à trouver.

Le deuxième groupe d'appartenance d'un enfant est l'école, particulièrement le groupe-classe qui lui est assigné chaque année. Dans ces deux milieux, la classe et la famille, se développent des caractéristiques fondamentales de sa personnalité. C'est pourquoi il est très avantageux que les enfants et même les jeunes adolescents ne changent pas trop souvent de groupe ni d'enseignant. Voilà pourquoi le rôle des éducateurs scolaires et parentaux est essentiel en ce sens. Ils peuvent aider les éduqués à trouver leur véritable identité en cultivant la fierté d'appartenir à une cellule familiale ou scolaire, en les intégrant au groupe et en favorisant la reconnaissance de leurs racines.

Cultiver la fierté d'appartenir

J'ai fait mes études primaires de 1949 à 1955, à la campagne, dans une école de rang où une seule institutrice enseignait à toutes les classes, de la première à la septième année. Dans ces écoles, c'était généralement la maîtresse qui faisait tout : elle assurait le chauffage en alimentant le poêle à bois, elle surveillait les récréations et les heures des repas, entretenait la classe et l'enseignait à tous les enfants du rang. Comme c'était un milieu rural, nous étions pour la plupart filles et fils de cultivateurs. Après le diplôme de septième année, un grand nombre de jeunes abandonnaient l'école pour travailler à la ferme ou aider leur mère à la maison. La poursuite des études n'étant possible qu'à l'école de la ville, les parents devaient assumer les coûts des études et les inconvénients du transport étant donné qu'il n'y avait pas, à cette époque, de transport organisé.

Comme mon père était commissaire d'école et ma mère une ancienne institutrice, ils accordaient tous les deux une importance capitale aux études. Dans ma famille, le passage de l'école de la campagne à l'école de la ville était considéré comme nécessaire. Mon père, qui avait dû quitter ses études en quatrième année pour remplacer son père atteint d'une grave maladie, voulait donner à ses enfants ce qu'il n'avait pas eu la chance de recevoir lui-même : l'instruction. Aussi, quand je suis passée d'un milieu à l'autre, j'ai vécu beaucoup d'insécurité et de peur à cause de l'inconnu qui m'attendait. Dans ma classe, il y avait très peu de filles du milieu rural, la plupart étant citadines. J'avais peur de ne pas pouvoir me faire d'amies. Malgré mes peurs, je me suis assez facilement intégrée à cette nouvelle situation et je n'ai pas connu l'isolement dans lequel se retrouvaient certaines campagnardes qui se sentaient inférieures et qui étaient même mal à l'aise de montrer leur origine paysanne.

Je n'ai jamais éprouvé ce sentiment parce que j'étais fière de mon père, fière de son métier, fière d'être fille de cultivateur. À l'époque, je n'étais pas consciente que mes parents m'avaient fait le cadeau de me communiquer cette fierté. Je me sentais aussi importante que les filles du médecin ou du notaire de la paroisse et personne dans ma classe n'a tenté de me dévaloriser ou de m'inférioriser parce que je venais de la campagne. Je me souviens à quel point c'était presqu'un honneur pour moi de dire que j'étais la fille de Nelson Portelance.

Mon père s'est toujours intéressé à ce qu'il faisait. Il lisait beaucoup, s'impliquait dans différents organismes, suivait fidèlement le progrès et, grâce à sa culture, à son intelligence, à sa grande capacité de discernement et à son sens remarquable de l'écoute, il a su inspirer le respect dans sa paroisse. Je crois que c'est par cet amour de son travail, par sa soif d'apprendre et par son ouverture d'esprit et de cœur qu'il m'a communiqué cette fierté d'appartenir à ma famille.

Les éducateurs parentaux auraient avantage à cultiver cette fierté chez leurs enfants parce qu'il est très difficile pour ces derniers de trouver leur identité s'ils ont honte de leur famille. Puisque l'identité, je le répète, est l'ensemble des traits et des caractéristiques qu'une personne partage avec son groupe d'appartenance et l'ensemble des traits et des caractéristiques qui l'en distinguent, comment une personne peut-elle définir son identité si elle a honte de sa famille ? Ce phénomène naturel n'a rien à voir avec la profession, le statut social ou les conditions matérielles. La dignité et la fierté sont des qualités qui se transmettent de l'intérieur. J'ai vu des enfants de parents bien nantis financièrement ou professionnellement renier leur famille parce qu'ils se sentaient traités comme des objets sans importance ou parce qu'ils voulaient échapper à la fausseté du paraître. J'ai aussi vu des enfants de milieux défavorisés se distinguer parce qu'ils avaient eu la chance de grandir dans une famille où l'amour, l'honnêteté et le courage compensaient l'insuffisance de ressources.

Transmettre la fierté et la dignité c'est, pour un éducateur, cultiver lui-même ces qualités par des remises en question importantes. S'il n'est pas fier de ce qu'il est et de ce qu'il fait, quelle en est la cause ? Comment peut-il le devenir ?

Je rencontre fréquemment de ces parents qui se distinguent par une grande simplicité et qui communiquent avec ardeur leur passion pour leur travail. Par ce qu'ils sont, par leur intérêt, ils savent donner de la valeur à ce qu'ils font. J'ai beaucoup plus de plaisir et je suis davantage stimulée par mon ami menuisier qui me parle de ses réalisations et de ses créations que par certains enseignants qui se traînent dans les classes en attendant leur retraite.

L'école est un milieu éducatif important. L'enseignant doit aimer suffisamment son travail et ses élèves pour que ces derniers soient heureux et fiers d'être dans sa classe, d'appartenir à son groupe. Non pas qu'il doive chercher la popularité mais cultiver l'enthousiasme pour sa profession. Fort heureusement, il existe de très nombreux enseignants qui, après des années, ont conservé cette passion de l'enseignement. J'en ai connu plusieurs et j'ai été moi-même de ceux-là. J'ai consacré 19 années de ma vie aux adolescents. Ils étaient fiers d'assister à mes cours parce que j'adorais travailler avec eux au point d'organiser des activités de toutes sortes en dehors de ma tâche régulière. Quand j'ai senti mon enthousiasme et mon intérêt s'atténuer, j'ai pris la décision d'orienter ma carrière professionnelle vers l'enseignement aux adultes. Avec eux, j'ai exploité de nouvelles potentialités sans perdre de vue l'aspect éducatif de mon travail. Beaucoup d'adultes ont aussi besoin d'apprendre à être eux-mêmes, à s'accepter tels qu'ils sont, à accepter leurs émotions et à trouver leur identité. Ils ont besoin d'appartenir à un groupe et c'est pourquoi, avec eux comme avec les enfants et les adolescents, il m'importait de trouver les moyens de les intégrer à leur groupe.

Intégrer les éduqués au groupe d'appartenance

Ce qui rend les enfants heureux à l'école, ce n'est pas surtout leurs résultats scolaires mais le fait de se sentir aimés autant par leurs enseignants que par leurs camarades, de se sentir importants.

Dans la famille, le véritable bonheur de l'enfant vient aussi de son sentiment d'exister, d'être reconnu et de son sentiment de « faire partie » à part entière de la cellule familiale. S'il est négligé, oublié, dévalorisé, rejeté ou abandonné, il en souffrira énormément. Certains réagiront en essayant de performer le plus possible pour attirer l'attention dont ils ont besoin pour se sentir intégrés, d'autres se révolteront et d'autres, enfin, perdront toute motivation, tout intérêt et deviendront passifs, désabusés, déprimés.

Intégrer un enfant à sa famille ou à son groupe-classe, dans le respect de ce qu'il est, c'est lui donner les moyens de trouver son identité et c'est aussi contribuer à le rendre heureux. Cela est possible quand chaque individu de la famille ou du groupe a sa place et son importance quelle que soit sa différence. Qu'il soit extraverti ou introverti, premier ou dernier de classe, qu'il aime lire, bricoler ou dessiner, l'éduqué doit sentir qu'il n'est pas n'importe qui pour les membres de sa famille ou de sa classe. Il doit sentir qu'il appartient à ces deux groupes et que son absence ferait une différence au sens où le groupe perdrait quelqu'un d'unique, s'il n'était pas là. Cette intégration n'est pas possible quand les éducateurs ont un chouchou ou qu'un enfant ou un élève est considéré comme le mouton noir d'un groupe.

Le chouchou

> **L'enfant préféré peut difficilement trouver son identité parce que, pour mériter le statut de « favori », il doit répondre le plus fidèlement possible à ce que ses parents ou ses enseignants attendent de lui. Il doit sacrifier son essence même pour se fusionner aux valeurs, aux désirs, aux espoirs de ses éducateurs.**

Cet enfant apprend ni plus ni moins à se renier pour être aimé puisqu'il modèle son action, ses aspirations et ses besoins sur ceux qui ont la charge de l'éduquer. Il risque de payer sa position de « préféré » par une certaine perte de son identité puisqu'il lui sera plus difficile de distinguer ses traits et ses caractéristiques personnelles de ceux de ses éducateurs ou de son groupe d'appartenance. En réalité, très souvent le chouchou ne fait pas partie à part entière d'un groupe, il en est plus ou moins exclu puisqu'il est rejeté par certains de ses pairs et qu'il n'est pas apprécié par ses éducateurs pour ce qu'il est mais pour ce qu'ils l'ont amené à être.

Il y a une nette différence entre les sentiments qu'un éducateur éprouve pour un chouchou et ceux qu'il éprouve pour un éduqué authentique. Dans le premier cas il n'y a pas d'amour véritable de l'enfant pour ce qu'il est mais plutôt une certaine forme d'égoïsme de la part de l'éducateur. Dans le second cas il s'agit d'un amour réel de l'éduqué puisqu'il est fondé sur le respect de la différence.

Le « préféré » est un être fabriqué qui ne se connaît pas et qui risque de continuer à se perdre dans les projets que d'autres auront pour lui. Dans ses relations affectives, il aura tendance à donner plus d'importance à ceux qu'il aime qu'à lui-même. Il tentera par tous les moyens de répondre à ce qu'ils attendent de lui et il acceptera des traitements inacceptables pour être aimé et par peur de perdre. Il aura du mal à trouver une façon d'exister autre que celle qu'il a apprise et qui consiste à épouser les désirs, les opinions et les valeurs des autres. Cet être-là aura tout un travail à faire sur lui-même pour apprivoiser sa propre vérité intérieure, identifier ses propres besoins, découvrir ses propres valeurs et un travail encore plus grand pour les affirmer parce qu'il sera confronté à sa peur de ne plus être aimé. En fait, l'enfant préféré devra apprendre une autre façon d'exister que celle qu'il a développée, une façon qui ne sera plus stérile mais qui sera source d'épanouissement, de reconnaissance et de liberté.

S'il est exigeant pour un chouchou de découvrir sa véritable importance et sa véritable nature, il n'en est pas moins douloureux pour le mouton noir d'atteindre ce même résultat.

Le mouton noir

N'étant pas acceptés dans leur différence ou ne recevant pas l'amour et la reconnaissance dont ils ont besoin, certains enfants apprennent à attirer l'attention par la confrontation, l'opposition, l'insolence, le non-respect des règles et des limites de leurs éducateurs. C'est pourquoi on les appelle des moutons noirs.

J'ai été de ceux-là, particulièrement au moment de l'adolescence et en particulier avec ma mère. Très occupée par une nombreuse famille composée d'enfants qui avaient, pour la plupart, un an de différence, ma mère n'avait pas le temps de répondre à mes besoins comme je l'aurais souhaité. Puisque j'étais l'aînée, je devais participer aux tâches de la maison et m'occuper des plus jeunes. Comme mes tentatives répétées de répondre à toutes ses aspirations et d'être la fille idéale ont souvent échoué, j'ai versé dans des comportements qui avaient pour but de la faire réagir. De cette façon, j'existais et j'obtenais son attention. N'eut-ce été de mon père qui s'assumait comme autorité et exigeait le respect, j'aurais pu devenir une parfaite délinquante. En réalité, j'étais loin de me rendre compte de la lourde tâche de ma mère et de ses efforts pour me manifester, à sa manière, l'importance que j'avais pour elle.

J'ai traversé cette étape de ma vie avec difficultés. Je crois d'ailleurs que mon attitude de plus en plus insolente envers ma mère a été une des raisons pour lesquelles mes parents m'ont envoyée au pensionnat. Bien que je n'aie pas du tout été d'accord avec leur décision, cette expérience a été, à long terme, bénéfique pour moi. La distance m'a permis d'élargir ma vision sur ma propre famille et d'apprécier davantage le milieu où j'étais née. Elle m'a aussi permis d'alléger, sans le faire disparaître, mon sentiment d'être une mauvaise fille, une fille qui fait souffrir sa mère.

J'ai toutefois retiré de cette époque douloureuse des éléments favorables. Quand je suis devenue enseignante aux adolescentes, je me sentais très proche intérieurement de ces élèves qualifiés d'indisciplinés et de moutons noirs. La plupart du temps, je ne me sentais pas menacée par leur affirmation défensive et par leur provocation. J'ai toujours su établir avec eux une relation d'authenticité et de confiance. Je savais qu'ils avaient un besoin énorme de valorisation; aussi ai-je répondu à leurs interventions impertinentes par l'humour. Nous devenions complices plutôt qu'ennemis. Ils apportaient à ma classe un certain vent d'imprévu, de légèreté, de plaisir qui la sortait du sérieux, de la routine et du trop grand intellectualisme dans laquelle elle était parfois trop absorbée. Plutôt que de réprimer leurs commentaires spontanés, je prenais le temps de les écouter et d'y répondre avec humour, ce qui satisfaisait leur besoin d'exister et d'être importants et, par conséquent, les rendait plus réceptifs à mon enseignement. Ils me respectaient parce que je les respectais. Par mon approche, ils s'intégraient de plus en plus au groupe. Ils en faisaient partie.

Est-ce parce que j'ai connu cette période difficile de ma vie au cours de laquelle j'ai provoqué ma mère pour avoir son attention que je suis encore aujourd'hui sensible à ceux qu'on appelle les « moutons noirs » ? Probablement. Quoi qu'il en soit, je constate que le problème de ce genre d'enfant n'est pas réglé.

Il existe toujours dans certaines
familles et dans certaines classes
des enfants plus ou moins rejetés
par leurs parents ou par leurs enseignants parce que, par leurs comportements, ils réussissent à susciter la
colère, l'exaspération, l'impatience,
voire l'intolérance. Ces enfants
utilisent l'opposition pour obtenir
l'attention qu'ils recherchent. Ils
s'opposent sans discernement, par
leurs paroles et leurs actions, aux
valeurs de leurs éducateurs, à leurs
principes, à leurs demandes, à leurs
opinions. Aussi ont-ils beaucoup de
mal à trouver leur identité, à découvrir qui ils sont vraiment. Au lieu
de répondre à l'idéal souhaité par
leurs éducateurs, comme le fait tout
chouchou, ils le rejettent intégralement. Ils suscitent ainsi des conflits
extérieurs parce qu'ils sont en conflit avec eux-mêmes. Ils ne se com-
portent pas selon leur vérité
profonde mais en réaction au
monde extérieur. Ils ne peuvent
donc pas découvrir leur
véritable nature.

Ces enfants sont prisonniers de besoins non identifiés qui les mènent à leur insu et qui déterminent leur attitude, leurs modes d'action, leur langage. Souvent, devant leurs multiples insolences et leurs provocations, les éducateurs demeurent impuissants et adoptent des modes d'interventions qui entretiennent, voire intensifient les réactions du mouton noir.

Loin de moi l'idée de blâmer les parents et les enseignants qui manquent de moyens pour aborder ce problème et qui sont incapables, malgré leur bonne volonté et leurs efforts, d'intégrer un tel enfant dans sa famille ou dans son groupe, incapables d'établir avec lui une relation de confiance qui permette de créer le sentiment d'appartenance nécessaire pour qu'il trouve son identité.

Certains éduqués, simplement par ce qu'ils sont et ce qu'ils font, atteignent leurs parents et leurs enseignants dans ce qu'ils ont de plus fragile. Inconsciemment, par leurs paroles et leurs actions spontanées, ils atteignent la zone sensible la plus profonde de leurs éducateurs. Ébranlés dans leur noyau psychique, ces derniers se défendent au lieu d'agir.

Et commence ainsi une chaîne de réactions qui s'alimentent les unes les autres et renforcent les fonctionnements psychiques insatisfaisants de part et d'autre.

Pour sortir de ce labyrinthe, l'éducateur doit démystifier ses propres Minotaures. Il est important qu'il découvre ce que l'éduqué déclenche en lui. La manière d'être de ce dernier lui fait peut-être vivre la peur d'être rejeté ou dominé, de l'insécurité, de l'impuissance, de la culpabilité, un sentiment d'être inutile ou incompétent. Si, par exemple, un parent a souffert d'abandon, de négligence ou d'un sentiment de non importance au cours de son enfance et de sa vie, il risque de vouloir donner ce qu'il n'a pas reçu et d'exprimer à son enfant trop d'affection, de lui assurer une présence oppressante et même de le surprotéger. Dans ce cas, il est fort possible que l'enfant se sente étouffé, contrôlé, emprisonné par l'amour d'un tel parent et qu'il réagisse par le rejet. Si le parent maintient son attitude d'attention excessive, l'enfant peut en arriver à lui opposer une attitude qui passera de l'expression de ses besoins à la soumission passive pour en arriver au rejet global et agressif de tout ce qu'est son père ou sa mère. Il agira alors par opposition à tout ce qui vient de l'éducateur en question qui, se sentant davantage rejeté, cherchera à soulager inconsciemment sa souffrance par une vigilance accrue, un contrôle plus serré, des exigences plus sévères. Un tel enfant fondera la construction de sa personnalité sur un modèle réactionnel plutôt que sur l'écoute et l'accueil de lui-même. Il deviendra le mouton noir, celui qui suscite le rejet et qui ne connaît pas d'autre façon d'exister que celle de provoquer, de s'opposer, de contester sans discernement tout ce qui vient de l'autorité. Il sera malheureux parce qu'il s'attirera le contraire de ce qu'il recherche.

Plutôt que d'être aimé et reconnu par ses éducateurs comme il en a besoin, plutôt que de se gagner la confiance nécessaire à la satisfaction de son grand besoin de liberté, le mouton noir accumulera les expériences de rejet, de sanctions, de répression, lesquelles provoqueront ses comportements d'opposition et d'arrogance. Ainsi se poursuivra un système que l'éduqué risque de rejouer tant et aussi longtemps qu'il ne rencontrera pas une personne ou un éducateur qui aura assez de connaissances de ses propres zones de sensibilité psychique pour briser, par des interventions authentiques, ce système relationnel insatisfaisant et dysfonctionnel et créer un nouveau mode de relation. Cette nouvelle approche permettra au jeune de se connaître, de découvrir ses véritables besoins, de percer le mystère de ses émotions et de ses perceptions de sorte qu'il agisse en accord avec ce qu'il est vraiment.

Comme le mouton noir s'est toujours défini par opposition, il mettra du temps à apprivoiser sa nature véritable. En fait, il ne sait pas ce qui le caractérise vraiment. Cet apprentissage se faisant progressivement, la tendance à l'opposition revient au galop. Aussi, est-il important que l'éducateur ne s'y laisse pas prendre et qu'il ne réagisse pas défensivement quand c'est possible pour lui. Comme humain, il est normal que tout parent ou tout enseignant, même le mieux informé, glisse dans des réactions qui alimentent la défensive des éduqués. Ceci dit, la meilleure façon de réagir à cette opposition systématique et réactive est d'exprimer son malaise sans juger.

Je me souviens d'un jeune homme d'environ dix-huit ans qui, ayant appris à trouver ses points de référence en lui-même, à se fier à ses perceptions et à respecter son monde intérieur plutôt que de réagir par l'insolence et la provocation, me dit d'une façon non défensive et par souci d'être de plus en plus fidèle à ses valeurs, à ses aspirations, à ses idées, à ses besoins : « *Je ne veux pas être comme mes parents, je veux trouver un chemin différent du leur, une manière d'être différente et unique* ».

Ce jeune adulte ne se rendait pas compte qu'il risquait ainsi, avec les meilleures intentions du monde, de perdre son identité. Il oubliait que l'identité est composée non seulement de caractéristiques qui le distinguent de son milieu d'appartenance mais aussi de celles qu'il partage avec les membres de sa famille. Vouloir être différent à tout prix, c'est risquer de rejeter une partie de sa nature véritable.

L'être humain ne peut trouver ce qui le constitue comme être unique en adoptant le moule de l'enfant idéal, encore moins en s'opposant indistinctement à tout ce qui vient de l'autorité.

Il ne peut non plus trouver son identité en niant qu'il est le chouchou ou le mouton noir de la famille ou de la classe si, en réalité, il l'est. S'il se définit par la négative plutôt qu'en partant de lui-même, sa recherche restera vaine. C'est souvent le cas de l'enfant qui, dans un groupe ou une famille où l'on observe un préféré et un mouton noir, cherche sa place en essayant de n'être ni l'un ni l'autre. Il a peur, dans le premier cas, d'être rejeté par ses pairs et, dans le second cas, d'être rejeté par l'autorité. En réalité, pour trouver son identité, il est fondamental, je le répète, qu'il découvre qui il est. Il ne pourra y arriver sans découvrir ses racines et son passé.

Reconnaître ses racines et son passé

Dans le cadre de mon travail de formatrice, d'enseignante et d'intervenante auprès des adultes, j'ai rencontré des personnes qui avaient décidé de renier leur père ou leur mère ou d'occulter certaines étapes de leur vie passée. Lors d'une intervention auprès des prisonniers à peine maximale, j'ai été frappée par les témoignages au sujet de leur passé. Ils souhaitaient terminer leur séjour et retourner dans le monde en faisant une croix sur leurs expériences de drogue, d'homicide, de viol ou d'agression de toutes sortes. Chacun voulait devenir un homme nouveau et oublier complètement le passé comme s'il n'avait pas existé. Malheureusement, les statistiques nous démontrent qu'après leur libération, la majorité d'entre eux récidivent et reviennent derrière les barreaux.

Comment expliquer ce phénomène ? Ces hommes sont envahis par la culpabilité et par la honte de leurs gestes répréhensibles. Ils cultivent donc une vie imaginaire dans laquelle ils se voient complètement différents. Ils entretiennent des images bien particulières quand ils pensent à leur sortie de prison. Ils se voient comme des hommes transformés, guéris, heureux. Ils sont convaincus qu'ils seront des êtres nouveaux qui ne seront plus habités par des pulsions agressives ou destructrices. Aussi, quand ils sont confrontés à la réalité, ils réalisent que, même s'ils peuvent entretenir « l'idée » de se détacher de leur passé, ils ne réussissent pas à y arriver parce qu'ils ne peuvent pas se fuir eux-mêmes. Ce passé qu'ils rejettent fait partie de ce qu'ils sont.

Lorsqu'on fuit le passé, il nous rattrape toujours puisqu'il nous constitue. On ne peut se dissocier de l'une ou l'autre des étapes de sa vie sans perdre une partie de son identité.

Éduquer un prisonnier, c'est lui apprendre à assumer ses actes et les forces inconscientes qui les ont suscités, c'est l'aider à accepter l'agressivité, la haine, le mépris qui sont à l'origine de ses réactions violentes, c'est favoriser la pénible acceptation de son séjour dans un milieu d'incarcération. De cette façon, il abordera sa libération avec plus de réalisme. Il sera conscient des émotions et des pulsions qui l'habitent à certains moments et sera donc plus en mesure d'apprendre à les gérer plutôt que de les laisser diriger ses comportements. De plus, il pourra mieux profiter de son expérience au pénitencier et s'en servir à son avantage, ce qu'il ne pourra faire s'il la rejette.

> **Vouloir écarter de nos vies nos expériences passées parce qu'elles nous ont fait souffrir, parce qu'on en a honte ou parce qu'elles ne correspondent plus à nos valeurs ou à nos croyances, c'est comme tenter d'enlever un maillon à la chaîne de notre vie. Ce faisant, on la brise plutôt que d'assurer sa continuité. Concrètement, refuser de reconnaître l'une ou l'autre des étapes de sa vie, c'est se couper d'une partie de soi-même puisque cette étape a contribué à la construction et à l'évolution de sa parsonnalité en dépit des apparences.**

Dans ce cas, la véritable dissociation ne se fait pas avec l'expérience passée mais avec soi-même. Dissocier sa pensée de son expérience, c'est amputer sa personne globale d'un fragment important. Cela entraîne de lourdes conséquences au plan psychique. Autrement dit, la tête peut rejeter une partie de l'expérience du passé mais cela n'empêche pas cette expérience de laisser sa marque dans le cœur et dans le corps. Cela n'empêche pas l'être complet d'en être imprégné. C'est pourquoi la décision de se dissocier de l'une ou l'autre des étapes de sa vie entraîne une scission interne entre la tête et le cœur, une scission qui, à long terme, a des impacts sur la structure psychique et sur les relations.

Quand la pensée, au nom d'une idéologie, pousse une personne à renier son expérience, cette personne perd un pouvoir sur sa vie qu'en revanche elle risque de prendre sur la vie des autres et ce, parce qu'une partie de ce qui la constitue lui échappe. Il est arrivé que des étudiants, qui se sont inscrits à mon école, aient rejeté d'un bloc les formations qu'ils avaient reçues auparavant parce que ce qu'ils découvraient chez nous répondait très bien à leurs besoins. Quand cela se produit, je les encourage à reconnaître ces étapes passées qui ont contribué à faire d'eux ce qu'ils sont et sans lesquelles ils ne seraient probablement pas inscrits à cette nouvelle formation.

Tel est le rôle de l'éducateur soucieux d'apprendre à l'éduqué à être vraiment lui-même, à trouver sa véritable identité et, par conséquent, à être heureux. L'intégration des expériences passées et de ses racines est fondamentale pour être de plus en plus soi-même. Passer d'une étape à l'autre en rejetant les précédentes, c'est s'amputer d'une partie de son essence. Comprenons-nous bien. Il ne s'agit pas de donner le pouvoir au passé sur l'avenir. Le problème est d'un ordre totalement différent. Il s'agit plutôt de reconnaître et d'assumer l'enfant que nous avons été et qui nous constitue, l'adolescent, le jeune adulte, l'adulte, et d'intégrer à notre histoire toutes nos expériences quelles qu'elles soient.

Le plus difficile en ce sens est de reconnaître ce que j'appelle les racines, c'est-à-dire les expériences de l'enfance et les personnes importantes avec lesquelles elles ont été vécues, en particulier les premiers éducateurs qui sont, dans la majorité des cas, les parents.

Pour développer ce sujet délicat à propos de la recherche d'identité, voici l'exemple de Denise qui a fait partie, pendant quelques années, de mes groupes de formation. Cette femme était marquée par une enfance très malheureuse. Elle avait grandi entre une mère malade, plaintive et victime et un père violent. Elle avait beaucoup souffert des agressions de son père qui, lorsqu'il perdait le contrôle, giflait sa femme et ses enfants. Elle l'avait haï de toute son âme et même souhaité sa mort. Elle reconnaissait toutefois que, lorsqu'il n'était pas emporté par ses pulsions agressives, cet homme était bon, chaleureux, disponible, fonceur, généreux et débordant d'initiative.

Denise avait tellement souffert des sentiments d'impuissance, de honte et de peur qu'un jour elle décida de rejeter définitivement cet homme et de ne plus le considérer comme son père. Elle a quitté définitivement le milieu familial et choisi de commencer une autre vie ailleurs. Cependant, en reniant sa famille, particulièrement son père, elle n'a pu se séparer de l'impact de ses expériences passées sur son psychisme. Bien sûr, elle voulait éloigner toute violence et il est souvent essentiel de prendre des distances par rapport aux déclencheurs destructifs pour se reconstruire. Cependant, il y a une différence entre prendre une distance physique, ce qui est très salutaire dans certains cas, et prendre une distance psychologique. On peut choisir de créer une distance physique temporairement ou définitivement, et cela peut s'avérer bénéfique dans certaines circonstances, mais on ne peut choisir de se couper de ses racines sans perdre une partie de soi-même. L'éloignement physique ne règle que partiellement le problème psychique. Dans le cas de Denise, la distance physique avec son père n'a pas empêché le psychisme de porter les empreintes de cette relation, partout et dans toutes ses relations affectives. Renier son père n'a rien changé. Ces empreintes se sont même approfondies à son insu et ont eu, par la suite, une influence importante sur ses relations, une influence sur laquelle elle n'avait aucun pouvoir.

Éduquer Denise, c'était l'aider à se réapproprier son passé, à reconnaître ses racines, à réhabiliter le père en elle; c'était lui permettre, par une approche respectueuse de son rythme, de retrouver cette partie d'elle qu'elle avait rejetée en reniant son père; c'était favoriser la conquête de sa force d'affirmation. En effet, ce « mauvais père », ce père qui l'avait fait souffrir, qui avait étouffé, par sa violence, la force intérieure de sa fille, n'était pas porteur que de caractéristiques négatives. Il avait une énergie, une puissance extraordinaire qu'il exprimait mal. Au lieu de s'en servir pour construire, il s'en servait pour détruire. Il n'avait pas appris, grâce à l'éducation, à canaliser son agressivité. Il en était dépendant et même esclave et il en souffrait probablement beaucoup lui-même. Pour ne pas lui ressembler, Denise avait refoulé sa propre puissance. Elle avait nié une partie importante de sa nature pendant des années et était devenue une femme amère et frustrée qui ne se mettait jamais en colère mais qui avait une vision très négative d'elle-même, des autres et du monde. Elle utilisait une grande part de son énergie vitale pour écraser ce qui composait son identité propre, c'est-à-dire son agressivité créatrice et ce, pour ne pas être comme son père.

Réintégrer ses expériences passées lui a permis de retrouver cette caractéristique qu'elle partageait avec son père mais qu'elle voulait exprimer autrement. Cela a été possible parce qu'elle avait un avantage sur l'homme qui lui avait donné la vie, celui d'être consciente de sa vérité profonde, de l'accepter et, en conséquences, de pouvoir la gérer.

À la suite de cette découverte, Denise sentit le besoin de renouer avec son père. Elle ne le voyait plus d'un œil aussi sévère. Au contraire, elle lui était reconnaissante de lui avoir laissé en héritage une force de caractère peu commune. Elle ne se sentait plus menacée par ses colères parce qu'elle savait qu'elle pouvait s'affirmer et exister malgré elles plutôt que de s'écraser et de se soumettre comme elle l'avait toujours fait, pour ne pas lui ressembler. En assumant son agressivité, elle pouvait s'en servir pour créer sa vie plutôt que de se laisser dominer et détruire par elle ou d'anéantir les autres comme l'avait fait son père qui n'avait malheureusement pas eu la chance de découvrir et d'apprivoiser son monde intérieur et qui en était devenu l'esclave.

Lorsque les besoins, les désirs, les émotions qui nous habitent nous sont inconnus et ne sont pas acceptés, ils se révoltent comme un en-

**fant qu'on néglige et nous nuisent.
Ils dominent nos attitudes, nos
paroles, nos actions, nos comportements, en les rendant défensifs et
destructeurs.**

Ils prennent le pouvoir sur notre monde rationnel et
déséquilibrent notre structure psychique. Quand nous ne
reconnaissons pas nos racines et les expériences de vie qui
nous ont formés, elles se retournent contre nous par le biais
de la mémoire du corps et du psychisme comme pour se
venger de ne pas les considérer.

Tout éducateur aurait avantage à faire un travail d'intégration de l'ensemble de ses expériences passées, même
les plus éprouvantes, pour relier tous les chaînons de sa
vie. Il en découle un sentiment de complétude qui rend
plus apte à aider tous les éduqués à intégrer leur passé et
ainsi transformer leurs zones d'ombre en lumière. Cette
démarche de reconnaissance des racines favorise l'acceptation de l'ambivalence de l'être humain.

**Nous sommes tous comme le disait
Jung, habités par des forces contraires que nous devons apprendre à
harmoniser plutôt qu'à dissocier.
Les notions de Bien et de Mal qui
sont à l'origine de nos jugements et
de nos condamnations doivent se
fondre au profit d'une reconnaissance et d'un mariage de nos polarités intérieures. Au lieu de rejeter ce
que nous jugeons comme mauvais
chez les autres et qui est généralement le reflet de nos projections,**

nous pourrions considérer ces caractéristiques comme une facette de nous-même.

Ainsi, une personne n'est jamais que douceur, elle est aussi agressivité. Elle n'est jamais que courage, elle est aussi faiblesse. Si elle est généreuse, elle est aussi égoïste à certains moments. Les gens qui présentent une façade de perfection ne sont pas moins constitués d'énergies contraires à celles qui composent leur façade. Ou bien ils sont inconscients des caractéristiques contraires à celles qu'ils nous montrent, ou bien ils sont incapables de les accepter comme faisant aussi partie de ce qu'ils sont.

Quand un éducateur présente une image de perfection, il nourrit, chez l'éduqué, le non-accueil de ce qui compose son identité. Il entretient le rejet de ses polarités dites négatives et le maintient dans le déchirement interne que cause l'approche dichotomique du Bien et du Mal, du Bon et du Mauvais, du Vrai et du Faux. Ce genre d'éducation conduit l'homme et l'humanité à sa perte. Il alimente les conflits internes et, par voie de conséquence, les luttes externes. Il fomente les guerres, il cultive le pouvoir au nom d'un Bien, d'un Bon et d'un Vrai qui correspondent à des valeurs, à des croyances et à des idéologies qui naissent de la subjectivité, de la partialité d'êtres qui sont tout, sauf désintéressés.

L'approche éducative qui favorise l'acceptation et l'harmonie avec soi et les autres reconnaît en chaque être humain la présence des polarités qui le constituent. Elle ne connaît pas la Vérité mais permet à chacun de trouver sa vérité et d'agir en accord avec elle.

83

Cette approche apprend à l'enfant, à l'adolescent et à l'adulte à devenir lui-même, à accueillir sans jugement les composantes bipolaires de son monde intérieur, à reconnaître ses racines et à se réapproprier ses expériences passées pour trouver son identité et être plus heureux.

Une telle approche de l'éducation ne sera possible que si nous donnons à l'éducateur son importance. Il ne s'agit pas de le rendre responsable de tous les maux de l'école et de la famille mais de lui donner les moyens de s'éduquer lui-même, de s'ouvrir à la découverte d'un monde beaucoup plus complexe, beaucoup plus riche, beaucoup plus profond que celui de la connaissance pour la connaissance. Éduquer un éducateur comme le disaient Krishnamurti, Jung et même Socrate, c'est l'amener dans le monde de la découverte de lui-même, le monde de la vérité intérieure, le monde de l'authenticité. Ce qu'il apporte de plus subtil et de plus déterminant pour assurer le bonheur de ses éduqués c'est ce qu'il est lui-même. Plus il sera authentique, plus il favorisera l'apprentissage à être lui-même chez l'éduqué. Cet apprentissage exerce une influence qui dépasse les mots et les apparences puisqu'il atteint la personne dans sa globalité. Il est contagieux et peut se perpétuer de génération en génération.

Éduquer, c'est donc contribuer à l'autocréation de l'homme d'aujourd'hui et de demain. C'est une œuvre de nature essentiellement relationnelle puisqu'elle donne à l'aidé les propres clefs de sa relation avec lui-même et de sa relation avec les autres et avec le monde.

Chapitre 2

COMMENT APPRENDRE
À L'ÉDUQUÉ À ÊTRE EN RELATION
AVEC LES AUTRES

Nous vivons à une époque où il n'y a jamais eu tant de divorces et de séparations, où les problèmes relationnels semblent se multiplier dans toutes les couches de la société. Par contre, les lieux d'apprentissage à la communication se multiplient. La variété des approches thérapeutiques et l'abondance des possibilités offertes pour travailler ses relations ne suffisent manifestement pas à combler tous les besoins.

Pourquoi avons-nous tant de difficultés à vivre ensemble ? Comment expliquer tous ces déchirements relationnels à une époque où les découvertes de la psychologie prolifèrent ? Pourquoi la relation affective est-elle si souvent source de souffrance plutôt que source de bonheur ? Ne traversons-nous pas, sur le plan relationnel, une période de régression plutôt qu'une période d'évolution ?

Je crois que nous vivons actuellement une transition sur le plan des relations humaines, une étape qui se caractérise par l'éveil de la conscience. Prisonniers d'une religion du pouvoir, de la peur de l'enfer et de la peur justifiée du rejet social et familial, nos parents et nos grands-parents ne se donnaient pas, pour la plupart, la liberté de choisir la séparation quand ils étaient malheureux ensemble. Comme la majorité des femmes étaient dépendantes financièrement de leur mari, elles ne pouvaient assumer leur survie matérielle et celle de leurs enfants. Un grand nombre subissaient leur sort, préférant, entre deux maux, choisir le moindre. Certains affrontaient les circonstances de leur vie sans trop se poser de questions pour ne pas souffrir.

Au Québec, cette étape de répression et de refoulement a été suivie, dans les années 60, d'une période d'éclatement, de recherche de liberté. Des remises en question importantes se sont faites, des découvertes se sont produites. Auparavant cellules plus ou moins fermées, le couple et la famille s'ouvraient alors sur le monde. Que ce bouleversement ait entraîné avec lui des perturbations dans les relations humaines ne signifie pas que nous ayons régressé, bien au contraire. Nous avions besoin d'air, besoin d'apprendre, de comprendre, besoin d'être plus conscients des complexités du monde qui nous habitait et, surtout, de celui qui nous entourait. Nous avions besoin d'explorer d'autres rives, d'apprivoiser d'autres visages, de faire de nouvelles expériences. Nous avions besoin de nous libérer des peurs qui nous avaient emprisonnés. Nous sommes en période d'élargissement de nos champs de conscience et en éveil à de nouveaux états de conscience qui nous étaient inconnus. L'homme et la femme ne veulent plus, par esprit d'obéissance à des normes et à des dogmes imposés de l'extérieur, sacrifier l'amour d'eux-mêmes à l'amour des autres; ils ne veulent plus perdre leur identité et intégrer des valeurs qu'ils n'ont pas choisies.

Il est vrai que la « révolution tranquille » a conduit un grand nombre de personnes vers plus d'individualisme et une moindre conscience de leur appartenance à des cellules plus larges que leur petit « moi » mais elle n'en est pas moins salutaire pour autant. C'est le principe du balancier qui se joue ici. Nous ne pouvons atteindre le juste milieu dans bien des cas sans connaître d'abord les extrêmes. Et où se trouve ce milieu sinon dans l'intégration en soi d'expériences contradictoires pour les dépasser et aller plus loin ?

Nous avançons, en dépit des apparences, vers une société fondée sur des relations plus harmonieuses. Nous pouvons d'ailleurs emprunter plusieurs chemins pour y arriver.

· Le premier chemin est celui de nos **apprentissages expérientiels**.

· Le second est celui du **témoignage de ceux qui**, de quelque génération qu'ils soient, **ont vécu des relations affectives heureuses et épanouies**. Ceux-là qu'on oublie et qu'on relègue dans l'ombre en prétextant qu'ils n'ont pas d'histoire – comme si seul le malheur méritait d'être raconté – ont, au contraire, connu une autre version de la vie, une histoire de paix, une histoire d'amour réaliste qui était assez solide pour traverser les épreuves de la vie. Entre l'histoire de Roméo et Juliette et celle de la belle au Bois dormant, se sont épanouies des milliers de vies de couples qui ont bâti leur relation sur le respect et la communication et qui ont véritablement été heureux. Regardez autour de vous. Ils sont beaucoup plus nombreux que vous ne le croyez.

· Il reste enfin un troisième chemin à prendre pour nous conduire vers des relations constructives et c'est celui de l'éducation. Si les nombreuses possibilités offertes par les milieux de croissance personnelle sont impuissantes à combler les besoins et à régler de façon rapide et définitive les problèmes relationnels, c'est qu'elles ne peuvent en peu de temps transformer une société entière, ni améliorer la vie relationnelle de toutes ces personnes qui ont intégré des fonctionnements insatisfaisants au cours de leur enfance et de leur adolescence.

Encore ici, je tiens à préciser qu'il ne sert à rien de rendre nos éducateurs responsables de cette réalité puisqu'ils nous ont communiqué, avec la meilleure volonté du monde, ce qu'ils avaient appris. L'idéal reste de nous servir de nos propres expériences pour améliorer l'éducation de l'avenir. C'est à la maison et à l'école qu'un enfant devrait apprendre à être en relation avec les autres.

Préparer un jeune à vivre en société, c'est non seulement le former à assumer un travail professionnel, mais lui fournir les ressources qui lui permettront d'accomplir ce travail dans un climat d'harmonie relationnelle. Et cette préparation ne passera pas uniquement par les cours de croissance personnelle mais aussi et surtout par l'exemple d'éducateurs qui ont intégré à leur vie les principes relationnels de respect, de reconnaissance, de responsabilité, de communication et d'affirmation non défensive, principes qu'ils appliqueront dans leur relation avec les éduqués.

Ces principes éducatifs seront développés dans ce chapitre et je les aborderai en parlant d'abord d'une valeur trop souvent négligée dans les milieux d'éducation : le respect.

Le respect

Évoluant d'un extrême à l'autre, nous sommes passés d'une conception de l'éducation où le parent et l'enseignant avaient tous les pouvoirs sur leurs enfants et leurs élèves, à une autre où l'enfant devenait roi. Comme notre liberté avait été réfrénée, il nous fallait laisser nos enfants s'exprimer sans contrainte pour ne pas brimer leur spontanéité et leur créativité.

> Une mère me racontait, au cours d'un séminaire donné en France sur la liberté dans les relations, qu'elle avait été à l'écoute de tous les besoins de son enfant et qu'elle avait tout fait pour y répondre au détriment de son bien-être à elle et de sa propre liberté. Ses lectures l'avaient persuadée qu'une bonne mère devait agir ainsi. Elle se souvenait des heures passées à promener sa fille dans la poussette parce qu'elle pleurait chaque fois qu'elle arrêtait sa marche. Elle se rappelait à quel point c'était difficile pour elle de passer des journées entières à jouer avec elle au parc parce que l'enfant refusait de rentrer à la maison.
>
> Au moment où je l'ai rencontrée, cette femme était désespérée et physiquement épuisée. Sa fille, alors âgée de six ans, était devenue insolente et

insupportable. Elle faisait des crises incontrôlables chaque fois qu'elle n'avait pas ce qu'elle voulait. Cette mère constatait, non sans douleur, les résultats d'une éducation sans contraintes. Elle avait complètement perdu le respect de son enfant pour la simple raison qu'elle ne s'était pas respectée elle-même.

Une éducation qui accorde tous les pouvoirs aux éducateurs fabrique des êtres qui, non seulement, répriment leurs besoins et perdent la confiance et l'amour d'eux-mêmes mais aussi des êtres qui réfrènent les forces créatrices qui poussent à l'action. À l'opposé, une éducation fondée sur le laxisme et le laisser-faire et qui donne tous les pouvoirs aux éduqués construit des personnes égocentriques, impossibles à satisfaire, des personnes incapables de tenir compte des autres. Dans le premier cas, l'enfant n'est pas respecté, dans le deuxième cas, c'est l'adulte qui ne l'est pas.

Seule une éducation fondée sur le respect mutuel de l'éducateur et de l'éduqué, peut contribuer à l'épanouissement des deux personnes et à cultiver des relations saines et créatrices. Alors quelles formes de respect l'éducateur doit-il apprendre à ses enfants et à ses élèves ? Comment parviendra-t-il à éduquer au respect sinon en apprenant à l'enfant à respecter les goûts des autres, leurs opinions, leur mode de vie, leur territoire, leurs limites et à respecter aussi les engagements qu'ils prennent.

Le respect des goûts

Parler du respect des goûts des personnes qui nous entourent, c'est presque une lapalissade. En effet, rares sont ceux qui réfutent cette affirmation. Et pourtant, dans la réalité, les manques de respect sur ce point sont innombrables et, pour la plupart, nous n'en sommes pas conscients parce que nous avons développé, au cours des années, un langage qui ne donne pas de place à la différence. Nous faisons, à propos des autres, des généralisations sans discernement que nous présentons, à notre insu, comme des vérités.

Je mangeais récemment avec une amie dans un restaurant marocain de Montréal. A la fin du repas, elle me dit : « *La cuisine est vraiment médiocre ici.* » Surprise, je n'ai d'abord pas réagi tout de suite parce que, l'espace d'un instant, j'ai douté de moi-même. En réalité, j'avais beaucoup aimé mon repas. Prenant rapidement conscience de la situation, j'ai pu lui dire simplement mon appréciation personnelle. Elle s'est vite rendu compte qu'elle avait fondé son affirmation sur l'expérience d'un seul repas.

En éducation, lorsqu'un parent ou un enseignant affirme ses goûts sous forme de généralisations et de jugements sans discernement, il risque de ne pas laisser de place aux goûts des éduqués. Si, après une soirée au cinéma avec son fils, un père lui dit « *Quel film horrible et sans intérêt!* », il existe de fortes chances que l'enfant, qui l'a beaucoup aimé, se taise, croyant qu'il n'a pas raison d'avoir apprécié et qu'il n'y connaît rien. Il est possible aussi qu'il se dise du même avis que son père pour lui plaire et pour ne pas le décevoir.

Le respect des goûts ne passe pas par un langage qui juge, qui étiquette, qui généralise ou qui enferme mais par l'expression au « je » qui donne tout l'espace nécessaire au « tu ». Ainsi, au lieu de dire « c'est laid », l'enfant apprendra à dire « je n'aime pas »; au lieu d'affirmer que tel spectacle est mauvais, il dira que ce même spectacle ne lui a pas plu. En fait, il ne dira pas « c'est sans intérêt » mais « je ne suis pas intéressé ».

Schéma N° 1

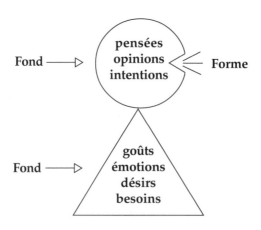

Je suis bien consciente que le respect ne se réduit pas toujours à une question de langage et que les mots, de même que l'intonation véhiculent souvent des émotions et des intentions qui peuvent les contredire. Le but d'une telle démarche n'est pas uniquement d'apprendre un vocabulaire à l'enfant mais aussi l'esprit du respect, de lui apprendre à allier le fond et la forme.

Le schéma 1 montre bien que le fond est composé des goûts, des émotions, des désirs, des besoins, des pensées, des opinions et des intentions d'une personne alors que la forme est sa manière de les extérioriser, de les exprimer aux autres. Les deux ont une importance puisque la forme, pour être juste, doit être le reflet du fond et que le fond le plus pur et le plus intègre qui soit peut être trahi par la forme. Si, par exemple une mère veut se rapprocher de sa fille et créer une relation de confiance avec elle (intention) et qu'elle lui reproche d'être renfermée et distante (forme), elle n'obtiendra pas de satisfaction à son besoin parce que l'expression de son intention (la forme) ne traduit pas fidèlement ce qu'elle veut (le fond).

Combien de problèmes seraient évités en éducation si l'expression spontanée des goûts et des émotions des enfants n'était pas réprimée. Au lieu d'apprendre à déformer l'expression de sa pensée et de ses sentiments, le jeune pourrait plutôt apprendre à exprimer plus fidèlement son être profond, son « fond », dans une « forme » plus respectueuse. Ainsi l'enfant qui a appris à parler de ses goûts personnels (fond) en partant de lui-même plutôt que sous forme de généralisations, sera probablement plus ouvert à la différence de l'autre, plus en mesure de la percevoir et de la respecter. Il ne se sentira ni en dehors d'une norme ou d'une vérité toutes faites ni jugé s'il perçoit le monde différemment et si ses goûts se distinguent de ceux de son entourage. Cette attitude de respect aura une influence favorable sur ses relations. Il en sera de même de ses opinions.

Le respect des opinions

> **Alors que le goût est de l'ordre de la perception sensorielle et émotionnelle, l'opinion relève plutôt de l'ordre de la pensée. Quand on exprime ses goûts, on dit ce qu'on sent corporellement ou émotionnellement et quand on exprime ses opinions, on dit ce qu'on pense.**

Malheureusement beaucoup d'éducateurs ne font pas la différence entre les deux et présentent leurs goûts comme des opinions. « *Je ne suis pas d'accord avec ta façon de t'habiller,* disait une mère à son fils. *Tu portes des vêtements trop grands pour toi et c'est disgracieux. De plus, tu donnes une image de toi qui n'est pas à ton avantage.* » En réalité, ce que cette mère voulait dire à son enfant, c'est qu'elle n'aimait pas et n'approuvait pas sa façon de s'habiller et qu'elle avait peur que ce dernier soit mal perçu par son entourage.

Il arrive fréquemment que nous exprimions sous forme d'opinion un vécu personnel et que nos opinions cachent des jugements que nous portons sur les autres pour discréditer ce qu'ils sont ou ce qu'ils font.

L'exemple suivant illustre bien le cas d'un éducateur qui exprime ses émotions (fond subjectif) sous forme d'opinion (forme défensive). Le père de Carl a vécu, lorsqu'il avait une dizaine d'années, une expérience particulièrement traumatisante. Lors d'une baignade entre amis dans une rivière qui coulait au bout de la ferme de ses parents, il fut le témoin impuissant de la noyade de son meilleur copain qui ne savait pas nager. Aussi, avait-il grandi avec une peur viscérale (émotion) de laisser son fils se baigner dans ce même lieu. Cependant, au lieu de lui raconter son expérience et de lui exprimer fidèlement son inquiétude (fond), il s'exprimait sous forme d'opinion par des interdictions qu'il accompagnait de jugements fautifs à propos de cet endroit et surtout de critiques défensives à propos de ses propres sœurs qui laissaient leurs enfants s'y amuser librement. « *C'est une rivière polluée*, disait-il, *et toutes tes tantes sont insensées de laisser tes cousins et tes cousines se baigner dans un lieu aussi répugnant* ».

Dans ce cas-ci, la forme, ou si vous préférez l'expression verbale, est défensive puisqu'elle est le reflet déguisé de l'émotion plutôt que celui de la pensée. Il s'ensuit un malaise dans la relation à cause du manque de discernement.

Mais comment peut-on distinguer le goût de l'opinion dans la réalité de nos expériences relationnelles, sans dissocier la raison du cœur ? Le seul moyen d'y arriver est d'éveiller davantage notre conscience pour identifier notre vérité profonde et l'exprimer dans un langage qui ne peut être que subjectif puisqu'il témoigne de l'expérience personnelle.

Beaucoup de personnes se plaignent de ne pas être respectées lorsqu'elles affirment leurs opinions. Il est bien évident que si elles expriment un vécu émotionnel sous la forme d'une opinion désobligeante, elles risquent de susciter des réactions défensives et d'être même rejetées. L'opinion-jugement a souvent pour effet de blesser et de produire des scissions entre les personnes. En quoi consiste alors l'opinion qui relève de la pensée? C'est un type d'opinion qui attire le respect puisqu'elle tient compte de plusieurs composantes de la réalité et qu'elle les aborde avec discernement plutôt que d'être l'expression déguisée du seul monde émotionnel de la personne qui parle.

Opinion-jugement défensif : expression (forme) du subjectif (vécu) sous forme d'opinion défensive comme dans l'exemple du père de Carl.

Opinion-respect : expression (forme) qui témoigne d'une distinction consciente entre le vécu, qui est subjectif (fond), et l'observation objective précise et non déformée de la réalité extérieure.

Celui qui donne une opinion éclairée est conscient de ce qu'il ressent et ne s'en dissocie pas. Cette conscience et cette écoute de lui-même qui témoignent de l'action harmonieuse de la pensée et de l'émotion, lui permettent de s'ouvrir à ce qui n'est ni son seul vécu ni son seul intérêt personnel. Il saura davantage conjuguer cette information subjective qui lui vient de l'intérieur et d'autres informations plus objectives en provenance du monde extérieur comme en témoigne l'exemple suivant.

Au Québec, des groupes d'éducateurs scolaires, parentaux ou même syndicaux ont proposé, pour protéger les adolescents contre les maladies vénériennes et le sida, d'installer des distributrices de condoms dans les écoles secondaires de la ville de Montréal. Ce projet a suscité de nombreuses réactions qui ont alimenté les colonnes des journaux de la province. Tous les parents d'élèves ont été directement touchés par cette éventualité et un grand nombre d'entre eux ont émis des opinions à partir de leurs seules peurs inconscientes, ce qui leur a fait prononcer, sous forme d'opinions, des paroles teintées d'émotions désagréables. Ces points de vue traduisaient davantage des jugements acerbes et agressifs sur ceux qui ne partageaient pas leur avis. Ils ont déclenché des réactions défensives et des attaques irrespectueuses. Plusieurs justifiaient leurs comportements sarcastiques en disant qu'ils avaient droit à leurs opinions.

Ces personnes qui avaient le courage de dire leurs idées n'étaient pas conscientes de leur manque de respect. Visiblement perturbées par des émotions de toutes sortes qu'elles n'avaient pas identifiées, elles se sont laissé dominer par leur monde intérieur sans le connaître et ont émis des points de vue qui constituaient en réalité des mécanismes de défense. Lorsqu'une opinion est défensive, elle risque d'être porteuse de paroles irrespectueuses parce qu'elle ne reflète pas fidèlement la réalité intérieure de celui qui parle.

Dans la situation précédente, de nombreux parents ont émis des points de vue défensifs. Le père de Jannie, par contre, pour citer un exemple précis, était un catholique très attaché aux valeurs véhiculées par sa religion. Selon lui, donner aux jeunes le libre accès aux condoms équivalait à de la promiscuité quant à la pratique des relations sexuelles. Cette pensée bousculait ses valeurs et lui faisait vivre beaucoup d'inquiétude et même de colère. Il n'en est pas resté à ses premières impulsions, il a plutôt pris le temps de réfléchir avant d'émettre son avis sur le sujet. Il a considéré d'autres éléments que celui de ses propres croyances. Il s'est d'abord arrêté pour constater la réalité extérieure et analyser les avantages et les inconvénients d'un tel projet pour les jeunes et la société. Cette réflexion ne lui a pas fait oublier ses préoccupations personnelles. Il a en effet songé à sa propre fille et pensé à lui demander son avis de même que celui de ses copains et copines.

Quand cet homme a donné son opinion, elle a eu beaucoup de poids parce qu'il a parlé de sa position subjective de père, c'est-à-dire de ses peurs et de ses inquiétudes. Il a aussi ajouté des propos plus objectifs à partir d'une vision plus large des adolescents et de la société. Il a été entendu et respecté parce qu'il s'est exprimé avec discernement en tenant compte de lui-même, de sa fille et des autres.

Comme l'opinion relève du domaine de la pensée, il est important, pour enseigner le respect, que l'éducateur apprenne aux jeunes à

réfléchir avant d'émettre toute opinion pour éviter qu'elle soit, en fait, une émotion exprimée de façon défensive, une généralisation sans discernement à partir de leur cas personnel, un jugement discriminatoire, une critique destructrice, une attaque mesquine ou un ordre déguisé.

Il arrive en effet à certaines personnes d'exprimer une opinion dans le but de changer les autres. Elles adoptent alors un ton péremptoire et souhaitent transformer ce qui les dérange autour d'eux en disant tout simplement ce qu'elles en pensent, comme si leur point de vue était un parfait reflet de la vérité. Ces personnes empiètent sur le territoire des autres et tentent même, par la façon dont elles expriment leur point de vue (forme), de les inciter à changer les fleurs de place dans leur propre jardin. Certaines réagissent même par la colère et sont insultées si les autres n'agissent pas dans le sens de l'ordre déguisé qu'elles émettent inconsciemment sous forme d'opinion.

J'ai eu, un jour, dans mes classes de formation, une personne qui me disait qu'elle trouvait trop sévères mes exigences pour émettre un diplôme à un thérapeute. À son avis, les supervisions au programme étaient trop nombreuses et les travaux écrits demandaient trop de travail. J'ai bien écouté ce point de vue qui m'a d'ailleurs interpellée au point de remettre en question mes exigences bien que cette dame n'avait formulé aucune demande claire en ce sens. Après réflexion

et considérant mon objectif de former des thérapeutes de qualité de façon à protéger le public,
j'ai pris la décision de maintenir les exigences
d'autant plus que des centaines d'élèves avaient
déjà traversé sans problème toutes ces étapes de
la formation. Un mois plus tard, au moment où je
donnais des explications pour un travail d'écriture ultérieur, elle est intervenue, en colère, pour
me reprocher de ne pas l'avoir entendue et de
n'avoir rien changé à mes exigences. Sa réaction
m'a surprise. J'ai donc pris le temps de l'écouter
pour l'aider à trouver les émotions et les besoins
qui suscitaient son intervention. Elle a reconnu
qu'elle avait choisi de faire cette formation précisément à cause de sa qualité et de ses exigences.
C'est d'ailleurs ce qui lui avait donné confiance.
Cependant, dans la réalité, elle avait très peur de
ne pas être à la hauteur et de ne pas avoir les aptitudes nécessaires pour franchir toutes les étapes.
Le seul fait de cette prise de conscience lui a re-
donné le pouvoir sur elle-même alors qu'elle tentait inconsciemment d'agir sur le monde extérieur
en émettant une opinion qui avait pour but de
changer les exigences du cours.

J'ai été très sensible à la souffrance de cette femme.
Elle a confirmé, une fois de plus, l'importance de tenir
compte de sa réalité intérieure et aussi de la réalité extérieure pour donner une opinion éclairée et respectueuse.
Celle-ci naît du discernement et de la considération de ces
deux polarités, interne et externe. Cette démarche éducative permet à l'éduqué d'exprimer ses opinions dans le respect des autres et de ne pas rejeter ceux qui ne pensent pas

comme lui. Elle a l'avantage de favoriser l'enrichissement personnel. En effet, il existe un plaisir considérable à discuter avec des personnes qui ont des points de vue différents des nôtres quand les opinions sont émises avec respect, quand chacun est ouvert à la différence de l'autre sans vouloir le changer et quand on n'est pas en compagnie de personnes qui pensent détenir la vérité.

> **L'opinion qui se veut porteuse de la vérité absolue n'est pas respectueuse parce qu'elle ne laisse pas de véritable place à l'autre. Celui qui croit détenir la vérité fait penser à un verre plein. Il n'apprend pas des autres et ne les écoute pas vraiment puisqu'il n'y a pas de place en lui pour recevoir et accueillir des idées différentes des siennes.**

Apprendre à émettre une opinion dans le respect est une démarche éducative d'ouverture à soi-même, à l'autre et au monde, une démarche qui prépare l'éduqué à être en relation avec les autres. Mais l'éducation au respect ne concerne pas que les goûts et les opinions. Elle s'étend aussi au respect du mode de vie des gens qui nous entourent.

Le respect du mode de vie

Quand les enfants grandissent et qu'ils commencent à avoir des amis, ils ont l'occasion de fréquenter les familles de leurs copains et de leurs copines. Ils découvrent alors rapidement que la manière d'agir et de vivre des parents de leurs camarades diffère sur plusieurs points de celle qu'ils connaissent dans leur propre famille.

Un jour, alors qu'elle revenait d'une visite chez son amie Laure, Raymonde dit à sa mère : « *Tu sais, maman, les parents de Laure ne sont pas aussi stricts que toi. Elle n'est pas obligée de faire ses devoirs après sa collation. Au contraire, elle peut jouer et les faire après le souper. Et ce qui est encore mieux, c'est qu'ils regardent la télévision pendant qu'ils mangent. Pourquoi ne peut-on pas faire la même chose nous aussi?* »

Ce genre de situation se voit fréquemment et les parents, parfois menacés par une comparaison qui leur est défavorable, tombent dans le piège de se tenir sur la défensive et de juger sévèrement le mode de vie des autres. La mère de Raymonde, si elle n'est pas consciente de ses malaises risque de lui dire ; « *Écoute ma fille, ça n'a aucun sens de faire ses devoirs après le souper. C'est beaucoup trop tard. Ces enfants-là doivent manquer de sommeil. Et puis, on ne regarde pas la télé quand on est à table. C'est un manque de savoir-vivre* ».

Une telle réaction de la part d'un éducateur n'est pas respectueuse de la différence de l'autre. Elle sème le doute dans le cœur de l'enfant qui se demandera : « Qu'est-ce qui est bien, qu'est-ce qui est mal? », comme s'il fallait absolument que l'une des manières d'agir soit convenable et correcte et que l'autre soit inconvenante.

Pour éduquer sa fille au respect, il est important que la mère respecte la différence de l'autre tout en assumant la sienne. Elle pourrait alors, par exemple, s'exprimer ainsi ; « *Tu sais, les parents de*

> *Laure préfèrent que les devoirs se fassent après le repas, probablement parce qu'ils mangent tôt ou pour des raisons qui leur appartiennent. Pour ma part, je préfère que tu les fasses avant le repas parce que nous attendons papa pour souper et il arrive plus tard. Ainsi tu peux avoir du temps pour jouer avec lui après le repas. Et si nous ne regardons pas la télévision pendant que nous mangeons, c'est que nous voulons profiter du temps du repas pour parler, discuter, t'écouter raconter ta journée. Chacun fonctionne à sa manière. Comme ça, quand tu seras grande et que tu auras des enfants, tu trouveras ta propre façon d'agir, celle qui te conviendra à toi ».*

Une telle réponse est respectueuse de la différence des parents de Laure qui ne sont pas jugés. La mère de Raymonde n'a pas pour autant sacrifié le respect de ses propres valeurs qu'elle a exposées clairement. Elle a simplement montré la différence sans susciter de déchirement et elle a laissé une ouverture qui donnera à son enfant la liberté de trouver ce qui sera bon pour elle au cours de sa vie plutôt que de modeler son action sur ce qu'elle croira être « bien » par opposition à ce qui est « mal ». Elle ne dira pas : « *J'agis de cette manière parce que c'est ce qui est correct* », mais « *J'agis de cette manière parce que cela convient à ce que je suis* ». Raymonde apprendra non seulement à respecter la différence des autres mais aussi à assumer la sienne au point d'agir dans le sens de ce qu'elle est, ce qui lui permettra d'avoir des relations libres de préjugés empoisonnants.

Et pour que ces relations soient encore plus satisfaisantes, il est essentiel qu'elle apprenne aussi à respecter le territoire des autres et à faire respecter le sien.

Le respect du territoire

J'ai déjà parlé de l'importance du respect du territoire dans mon premier livre *Relation d'aide et amour de soi*. Aussi, vais-je me limiter ici à souligner que l'enfant qu'on envahit constamment a beaucoup de difficulté à acquérir le sentiment de sa valeur parce que le territoire qui comprend son corps, ses idées, ses biens matériels, sa chambre, ses secrets, représente en quelque sorte son identité. Si on ne respecte pas ses jouets, c'est lui qu'on ne respecte pas. Si on occupe son espace sans se préoccuper de lui, il aura le sentiment de n'avoir aucune place qui lui ressemble, aucune place pour lui retourner son image. Il apprendra de cette manière à envahir les autres comme il a été envahi ou il s'enfermera dans son monde intérieur pour se protéger contre l'envahissement et il ne donnera à personne la clef de ses mystères.

Il est fondamental d'apprendre à l'enfant à respecter ce qui ne lui appartient pas, de l'éduquer à ne pas prendre le jouet de son frère sans le lui demander, à ne pas s'emparer du crayon de son copain sans son accord et à ne pas garder ou abîmer les livres que sa sœur lui a prêtés. Ce respect du territoire des autres doit être accompagné d'un apprentissage au respect de son propre territoire.

Pour communiquer ces valeurs, l'éducateur devra protéger son propre espace. L'enseignant ne laissera pas ses élèves ouvrir les tiroirs de son bureau sans son accord ou emprunter sa règle sans la lui demander. Il comprendra que l'éduqué qui ne respecte pas son territoire, ne le respectera pas comme personne.

J'ai vu beaucoup d'enseignants qui, pour être aimés de leurs élèves, ont glissé dans une familiarité, un compagnonnage infructueux. Ils n'ont recueilli, par leur attitude et leur comportement, que des insolences et des insultes. Nous respecter, quand nous sommes éducateurs, c'est refuser à nos enfants et à nos élèves l'accès à notre territoire physique et professionnel sans notre permission. C'est notre seule façon de leur apprendre à respecter le monde des autres à condition, bien sûr, que nous agissions avec eux comme on exige qu'ils le fassent avec nous-mêmes.

Je n'insisterai jamais assez sur l'importance prioritaire du respect en éducation. Il n'y a pas de relations humaines et affectives heureuses sans ce respect que chacun doit à lui-même d'abord et aux autres.

Malheureusement, il existe encore trop de parents qui exigent le respect de leurs enfants sans les respecter, eux, sous prétexte que les parents ont des droits que leur enfant ne peut réclamer parce qu'il est encore jeune. Je crois que toute personne a droit au respect quel que soit son âge et qu'il est incohérent d'exiger des éduqués ce qu'on ne leur donne pas nous-mêmes.

Il existe beaucoup trop de gens qui ont appris à respecter les autres mais ne savent pas comment se faire respecter eux-mêmes dans leurs relations affectives. Ils ne savent pas tenir compte de leurs besoins. Ils ne savent pas protéger leur territoire. Ils se laissent envahir et dominer jusqu'à devenir des carpettes pour les autres. Au nom du respect des besoins et de la liberté des autres, ils négligent leurs propres besoins et perdent tout simplement leur propre liberté d'exister. Ces personnes n'ont pas de limites. Elles ont besoin, quel que soit leur âge, d'éducateurs qui puissent leur apprendre le respect de leurs limites.

Le respect de ses limites

Pour faire respecter ses limites, il faut d'abord savoir qu'on en a. Combien de gens se donnent sans compter à la maison et au travail, ne disent jamais « non » aux demandes qu'on leur fait parce qu'ils ont peur de ne pas être aimés ou parce qu'ils se sentent coupables et redevables ? Il n'y a pas de frontières à leur générosité, pas de barrières à leur disponibilité et ce, jusqu'au jour où leur corps réagit et les prive de l'énergie et des moyens pour continuer à entretenir ce fonctionnement excessif. Fort heureusement, dans des cas comme celui-ci, le corps réagit.

Le corps est le gardien de l'être. Il ne supporte pas indéfiniment la démesure. Il est le défenseur de l'équilibre et de la globalité. La plupart du temps, c'est lui qui force la personne à dire « non » et qui l'oblige à poser ses limites.

Parfois, c'est la souffrance psychique insupportable qui donne le signal d'alarme et qui retire à l'être qui la vit l'énergie dont il dispose et qu'il utilise généralement pour se rendre indispensable. Cette souffrance lui enlève la force de se donner sans relâche. Son cœur est malade et exige son attention. Il se rend compte alors qu'il a des limites et qu'il doit les respecter s'il veut retrouver sa santé physique ou sa santé psychique et s'il veut être heureux.

Mais faut-il nécessairement attendre de souffrir autant pour comprendre et pour améliorer ses conditions de vie ? Bien que l'apprentissage donne un sens à la souffrance, je ne crois pas qu'il faille toujours avoir si mal pour apprendre à poser ses limites. Il est possible d'y parvenir sans autant de difficultés si nous y sommes éveillés par nos éducateurs.

Pour assurer cet apprentissage auprès de ses enfants et de ses élèves, le parent ou l'enseignant doit savoir quelles sont ses propres limites et comment les trouver.

Une grande partie de ma vie, j'ai eu beaucoup de mal à faire la différence entre ce que je voulais et ce que je pouvais faire. Je n'écoutais ni mon corps ni mes malaises et je me donnais à fond dans toutes mes relations et toutes mes entreprises. Je disais « oui » à toutes les demandes et j'acceptais de m'engager dans tous les projets qui m'étaient proposés. Ce n'est que lorsque mon corps et mon cœur ont crié très fort que j'ai été forcée de les entendre et de m'occuper de moi. C'est alors que j'ai pris conscience que j'étais prisonnière de mes besoins d'amour et de reconnaissance et de ma peur de déplaire, de perdre et de décevoir. Pour être aimée, je me donnais sans compter et je me perdais par cette recherche de reconnaissance de la part des autres. Cette découverte m'a rendue vigilante parce qu'elle m'a fait voir à quel point je manquais d'amour de moi-même pour laisser ainsi au monde extérieur le pouvoir de diriger mes choix et mes actions dans le but souvent inconscient de satisfaire mon besoin d'être reconnue.

Aujourd'hui, je sais que j'ai des limites. Mon cœur et mon corps me disent, quand je les écoute bien, jusqu'où aller pour ne pas me perdre de vue. Je ne suis plus dépendante de mon besoin de reconnaissance parce que je me reconnais beaucoup plus moi-même. Le fait de respecter mes limites physiques et psychiques me permet d'avoir le temps de vivre et d'apprécier les cadeaux que m'offre le moment présent. Je sais m'arrêter pour écouter le chant des oiseaux et pour voir les transformations de la nature. J'ai appris à me donner le temps de solitude dont j'ai besoin pour me sentir plus heureuse avec les autres. J'ai ainsi découvert le plaisir de vivre, moi qui avais grandi dans un milieu où étaient valorisés le travail et le devoir. J'ai accepté que j'avais des limites et j'apprends chaque jour davantage à les respecter. Et quand il m'arrive de les dépasser, je ne suis pas heureuse parce que je suis fatiguée, irritable, vulnérable, insatisfaite ou dépressive. Ces états désagréables sont des indices que je dois me respecter.

En éducation comme partout ailleurs, l'apprentissage à poser ses limites passe par l'écoute du corps et des émotions. La fatigue, les maux de tête, la difficulté à dormir et à respirer en profondeur de même que les problèmes de concentration, la vulnérabilité excessive, l'anxiété, l'angoisse peuvent être des indices d'un manque d'attention à ses propres besoins, d'un manque d'écoute de soi.

> **Le corps et le cœur ont un langage qu'il faut apprendre à entendre. Et ce n'est pas dans le brouhaha de l'activité permanente qu'on y réussit. On n'entend pas le chant des oiseaux au milieu des klaxons de la circulation. De même, il est impos-**

> **sible d'entendre les messages de
> son corps et de son psychisme
> quand nous nous activons sans
> interruption, quand nous nous
> laissons entraîner par les attraits du
> « faire ». C'est dans le silence et la
> relaxation que le langage du corps
> et celui du cœur nous sont
> accessibles.**

C'est pourquoi il est fondamental d'introduire des périodes de détente silencieuse à l'école et même à la maison. Au cours de ces temps d'arrêt, le rôle de l'éducateur est d'aider l'enfant à rester centré sur lui-même plutôt que de laisser vagabonder sa pensée sur le « faire » imaginaire qui l'empêche de sentir ce qui se passe en lui-même. À mon avis, chaque journée devrait compter des périodes de calme et de relaxation pour entendre la voix du corps et pour le détendre et des périodes d'activité physique pour le mettre en forme et préparer l'esprit à apprendre. J'en parlerai d'ailleurs d'une façon plus élaborée au chapitre suivant. Cette pratique éducative permettrait à l'éduqué de découvrir ses forces et de reconnaître ses limites. Il ne s'agit pas de limites à ses potentialités qui peuvent être infinies, mais de limites physiques et psychiques qui, parce qu'elles ne sont pas respectées, l'empêchent justement d'exploiter son potentiel créateur.

À cet apprentissage au respect qui est à la base de toute relation satisfaisante s'ajoute le respect des engagements.

Le respect des engagements

Il n'est pas toujours facile pour un éducateur d'apprendre à un enfant à respecter ses engagements. J'en sais quel-

109

que chose, certaines de mes expériences m'ayant demandé beaucoup de force intérieure.

Je me souviens, par exemple, du seizième anniversaire de naissance de mon fils Antoine. À cet âge, au Québec, les jeunes peuvent obtenir leur permis de conduire. C'est pour eux une étape importante puisqu'elle marque un pas dans leur cheminement vers l'âge adulte. Il avait d'ailleurs très hâte d'accéder à cette possibilité comme ses deux frères et sa sœur aînés l'avaient fait quelques années auparavant. C'était pour lui une façon de se sentir plus « grand » et plus près d'eux parce qu'ils partageraient la même expérience. Donc, comme prévu, le jour de son anniversaire, il me demanda s'il pouvait apprendre à conduire ma voiture. Je lui ai répondu qu'il devait d'abord, à ses frais, suivre des cours de conduite comme je l'avais exigé de mes autres enfants. Ce qu'il fit sans problème.

Quelques mois plus tard, après avoir réussi les examens théoriques et pratiques de l'école de conduite où il s'était inscrit, il était prêt à franchir la seconde étape. Je ne fus donc pas surprise lorsqu'il me demanda s'il pouvait utiliser ma voiture. Ce moment-là est important pour un parent qui se veut éducateur. Le plus facile aurait été d'accéder à sa demande spontanément, mais une telle attitude n'aurait pas été formatrice pour mon fils. J'ai pris le temps de réfléchir avant de lui donner une réponse. Voici ce que je lui ait dit : « *Tu peux prendre ma voiture mais tu auras des conditions à res-*

pecter. D'abord, tu ne la prendras jamais sans me la demander auparavant. De plus, tu devras payer la prime supplémentaire d'assurance de sept cents dollars par année, assumer les frais pour l'essence quand tu l'utiliseras. Enfin, si tu as un accident qui cause des dommages à mon véhicule, il te faudra rembourser le montant de la franchise ».

Il était prêt à accepter toutes ces conditions. Tout se passa très bien au cours des premiers mois mais lorsque l'hiver arriva avec ses tempêtes de neige et de glace, et comme il n'avait pas l'habitude de conduire sur la chaussée glissante, il connut sa première expérience difficile avec ma voiture. Il perdit le contrôle du véhicule, heurta un parapet en béton et se trouva immobilisé. Fort heureusement, il n'a subi aucune blessure, ce qui était d'ailleurs ma principale préoccupation. Cependant, les dommages étant assez importants, les coûts de réparations atteignirent un montant assez élevé pour qu'il ait à me rembourser les mille dollars tel que convenu.

Je vous assure qu'à ce moment précis de cette expérience, j'étais tellement malheureuse de voir mon fils dans cette situation, malheureuse de le voir souffrir, malheureuse de le voir travailler tous les week-ends comme plongeur pour accumuler les sous nécessaires à la remise de sa dette qu'il m'a fallu beaucoup de courage pour ne pas briser moi-même l'entente que nous avions prise en lui proposant, par exemple, de réduire le montant de moitié. Malgré mon profond malaise, je ne l'ai pas fait. Je ne voulais pas jouer le rôle de « sauveur » et prendre en charge sa souffrance. Comme notre entente avait été très claire et qu'il l'avait acceptée, je me devais d'être la première à la respecter et à la faire respecter. Je n'ai d'ailleurs pas éprouvé de difficulté avec lui. Il ne s'est jamais plaint de quoi que ce soit, n'a jamais tenté de renverser ma décision et a assumé jusqu'au bout les conséquences de son choix parce qu'il savait, par ses expériences passées, que je ne changerais pas ce qui avait été clairement entendu.

Tel est l'avantage d'une éducation prônant le respect de ses engagements. Lorsque le parent ne brise pas les ententes, l'enfant apprend à respecter ses engagements même si c'est difficile.

Je crois qu'il n'est pas juste de dire que les jeunes d'aujourd'hui ne respectent pas la parole donnée. C'est souvent l'éducateur qui se laisse fléchir parce qu'il ne supporte pas de voir l'enfant souffrir. Dans bien des cas, il rompt lui-même les engagements qu'il prend avec les jeunes parce qu'il n'a pas le courage de faire face à leur peine ou de faire face à leur frustration et à leur déception s'ils n'ont pas ce qu'ils veulent.

Cette attitude de relâchement a des conséquences fâcheuses. En effet, l'enfant finit par ne plus prendre au sérieux les exigences de son père, de sa mère ou de son professeur. Il ne respecte plus ses engagements parce qu'il a pour modèles des éducateurs qui ne respectent pas les leurs.

Je crois que l'éducation qui favorise le respect des engagements demande aux parents et aux enseignants d'être attentifs à leurs réactions de « sauveur ». Croyant aider leurs enfants ou leurs élèves, ils leur nuisent parce qu'ils ne se rendent pas compte qu'en agissant ainsi ce n'est pas l'éduqué qu'ils cherchent à protéger mais eux-mêmes. Cette prise de conscience leur permettra de comprendre qu'il est préférable de vivre avec leur impuissance et leur culpabilité pendant quelques temps plutôt que de dissiper ces malaises en brisant leurs engagements.

Cet exemple nous montre encore une fois que « *la véritable éducation commence par celle de l'éducateur* » comme le disait si bien Krishnamurti. Il ne pourra jamais apprendre aux autres ce qu'il n'a pas appris lui-même.

L'éducateur ne pourra jamais mener les enfants vers le respect de leurs promesses s'il n'honore pas les siennes. Ainsi, si vous promettez à votre enfant d'aller au cinéma avec lui samedi prochain à quinze heures, allez-y. Si vous vous engagez à lui apprendre à jouer au football pendant le week-end, faites-le. Si vous l'assurez de votre présence à la cérémonie de remise des diplômes, n'y manquez pas : soyez-y.

Les enfants ont une confiance absolue en les paroles de leurs parents. Ils y croient. Ils en rêvent. Et quand arrive le moment promis et que le parent se désiste, l'enfant est non seulement profondément déçu dans ses espérances mais il perd le sentiment de son importance et de sa valeur. C'est pourquoi il faut absolument que les éducateurs sachent à quel point il est vital pour l'éduqué qu'ils prennent des engagements précis avec eux et qu'ils les respectent quoi qu'il arrive. Dire à un enfant; « *Un jour, je t'apprendrai à jouer au tennis; un jour je t'emmènerai à la mer et nous ferons de la voile* », c'est semer en lui des rêves et entretenir son insécurité. L'éduqué a besoin d'engagements précis, de dates précises, d'heures précises, autrement il est comme le petit Prince qui venait vers le renard à n'importe quelle heure : « *Si tu viens n'importe quand, je ne saurai jamais à quelle heure m'habiller le cœur.* » lui dit un jour le Renard.

Il est évident que cette contrainte est exigeante pour un éducateur mais tellement bénéfique pour l'éducation.

L'enfant qui grandit entouré de parents et d'enseignants qui font des promesses et qui les tiennent se sent important pour ses éducateurs. Il est sécurisé et prend conscience de sa valeur. De plus, il apprend à s'impliquer dans ses relations, à s'engager. Cet enfant-là donnera de l'importance à ses parents et aux autres dans sa vie parce qu'il en aura reçu.

Lors d'une conférence que je donnais récemment en Belgique, une dame me dit : « *N'est-il pas préférable de promettre sans fixer de jour et d'heure? De cette manière, s'il arrive un empêchement, l'enfant n'est pas déçu* ». Il est essentiel pour les raisons énoncées précédemment d'être très précis avec les enfants et de leur dire à quel moment vous irez avec eux au cinéma, au tennis, au ski ou ailleurs. Il est essentiel aussi que vous respectiez votre parole. Si, entre-temps, vous êtes sollicité par des activités attrayantes et fort intéressantes qui se produisent au même moment, ne cédez pas et respectez votre engagement avec votre enfant quoi que vous perdiez. Autrement, il comprendra bien inconsciemment par votre choix qu'il n'a pas de valeur et d'importance pour vous et qu'il passe après vos amis, votre travail, vos loisirs. Il se sentira le dernier et croira qu'il n'en vaut pas la peine. D'autre part, si un événement de la plus haute importance se produit, comme par exemple le transport de votre mère à l'hôpital qui sollicite d'urgence votre présence, alors, l'enfant comprendra votre désistement surtout si vous avez l'habitude de respecter vos promesses.

Au cours d'un séminaire que j'animais auprès d'un groupe de parents, l'un d'eux me dit, après m'avoir entendu; « *Moi, j'ai réglé le problème bien facilement. Je ne prends à peu près jamais d'engagement avec mes enfants. Comme ça, ils ne sont pas déçus et moi je ne perds pas ma liberté de faire ce que je veux* ». Ce même père s'était plaint quelques minutes plus tôt de l'ingratitude de ses adolescents, de leur indifférence à son égard, du peu d'importance qu'ils accordaient à ses demandes, de leur égoïsme. Il n'était pas conscient qu'il recueillait ce qu'il avait semé. Comment pouvait-il attendre de ses enfants qu'ils lui donnent de l'importance alors qu'il ne leur en avait pas assez donné lui-même en ne prenant pas d'engagements envers eux. Les enfants agissent comme nous le leur avons appris. Cette réalité est difficile à accepter parce qu'elle nous force à nous remettre en question comme éducateurs. Ils sont notre miroir et si nous sommes assez honnêtes, force sera d'admettre nos richesses et nos faiblesses et de nous ajuster.

Cette éducation au respect des engagements nous renvoie à nous-même. Elle est notre propre école d'apprentissage, notre voie d'accès à des relations nourrissantes avec nos enfants, nos élèves et les autres et elle sera d'autant plus enrichissante si nous la complétons par le respect des types d'intelligence.

Le respect des types d'intelligence

J'ai déjà élaboré le thème des types d'intelligence dans un chapitre de mon livre *Relation d'aide et amour de soi* (4ᵉ éd. mise à jour en 1998). Je ne reprendrai pas intégralement le contenu de ce chapitre, le lecteur pouvant s'y référer s'il le désire. Toutefois, j'en ferai un résumé substantiel que je situerai par rapport au sujet de ce livre. Mon livre fut publié en 1990. En 1993 paraissait celui de l'Américain Howard Gardner intitulé « *Les intelligences multiples* ». Comme je l'avais déjà soutenu dans ma thèse de doctorat à l'Université de Paris en 1985 et dans mon premier livre, l'auteur démontre à sa manière qu'il est erroné de s'en tenir à la conception traditionnelle de l'intelligence, laquelle limite quasi exclusivement les pouvoirs de cette faculté à la dimension rationnelle de l'apprenant.

Ma longue expérience auprès des adolescents m'a confirmé qu'il existe plus d'un type d'intelligence, c'est-à-dire plus d'une façon d'appréhender la réalité, de connaître, d'apprendre et de comprendre. Le fait de réduire l'intelligence à sa seule dimension intellectuelle a eu pour conséquence de marginaliser certains enfants tout simplement parce que leur type d'intelligence était différent.

**De longues années d'observation
m'ont permis de découvrir qu'il**

existe trois modes d'intelligence bien spécifiques. J'ai, de plus, constaté que lorsqu'un enfant est respecté dans sa manière d'apprendre, il démontre plus d'intérêt, il s'épanouit davantage, devient plus créateur et par conséquent beaucoup plus heureux.

Mon but en développant ce sujet n'est pas d'étiqueter les enfants et les adultes et de les confiner dans une catégorie qui leur fermerait l'accès aux autres modes d'apprentissage. Je veux plutôt donner aux éducateurs un outil qui leur permettra d'entrer chez l'éduqué par sa propre porte plutôt que de passer par la fenêtre. Je m'explique : si vous entrez dans l'appartement ou la maison d'une personne par la fenêtre, il y a de fortes possibilités que vous ne soyez pas accueilli avec gentillesse. C'est le cas des enfants à qui on essaie de faire assimiler des connaissances par des moyens qui ne conviennent pas du tout à leur façon d'apprendre. Pour les respecter et les atteindre, il suffit de les observer pour découvrir s'ils ont une intelligence spéculative, pratique ou sensitive, autrement dit, il suffit de savoir s'ils sont rationnels, pragmatiques ou esthètes.

Les rationnels

La personne douée d'une intelligence rationnelle se caractérise généralement par un esprit analytique développé. Elle apprend facilement à structurer ses idées. Sa capacité de concentration intellectuelle est remarquable. Ainsi sera-t-il possible pour l'enfant rationnel de rester attentif en classe et d'écouter avec intérêt les explications de l'enseignant. Il n'aura pas de mal à se concentrer sur ses devoirs et ses leçons parce qu'il est doté d'une grande curiosité intellectuelle. Il a besoin de savoir et de comprendre. Les travaux intellectuels de longue haleine ne le rebutent pas parce qu'il a le sens de l'abstraction. Son rapport à l'abstraction lui permet d'être à l'aise avec les objectifs à long terme puisque le temps est une notion abstraite. Quand on lui dit, par exemple, qu'il réussira à la fin de l'année s'il travaille bien maintenant, il comprendra et sera motivé à bien étudier.

Sur le plan affectif, le rationnel rencontre certaines difficultés parce qu'il essaie d'aborder le monde émotionnel comme le monde de la connaissance rationnelle. Il a tendance à rationaliser l'émotion. Il cherche à l'expliquer et à l'analyser plutôt qu'à la vivre. Il fait de même avec celle des autres, ce qui l'empêche dans plusieurs cas de vivre des relations d'intimité profonde. C'est un enfant qui a besoin d'être satisfait et respecté dans son grand besoin de comprendre et de connaître et, sur ce point, l'école est faite pour lui. Il fait partie de ceux qui réussissent bien leurs études. Cependant, il a aussi besoin d'apprendre à apprivoiser son monde intérieur. Autrement, ses relations affectives risquent d'être privées de manifestations de tendresse, de chaleur et de souplesse et il en sera profondément malheureux. Comme il est généralement très sensible, il n'aura pas de mal, avec une approche éducative appropriée, à ouvrir la porte de son cœur pour découvrir la mouvance qui l'habite. C'est aussi le cas des pragmatiques.

Les pragmatiques

Avez-vous un enfant qui ne reste pas en place, un enfant qui aime parler, bouger, agir ? C'est probablement un pragmatique, quelqu'un qui apprend par le « faire ». Autant le rationnel est un être de tête et de pensée, autant le pragmatique est un être d'action, un manuel. C'est pourquoi, à l'école, il a du mal à rester assis et à être attentif aux explications rationnelles du professeur. Il aura tendance à bouger et à parler à ses voisins. C'est souvent le genre d'enfant avec lequel les enseignants ont des problèmes de discipline parce qu'il a beaucoup de mal avec le statisme et le silence. Aussi, ce qu'il préfère à l'école, ce sont les récréations, ces moments où il pourra faire du sport et parler à sa guise. Vous pouvez donc imaginer comme c'est pénible pour lui lorsque, à cause de son indiscipline, on lui retire ses récréations. Son champ d'intérêt n'est pas la connaissance abstraite mais le concret, le monde extérieur. C'est un être habile de ses mains qui a besoin de manier pour apprendre, qui a besoin de mouvement. *« Qu'est-ce qu'on fait aujourd'hui ? »*, dira-t-il à haute voix.

Cet enfant manifeste une maîtrise exceptionnelle de la matière. Vous achetez un nouvel appareil ménager ? Il saura le faire fonctionner en 30 secondes alors que son frère, rationnel, devra lire le manuel d'instructions. Il aime tout ce qui est concret, contrairement au rationnel qui a le sens de l'abstrait. Ne lui fixez pas d'objectifs à long terme. Pour lui, « Un tiens vaut mieux que deux tu l'auras ». Comme le temps est une donnée abstraite et que l'enfant pragmatique est centré sur la réalité concrète, il ne peut fonctionner que dans des objectifs à court terme. Il vit dans le présent et non pour l'avenir. Donnez-lui le choix entre une récompense maintenant et une autre, beaucoup plus alléchante dans six mois, il choisira probablement la première. L'autre est sans intérêt parce que, six mois, c'est trop long.

Cet enfant est un être de relation. Il aime avoir du monde autour de lui parce qu'il est très sociable. A l'école, il adore les travaux d'équipe. D'ailleurs, il a horreur d'être

119

seul. Ne l'enfermez pas dans sa chambre pour étudier, il fera n'importe quoi sauf étudier. Fermez le poste de télévision, réduisez les bruits et laissez-le travailler à la table de cuisine; près de vous. Il sera beaucoup plus heureux.

Ses relations intimes ne sont pas toujours satisfaisantes. Autant il est sociable et a toujours beaucoup d'amis, autant il a peur du monde émotionnel. Il aborde la souffrance psychique comme ses problèmes matériels. En effet, si vous avez de la peine, il ne vous écoutera probablement pas. Il aura plutôt tendance spontanément à chercher des solutions rapides pour faire disparaître votre douleur. Comme il a l'habileté de régler la plupart des problèmes d'ordre matériel, il vit très mal son impuissance à résoudre aussi facilement la souffrance psychique de ceux qu'il aime. Aussi, lorsque ses solutions échouent, il a tendance à trouver des moyens de se distraire pour fuir ses malaises et ceux des autres. Ses moyens privilégiés sont l'action et le sommeil. Quand il en sort, il a tout oublié et est prêt à passer à autre chose comme si rien ne s'était passé, laissant l'autre seul avec ses difficultés.

Le pragmatique n'est pas assez reconnu à l'école et dans la société. Sans lui, qui mettrait en action les belles théories des rationnels ? Sa présence est indispensable. Bien des livres resteraient dans les tiroirs de leurs auteurs si nous n'avions pas de pragmatiques pour les mettre sur le marché, y compris celui-ci. Bien des voitures seraient en panne si nous ne les avions pas pour les réparer. Et que dire de nos problèmes avec l'électricité, la plomberie, la menuiserie ?

Éduquer un pragmatique, c'est le reconnaître pour ce qu'il est et donner autant d'importance à ses talents qu'à ceux des autres types. A la maison comme à l'école, donnez-lui des responsabilités. Il a besoin de se sentir utile. Pour le motiver à l'apprentissage, l'éducateur doit le faire passer par l'action et la relation. S'il limite son enseignement à des exposés théoriques et à des explications rationnelles, il perdra l'attention de ses élèves pragmatiques. L'enseignement magistral qui convient aux rationnels, ennuie les jeunes dotés d'une intelligence pragmatique. Ils ont besoin d'être impliqués dans le mouvement et la relation à certains moments, sinon ils s'agiteront et perturberont la classe.

Enseigner à des élèves à « intelligences multiples », c'est varier les activités d'apprentissage de façon à les intéresser tous et de façon à ouvrir chacun sur d'autres manières d'apprendre pour qu'ils exploitent non seulement leurs propres modes d'apprentissage mais aussi d'autres façons de comprendre et de connaître.

Les esthètes

L'esthète jouit d'une intelligence sensitive. Le mot esthète, du grec « aisthêtês » signifie « celui qui sent ». Il est un être qui perçoit le monde par les sens, le cœur et l'âme. Contrairement au pragmatique qui est tourné vers le monde extérieur, l'esthète est tourné vers l'intérieur. L'essentiel de sa vie se passe en lui-même. Au lieu de se réaliser par l'action sur la matière, il s'accomplit dans l'intériorité. C'est le jeune préoccupé par des réflexions profondes, celui qui cherche un sens à sa vie. « *Qui suis-je ? D'où est-ce que je viens ? Où vais-je ? Pourquoi la mort ? Que se passe-t-il après la mort ? Y a-t-il une âme ?* », voilà autant de questions qui le tracassent. Il est habité par un monde intérieur riche de sensibilité, de potentialités créatrices, de profondeur.

L'esthète sent la souffrance des autres. Il est très vulnérable et facilement affecté par la dysharmonie, le déséquilibre, le manque d'authenticité. Le rejet, le jugement, le ridicule, même subtils, le perturbent profondément. Percer le mystère de son univers intérieur demande beaucoup d'amour, d'acceptation et de tact. Se sentant incompris, il a plutôt tendance à se refermer sur lui-même et à se réfugier dans son monde imaginaire. Il se crée souvent un monde à part pour fuir la réalité ou mieux la supporter. Ce jeune aura tendance à s'isoler, à s'enfermer pour écouter la musique, peindre ou rêver. S'il ne rencontre personne à qui il a assez confiance pour livrer ses doutes, ses tourments et ses angoisses, il est très malheureux et risque même de s'autodétruire. À l'école, c'est l'enfant distrait, absent, rêveur. Au lieu de réagir à l'ennui par l'indiscipline, il fuira dans l'imaginaire et se rendra inaccessible.

L'éduqué qui présente une intelligence sensitive a pourtant besoin d'éducateurs capables de relations profondes, capables d'accueillir sans jugement sa tourmente intérieure, capables de prendre au sérieux ses préoccupations d'ordre métaphysique, psychologique et spirituel. Il a besoin de parents ou d'enseignants ouverts à l'intériorité. Architectes de l'âme humaine peu familiers avec l'analyse formelle, la logique pure, le travail pratique ou manuel, les esthètes sont plutôt à l'aise dans le monde polysémique des rêves, des symboles et des arts.

En résumé, si le rationnel est principalement un penseur et le pragmatique un bâtisseur, l'esthète est un artiste. À chacun ses forces. Chacun apporte sa contribution au monde. Il ne suffit pas de respecter leurs différences pour les ouvrir à celles des autres. Le rôle de l'éducateur est précisément de conjuguer les ressources de chaque type, de construire des ponts pour les mettre en relation plutôt que de creuser des fossés par les préjugés et des approches qui ne respectent pas les différences.

L'éducateur et les types d'intelligence

Beaucoup de personnes se vantent d'avoir développé tous les types d'intelligence. Il est possible, en effet, de s'ouvrir à tous les modes d'apprentissage et de faire fructifier toutes ses potentialités en ce sens. C'est d'ailleurs l'un des buts de l'éducation. Cependant, il est fondamental aussi d'admettre que nous sommes tous des êtres en devenir. Notre recherche d'ouverture est louable et essentielle mais elle n'aura aucun effet bénéfique sur l'éduqué si nous ne sommes pas conscients non plus de nos limites. Il est donc important que le parent ou l'enseignant se connaisse et soit conscient de ses modes d'appréhension de la réalité sans quoi il ne sera pas en mesure d'aider vraiment l'éduqué à découvrir ses propres modes d'apprentissage.

L'éducateur le plus compétent n'est pas celui qui est doté de tous les types d'intelligences mais celui qui sait s'accepter tel qu'il est sans jugement. Celui-là seul saura faire évoluer l'intelligence des jeunes.

Une approche éducative qui a pour but de rendre heureux ne cherchera pas seulement à mener l'éduqué vers un idéal à atteindre mais partira simplement de ce qu'il est et, par la relation et l'acceptation, l'ouvrira à la différence et lui fera prendre conscience de son potentiel inexploré pour l'aider à l'exploiter.

Comment y arriver si vous êtes un parent pragmatique et que vous avez un enfant esthète ?

L'éducateur pragmatique et l'éduqué esthète

En tant que pragmatique vous êtes tourné vers le monde extérieur. Votre enfant, au contraire, a plutôt tendance à s'intéresser aux mystères du monde intérieur. Vous avez besoin de nombreuses relations sociales et vous recherchez le contact, non la profondeur, ce qui n'est pas le cas de l'esthète qui veut rencontrer ce qu'il y a de plus intime en vous et qui aime la solitude. Vous êtes extraverti. Il est introverti. Vous vous intéressez surtout à la transformation du monde matériel et à la réalité concrète. Il s'intéresse à sa transformation intérieure et à la réalité psychologique et spirituelle. Comment vous rejoindre l'un l'autre?

Votre premier pas est de vous accepter tel que vous êtes sans vous dévaloriser et de faire de même avec votre enfant. De plus, il est essentiel qu'en tant qu'éducateur vous preniez la responsabilité de créer un climat de confiance favorable à la construction d'un pont d'harmonie entre vos différences pour que vous puissiez vous nourrir de vos richesses respectives. Votre enfant a besoin de vous et vous avez besoin de lui. Pour le rejoindre et lui apporter ce dont il a besoin pour se réaliser comme personne, vous devez ouvrir votre cœur à son intériorité. Il ne s'agit pas de devenir comme lui. Il s'agit plutôt de rester vous-même tout en cherchant les moyens de le toucher sur son propre terrain. Intéressez-vous à sa musique. Prenez le temps de vous arrêter, vous si actif, pour l'écouter en silence avec lui. Manifestez-lui votre attachement par un geste de tendresse et surtout prenez au sérieux ses préoccupations et ses intérêts même s'ils vous semblent inutiles. Vous découvrirez ainsi le monde qui vous habite et que vous n'avez pas apprivoisé. De plus, votre enfant se sentira normal et compris. Trop d'esthètes se suicident parce qu'ils ont le sentiment d'être inadaptés, incorrects et rejetés par leurs éducateurs.

Cette approche respectueuse sèmera la confiance dans le cœur de l'éduqué. Si vous êtes honnête avec lui et reconnaissez vos forces et vos faiblesses, vous pourrez lui faire comprendre qu'il peut vous apporter beaucoup dans le domaine de l'intériorité et que, d'autre part, vous pouvez l'aider à apprivoiser la réalité concrète qu'il cherche à fuir. Il a en effet besoin d'apprendre à vivre davantage les deux pieds sur terre et à utiliser son imaginaire pour créer plutôt que pour s'éloigner du monde réel duquel il cherche à se soustraire pour ne pas souffrir. Vous aurez ainsi établi avec lui une relation constructive et bénéfique parce que fondée sur le respect.

Et que faire si vous êtes du type rationnel et que votre enfant est plutôt pragmatique ?

L'éducateur rationnel et l'éduqué pragmatique

Si vous êtes un parent ou un enseignant qui a surtout développé une intelligence de nature spéculative, vous êtes intéressé par la connaissance théorique et abstraire. Votre curiosité intellectuelle vous porte vers la recherche, l'analyse, le savoir. Vous trouvez beaucoup de plaisir à lire, à enrichir vos connaissances, à les comparer les unes aux autres, à en tirer de nouvelles déductions, à mettre en mots vos découvertes. Le monde de l'abstraction et de la pensée vous est familier ce qui n'est pas le cas de votre enfant pragmatique. Il préfère apprendre par l'expérience plutôt que par l'étude et la lecture. Il aura beaucoup plus de plaisir à démonter le moteur d'un appareil ménager et à le remonter qu'à lire des livres de philosophie. Il ne s'ouvrira à votre monde abstrait que si vous vous intéressez vraiment à ses talents manuels et si vous les valorisez. N'essayez pas d'en faire un chercheur. Ne rêvez pas de l'inscrire au doctorat en sciences pures. Par contre, vous pourrez peut-être, si vous l'acceptez tel qu'il est et si vous respectez ses modes d'apprentissage et ses intérêts, le voir s'orienter en sciences appliquées. Quoi qu'il en soit, il a besoin tout simplement d'être reconnu avec le type d'intelligence qui est le sien, de sentir qu'il n'est pas inférieur à vous parce qu'il aborde le monde différemment et qu'il n'a pas les mêmes sources de motivation que vous. Peut-être choisira-t-il des voies plus pratiques telles celles de la mécanique ou de la menuiserie plutôt que des études universitaires. L'essentiel est qu'il soit heureux et que vous puissiez reconnaître qu'il a des talents que vous n'avez peut-être pas et des forces qui méritent d'être exploitées et valorisées.

Qu'arrivera-t-il, par contre, si vous avez une intelligence sensitive et que votre enfant est doué d'une intelligence spéculative ?

L'éducateur esthète et l'enfant rationnel

La relation entre ces deux types de personnes est souvent difficile parce que l'enfant à l'esprit cartésien, structuré dans ses pensées, fidèle aux lois de la logique et de la cohérence, aura du mal à s'accommoder d'un parent plutôt désordonné, aux idées en apparence étranges, aux goûts excentriques, aux comportements qui lui paraissent bizarres. Ce genre d'enfant souffre de ne pas avoir un parent comme les autres. Il est parfois gêné que son père ou sa mère ne soit pas conforme à la norme. À l'époque de la puberté et de l'adolescence surtout, il risque d'avoir honte de ce parent fantaisiste et même de le rejeter si ce dernier n'est pas un éducateur averti. J'ai connu cette expérience avec ma fille qui, lorsqu'elle avait environ quatorze ou quinze ans marchait derrière moi sur le trottoir parce qu'elle n'approuvait pas ma façon de me vêtir et qu'elle en avait honte. Fort heureusement, nous avons pu en parler. C'est d'ailleurs le moyen le plus efficace et le plus à la portée de l'éducateur. Il est important, pour favoriser sa démarche éducative et maintenir le climat de confiance nécessaire à la relation, qu'il communique avec l'enfant, qu'il écoute ses malaises et respecte sa différence. S'il reconnaît ses forces et ses limites, il apprendra sûrement à se structurer davantage et transmettra à son enfant une ouverture à la fantaisie qui, sans lui enlever ses richesses d'ordre spéculatif, le rendra plus souple et plus créateur.

Connaître les caractéristiques des divers types d'intelligence, c'est se donner, en tant qu'éducateur, un outil de découverte de soi et de l'autre, un moyen d'accepter davantage les différences et de les exploiter à l'avantage de tous. Pour vous situer personnellement par rapport à vos modes particuliers d'appréhension du monde, j'ai choisi de vous présenter des tableaux énumérant les caractéristiques des rationnels, des pragmatiques et des esthètes. Dans chaque tableau vous trouverez des caractéristiques pour chacun des éléments suivants :

· plan intellectuel;
· plan affectif et relationnel;
· points de référence;
· aptitudes;
· difficultés.

Pour connaître vos dominantes, vous cochez les particularités qui vous caractérisent. À la suite de chaque groupe d'informations, vous faites le total des éléments cochés. Par exemple, vous indiquez combien d'affirmations vous avez coché sur le plan intellectuel, combien sur le plan affectif, etc. Quand vous avez identifié les caractéristiques des rationnels, vous faites le grand total en additionnant les résultats des sous-groupes. Vous terminez en calculant le pourcentage selon la méthode proposée plus loin. Pour que cet exercice soit bénéfique, il est fondamental que vous abordiez avec respect et sans préjugés chacun des types d'intelligence de même que ceux de vos enfants ou de vos élèves.

Êtes-vous rationnel ?

Plan intellectuel

- esprit analytique
- logique
- nature réfléchie
- structure de la pensée et des idées
- grande capacité de concentration intellectuelle
- capacité d'abstraction
- recherche des liens entre causes et effets
- curiosité intellectuelle
- capacité de travail intellectuel très grande
- ordre et méthode sur le plan de la pensée
- désir d'enrichir ses connaissances
- facilité de compréhension rationnelle
- réussite dans le domaine des choses de l'esprit
- perfectionnisme dans le domaine de l'expression de la pensée
- prévoyance dans l'organisation des idées
- capacité d'atteindre des objectifs à long terme

· capacité d'accomplir des travaux intellectuels de longue haleine
· capacité de s'exprimer clairement à l'oral
· capacité de s'exprimer clairement par l'écriture
· respect des échéances en ce qui concerne le travail intellectuel
· respect des exigences d'ordre intellectuel pour atteindre un but
· intérêt pour la recherche abstraite
· intérêt pour la théorie et la théorisation
· intérêt pour l'analyse de données
· précision ou minutie
· discernement, lucidité
· grande ambition
· esprit compétitif subtil fondé sur la recherche de performance
· exigence de rigueur pour soi-même
· exigence de rigueur pour les autres
· intérêt pour les discussions d'ordre rationnel et intellectuel

Total des éléments cochés   =
Total des éléments présentés   =   31

Plan affectif et relationnel

· sensibilité vive mais dissimulée
· peur de l'intensité de l'émotion
· tendance à rationaliser le monde émotionnel
· tendance à refouler ou à contrôler ses émotions et ses besoins
· nature plutôt distante sur le plan affectif
· difficulté à exprimer son vécu
· prudence et méfiance envers le monde des sentiments

- malaise ou agressivité devant des réactions et des émotions trop intenses
- embarras devant les démonstrations affectueuses
- perception de l'émotivité comme un obstacle au succès de ses projets d'avenir
- peur de l'intimité
- besoin de comprendre ce qui se passe en lui plutôt que de se fier à ses impressions
- besoin de connaître son fonctionnement psychique et relationnel mais difficulté à intégrer ses découvertes dans le cadre d'une relation
- confusion de la pensée et manque de discernement quand il est émotionnellement touché
- besoin d'être reconnu pour ses connaissances
- tendance à blâmer sa vulnérabilité
- peur d'être jugé, rejeté, critiqué ou ridiculisé s'il se montre vulnérable
- difficulté à s'investir émotivement sur le plan affectif
- individualisme
- sélection et critique de ses relations
- recherche fréquente de solitude
- difficulté à vivre en groupe
- difficulté à travailler en équipe à moins de diriger l'équipe
- difficulté à faire confiance aux pragmatiques et aux esthètes sur le plan du travail intellectuel
- tendance à s'imposer tout le travail d'équipe pour avoir de bons résultats
- difficulté à partager et à négocier en situation d'émotions
- difficulté à manifester son affection par des mots
- difficulté à manifester son affection par des gestes
- tendance à donner trop d'importance à son point de vue

- tendance à contrôler les émotions des autres
- peur de ne pas contrôler ses émotions et ses désirs dans le cadre d'une relation
- tendance à se dévaloriser quand ses idées ne sont pas considérées

Total des éléments cochés   =
Total des éléments présentés   =   32

Points de référence

- ne fait confiance qu'aux personnes qu'il juge compétentes dans leur spécialité
- associe compétence à connaissances plutôt qu'à savoir-faire et savoir-être
- besoin d'explications rationnelles sûres et clairement exprimées
- besoin constant de référents théoriques, cognitifs et intellectuels pour se sécuriser
- besoin de sécurité tributaire de la satisfaction de son besoin de comprendre

Total des éléments cochés   =
Total des éléments présentés   =   5

Aptitudes

- doué pour la recherche intellectuelle
- doué pour la conception théorique
- doué pour la conception de plans logiques et organisés
- doué pour la conception de projets méthodiquement construits sur le plan intellectuel

131

- apport considérable dans l'avancement de la connaissance et de la science
- capacité exceptionnelle de discernement et d'objectivité quand il n'est pas émotivement perturbé
- rigueur intellectuelle
- justesse des concepts utilisés

Total des éléments cochés   =
Total des éléments présentés   =   8

Difficultés

- manque de sens pratique
- difficulté à reconnaître son besoin d'aide
- tendance à se croire supérieur
- tendance à utiliser les ressources de son intellect pour prétendre détenir la vérité
- reconnaissance ardue de la valeur, de l'apport et de l'importance des autres types d'intelligence
- attitude structurée qui se désorganise devant l'imprévu, le changement
- sens du devoir qui le rend parfois rigide et incapable de fantaisie
- ambition contraignante qui l'empêche de profiter du moment présent
- difficulté à communiquer ses sentiments parce que mal à l'aise devant l'incohérence et l'illogisme du monde émotionnel
- primauté de la dimension intellectuelle sur les dimensions corporelle et spirituelle

Total des éléments cochés   =
Total des éléments présentés   =   10

Tableau cumulatif des caractéristiques du rationnel

Pour connaître le pourcentage de vos caractéristiques d'intelligence rationnelle, vous complétez le tableau cumulatif suivant en indiquant le nombre d'éléments que vous avez marqués d'un trait dans chacun des sous-groupes. Voici un exemple :

Plan intellectuel   =   22
Plan affectif et relationnel   =   26
Points de référence   =   3
Aptitudes   =   5
Difficultés   =   4
Grand total des éléments cochés   =   60
Grand total des éléments présentés   =   86
Pourcentage   =   70%

Rappel du calcul du pourcentage :
60 x 100 / 86 = 69,7%, soit 70%

Ainsi, dans l'exemple précédent, la personne présenterait 70% des caractéristiques rationnelles. Elle serait donc douée d'une intelligence spéculative développée.

Je tiens à souligner au lecteur qu'il peut obtenir un pourcentage élevé dans les trois tableaux, celui des rationnels, celui des pragmatiques et celui des esthètes, ce qui démontrerait qu'il bénéficie des caractéristiques des trois types d'intelligence.

D'où viennent donc ces caractéristiques ? Il est difficile de distinguer les éléments innés des éléments acquis en ce domaine si peu mesurable, en dépit des nombreuses recherches réalisées jusqu'à ce jour. L'enfant naît avec un bagage que l'éducation et la personne elle-même peuvent faire fleurir ou faner. Certains bénéficient d'un environnement riche et fertilisant, d'autres ont moins d'avantages. **Quoi qu'il en soit, celui qui a développé plusieurs modes d'appréhension du monde n'est pas plus intelligent que celui qui se caractérise par une intelligence de nature presque exclusivement pratique, par exemple. La différence se situe dans le nombre de possibilités auxquelles la personne a accès.** Si elle fait œuvre d'éducation, elle peut utiliser ses acquis en accueillant ses éduqués sans préjugés et en les ouvrant progressivement sur d'autres façons d'apprendre et de comprendre.

Cela dit, notre société a besoin de personnes à l'intelligence prioritairement pratique, sensitive ou rationnelle. Le plus grand de tous les apprentissages en ce sens est l'apprentissage du respect. Pour maîtriser le monde matériel, par exemple, nous avons besoin des pragmatiques. Sans être supérieurs aux autres comme personnes humaines, dans la pratique, ils sont sans contredit les experts. D'autre part, pour apprivoiser son intériorité, l'humanité a besoin des esthètes. Ce sont eux qui tracent la voie vers les valeurs du troisième millénaire, eux qui assurent le passage qui mène des valeurs matérielles et intellectuelles vers les valeurs spirituelles. Ils arriveront à nous conduire à bon port s'ils acceptent l'apport essentiel des pragmatiques qui leur éviteront les pièges de la « désincarnation » et des rationnels qui les empêcheront de se perdre dans un irrationnel sans nom et sans visage.

Toute personne, quel que soit son type d'intelligence, trouve sa place et son importance dans l'évolution de l'homme, de la société et de l'humanité. Il s'agit de respecter la

différence des contributions de chacun.

Voilà donc l'un des rôles de l'éducateur : participer au cheminement de l'enfant vers sa maturité en l'aidant à connaître et à accepter ses forces, ses faiblesses et ses limites tout en lui faisant découvrir les caractéristiques de son mode d'apprentissage. Pour rendre justice à tous les types d'intelligence, voyons maintenant ce qui distingue les personnes dotées d'une intelligence pratique.

Êtes-vous pragmatique ?

Plan intellectuel

- apprentissage par l'action, l'expérience, le mouvement
- habiletés manuelles et tactiles remarquables
- maîtrise de la réalité concrète
- besoin de toucher, de manier pour apprendre
- esprit inventif
- facilité à saisir les rouages du monde matériel
- grande capacité de concentration pour le travail pratique
- sens de l'organisation sur le plan pratique et matériel
- curiosité pour le monde matériel et extérieur
- capacité de travail remarquable sur le plan pratique
- motivation pour des objectifs à court terme
- capacité d'accomplir des travaux manuels d'envergure
- langage simple et pratique
- bon sens
- désir de découvrir le fonctionnement de tous les appareils mécaniques
- intérêt pour la construction
- intérêt pour les différents matériaux

- capacité à agencer les éléments matériels
- capacité à solutionner rapidement les problèmes d'ordre matériel
- recherche constante d'efficacité

Total des éléments cochés   =
Total des éléments présentés   =   20

Plan affectif et relationnel

- nature spontanée
- impulsivité
- expression des sentiments par des gestes
- besoin de regarder et de toucher
- difficulté avec la complexité des relations affectives
- difficulté à supporter la contradiction
- incapacité à supporter l'impuissance
- difficulté à apprivoiser le monde émotionnel
- tendance à nier ou à banaliser la souffrance par l'humour
- recherche constante de solutions rapides à sa souffrance et à celle des autres
- peur de l'intimité
- difficulté à supporter la solitude
- fuite de la souffrance dans l'action et le sommeil
- sociabilité
- personnalité extravertie et démonstrative
- goût pour la vie de groupe active (ex. sports d'équipe)
- difficulté à écouter les sujets abstraits, les théories et les états d'âme
- besoin de se sentir utile
- besoin d'être valorisé pour ce qu'il «fait»
- disponibilité et serviabilité
- générosité particulièrement par le biais de l'action

· grande capacité d'adaptation au plan extérieur
· souplesse en ce qui concerne l'aspect matériel
· naïveté en ce qui touche les choses de l'esprit et du coeur
· absence de rancune et d'esprit vindicatif à cause de son aptitude à vivre le moment présent
· colères soudaines et passagères suivies de manifestations de joie de vivre
· grande simplicité
· présence agréable et reposante toujours à cause de sa capacité à vivre le moment présent
· recherche constante du plaisir de vivre

Total des éléments cochés   =

Total des éléments présentés   =   29

Points de référence

· focalisation sur le moment présent : il ne connaît pas les inquiétudes chroniques à l'égard de l'avenir ni les regrets au sujet du passé
· contact facile avec les autres, amateur de la vie de groupe, d'action
· grand besoin d'espace physique
· amour du plaisir et de la vie
· besoin vital de mouvement
· besoin de réalités concrètes (n'est utile pour lui que ce qui est concret)
· fuite de l'abstrait et de la complexité affective
· priorité du besoin de « faire », de bâtir, de produire sur le besoin de « savoir » ou de « sentir »
· recherche de résultats tangibles
· recherche de résultats à court terme

· attrait pour les aventures réalistes et les risques matériels
· plaisir surtout relié au corps, aux autres, aux choses

Total des éléments cochés   =
Total des éléments présentés   =   12

Aptitudes

· talent pour le dépannage
· capacité à régler les difficultés d'ordre matériel et technique
· aptitude pour la mécanique
· aptitude pour la menuiserie
· aptitude pour le domaine de l'électricité
· efficacité manuelle
· capacité à transformer la matière
· aptitude pour les conceptions d'ordre pratique
· grande énergie physique
· esprit d'entreprise
· dextérité
· productivité

Total des éléments cochés   =
Total des éléments présentés   =   12

Difficultés

· maladresse dans le monde de l'abstraction métaphysique
· difficulté à saisir les subtilités de l'âme humaine
· difficulté à supporter le silence
· difficulté à supporter l'immobilité

· difficulté à composer avec le temps
· difficulté à accepter de se sentir inutile
· tendance à s'inférioriser à cause de son manque d'intérêt pour le monde intellectuel
· difficulté à vivre et à exprimer ses émotions parce qu'il ne peut les manier à son gré comme les choses
· accent mis sur le « faire » au détriment de l'« être »
· difficulté à s'intérioriser et à explorer la dimension spirituelle au contraire de la matière qu'il sait bien organiser

Total des éléments cochés   =
Total des éléments présentés   =   10

Tableau cumulatif des caractéristiques du pragmatique

Plan intellectuel   =
Plan affectif et relationnel   =
Points de référence   =
Aptitudes   =
Difficultés   =
Grand total des éléments cochés   =
Grand total des éléments présentés   =   83
Pourcentage   =   %

Vous connaissez maintenant le pourcentage approximatif des caractéristiques de votre intelligence pragmatique et de votre intelligence rationnelle. Voyons maintenant les particularités de votre intelligence sensitive et émotionnelle.

Êtes-vous esthète ?

Plan intellectuel

- intelligence sensitive et intuitive
- intelligence émotionnelle
- sens du langage polysémique du symbole, des rêves et des mythes
- appréhension globale de la réalité et de l'homme
- capacité à harmoniser les contraires
- capacité à appréhender le temps au-delà du passé, du présent et de l'avenir
- capacité à saisir l'insaisissable, l'invisible, l'immatériel, le spirituel
- capacité à jongler et à créer avec les images
- capacité, si désiré, à utiliser facilement son imaginaire pour créer sa vie
- esprit rempli de projets, d'idées, de rêves
- appréhension du monde par l'intérieur
- esprit fantaisiste
- recherche de sens à la vie
- préoccupation pour les questions fondamentales de la vie humaine et de la mort
- capacité de réflexions très profondes
- capacité de sentir la souffrance des autres
- attirance par le mystère
- structure de pensée analogique plutôt que linéaire
- langage métaphorique et poétique
- originalité dans les idées
- recherche de l'ordre intérieur malgré une attitude extérieure désordonnée
- désir d'approfondir la connaissance de lui-même
- désir de connaître les lois de l'univers
- facilité à comprendre ce qui touche la spiritualité

- intérêt marqué pour l'« être » plus que pour le « faire » et le « savoir »
- apprentissage par l'émotion ressentie et la relation profonde et intime
- facilité à saisir la complexité psychique

Total des éléments cochés   =
Total des éléments présentés   =   27

Plan affectif et relationnel

- intensité et profondeur des sentiments
- nature romantique
- besoin d'être reconnu plus pour ce qu'il est que pour ce qu'il fait et sait
- grande vulnérabilité, impressionnabilité
- manque de confiance en lui-même pour concrétiser ses créations imaginaires
- besoin de sécurité affective pour agir
- tendance à se refermer sur lui-même, ne livre pas facilement son monde émotionnel et imaginaire
- malaise en situation de déséquilibre et le manque d'harmonie
- malaise causé par le manque d'authenticité
- sentiment d'être incompris
- sentiment d'être inadéquat
- peur d'être anormal parce que différent
- besoin d'harmonie affective et visuelle
- perception de tout ce qui est de l'ordre des sensations, des émotions et des sentiments
- anxiété et angoisse fréquentes
- tendance à l'isolement et à la solitude
- tendance à se créer des relations imaginaires qui l'empêchent de vivre les relations réelles

141

- échec affectif vécu de façon dramatique parce qu'il remet en question sa propre valeur
- besoin d'acceptation, d'écoute, de respect de sa vulnérabilité pour s'ouvrir
- besoin d'attachement et peur de l'attachement par peur de la souffrance
- monde émotionnel chaotique et nébulaire dont les composantes doivent être identifiées s'il ne veut pas s'y noyer
- besoin vital d'affection et de démonstrations de tendresse
- recherche l'intimité malgré la peur
- tiraillement entre le repli sur soi et le besoin de l'autre
- tendance occasionnelle à fuir la souffrance émotionnelle dans l'alcool, la drogue, la sexualité ou la spiritualité déconnectée de la réalité
- expression de ses sentiments par des images, des métaphores
- tendance à ruminer ses chagrins
- nature introvertie
- passion pour la beauté et les arts

Total des éléments cochés   =

Total des éléments présentés   =   29

Points de référence

- monde du fantastique, du merveilleux, de la fantaisie
- monde imaginaire riche et fécond par lequel il faut entrer pour le guider vers le monde réel
- absence d'intérêt pour l'utilité des choses comme chez les pragmatiques, ou pour leur ordre logique comme chez les rationnels, mais intérêt pour leur beauté, leur valeur intrinsèque

- appréhension du monde par la voie de l'intériorité, du monde émotionnel, du monde spirituel
- besoin de référents artistiques, symboliques plus que théoriques et pratiques
- intérêt pour ce qu'il ressent, ce qui le touche
- besoin d'espace psychique pour se réaliser
- être de méditation et d'introspection
- attrait pour les expériences irréalistes et mystiques
- plaisir et bonheur reliés à l'intériorité, à la découverte du monde irrationnel

Total des éléments cochés   =

Total des éléments présentés   =   10

Aptitudes

- potentialités artistiques élevées
- raffinement du cœur et de l'esprit
- possibilité de bonheur dans une mansarde comme dans un palais
- perception subtile de l'âme humaine, des sentiments, des émotions
- intuition très développée
- capacité à dépasser les apparences physiques pour s'intéresser à l'essentiel
- capacité à créer avec les mots, les formes et les couleurs
- imagination créatrice illimitée
- contribution importante à l'évolution psychologique et spirituelle de l'humanité
- possibilités psychiques remarquables
- ouverture à l'imprévu et au changement
- occasion de remise en question pour son entourage

Total des éléments cochés   =

Total des éléments présentés   =   12

Difficultés

· difficulté à rester en contact avec la réalité, tendance à fuir dans la création d'un monde imaginaire

· conflit entre son idéal très élevé et les contraintes de la réalité

· manque de sens pratique

· difficulté à concrétiser ses rêves, ses projets, ses idées flamboyantes

· manque de discipline et de structure qui l'empêche d'organiser sa vie comme il le souhaite, d'où sa constante frustration

· tendance à attendre une intervention magique dans le monde réel telle qu'imaginée dans ses rêves éveillés

· difficulté à assumer les responsabilités matérielles

· difficulté à respecter les normes, les règles, les contraintes et les limites. Cette difficulté l'empêche de se discipliner suffisamment pour réaliser ses projets

· difficulté à se faire assez confiance

· tendance à négliger les dimensions corporelle, intellectuelle et sociale au profit exclusif de la dimension spirituelle et créatrice

Total des éléments cochés   =

Total des éléments présentés   =   10

Tableau cumulatif des caractéristiques de l'esthète

Plan intellectuel   =

Plan affectif et relationnel   =

Points de référence   =

Aptitudes   =

Difficultés   =

Grand total des éléments cochés   =

Grand total des éléments présentés   =   88

Pourcentage   =   %

Le lecteur doit savoir que la liste des éléments conte-
nus dans chacun de ces tableaux n'est pas exhaustive. Ils
peuvent se multiplier à l'infini étant donné la richesse de
chaque forme d'intelligence. Cependant, ils sont assez nombreux et assez représentatifs pour être révélateurs. Ils pourront donner à chacun et particulièrement aux éducateurs,
des pistes pour se connaître et s'accepter davantage ainsi
que des portes pour entrer avec respect dans le monde de
l'éduqué. Utilisée sans nuances et sans respect, cette classi-
fication risque de devenir néfaste. Si un parent ou un enseignant s'en sert pour étiqueter l'enfant ou pour l'enfermer
dans des caractéristiques qui ne l'ouvrent pas sur l'exploitation de ses potentialités latentes, il en sera davantage
perturbé et limité que propulsé vers un mieux-être. Il est
fondamental de l'utiliser comme un outil de création, ce
qui ne sera possible que dans un esprit de respect qui
fuit la comparaison dévalorisante; au contraire, cette clas-
sification favorisera l'émergence de la révélation et l'acceptation de soi tout comme la reconnaissance de ses
différences.

L'approche éducative qui vise le bonheur de l'éduqué
sur le plan relationnel passe par l'apprentissage du respect
de soi-même et des autres. Respecter vraiment les goûts,
les opinions, les modes de vie, le territoire, les limites et les
types d'intelligence des autres, c'est leur donner le droit
d'être ce qu'ils sont. Leur apprendre à respecter leurs engagements, c'est leur fournir les clés d'une relation fondée

145

sur la confiance parce que, sans la confiance réciproque, il n'existe pas de relation satisfaisante et heureuse.

Apprendre à un éduqué à être en relation avec les autres n'est pas possible sans cette éducation au respect, laquelle est très exigeante pour l'éducateur. Son premier pas en ce sens est de travailler son attitude concernant le jugement destructeur et la critique dévalorisante.

Trop d'enfants grandissent dans des milieux contaminés par une vision négative de l'entourage et de l'environnement. Ils subissent l'influence néfaste de parents qui jugent et critiquent sans discernement tout ce qui ne leur ressemble pas et tout ce qui les dérange plutôt que de se remettre en question. Ces enfants apprennent ainsi à rejeter la différence et intègrent une façon irrespectueuse d'aborder les autres, ce qui rend leurs relations destructrices et malheureuses. Les parents sont les premiers à souffrir de leur éducation négative lorsqu'ils deviennent eux-mêmes victimes des jugements intransigeants de leurs propres enfants, lesquels reproduisent envers eux ce qu'ils ont appris.

Les éducateurs auraient donc avantage à apprendre aux éduqués la critique constructive, celle qui ne rejette pas et ne démolit pas, mais découle d'une vision objective de tous les aspects de la réalité et qui a pour but de faire avancer les personnes concernées dans le respect de leurs forces, de leurs faiblesses et de leurs limites. Cet apprentissage au respect des autres passe par le respect de soi. Il aura pour conséquence de bâtir progressivement une société où se compléteront harmonieusement les différences individuelles et de créer des relations affectives beaucoup plus nourrissantes.

L'éducation peut contribuer largement à engendrer un climat favorable à la relation saine et équilibrée non seulement par l'apprentissage du respect comme nous venons de le voir, mais aussi en éveillant l'esprit et le cœur des éduqués à la valorisation.

La valorisation

J'ai grandi avec un père qui savait donner de l'importance aux autres. Il avait un sens tel de l'écoute que chacun se sentait valorisé par son regard, son respect, son attention. Il savait reconnaître les forces de ceux qui l'entouraient. J'ai été maintes fois fortifiée par ses paroles encourageantes. Chaque fois qu'il me répétait à quel point il était fier de moi, chaque fois qu'il s'intéressait à mes études, à mes lectures, chaque fois qu'il prenait du temps pour parler avec moi, je me sentais nourrie et j'avais le sentiment d'avoir de la valeur. Si certains éducateurs ont contribué à semer en moi le doute et le manque de confiance en moi, l'estime de mon père a été une ressource inestimable. Sans elle et celle de certains enseignants, je n'aurais jamais pu me réaliser. Elle a servi de contrepoids positif à l'énergie destructrice de mon profond sentiment d'infériorité. Toute ma vie, lorsque je doutais de mes capacités et de ma valeur, et que la peur me faisait reculer devant l'obstacle ou avant le passage à l'action créatrice, j'ai été stimulée par la petite flamme de la foi en soi, si petite fut-elle, qui ne s'est jamais éteinte et qui m'a permis d'avancer malgré la noirceur et la souffrance. Dans ces moments-là, je prenais ma peur et mon insécurité en partage et je franchissais une à une les étapes qui me conduisaient sur le chemin indiqué par ma voie intérieure.

Encore aujourd'hui, certains événements ou certaines personnes ébranlent ma confiance et réactivent mon sentiment d'infériorité puisque là se trouvent mes zones sensibles; c'est là le sombre résultat d'une partie de mon éducation. Cependant ces déclencheurs de souffrance ont moins de pouvoir sur moi puisque je sais par expérience que, quoiqu'il arrive, je suis dotée d'une foi inébranlable en mes capacités. En effet, j'ai la ferme conviction de la présence en moi de ressources indestructibles que rien ni personne ne pourra anéantir. Ces ressources prennent parfois la voix de mon père et de tout ceux qui ont cru en moi, qui me l'ont manifesté ouvertement.

Si les éducateurs étaient conscients
de l'importance primordiale de
reconnaître la valeur d'un éduqué et
de croire en lui, ils porteraient
davantage attention à tout ce que ce
dernier manifeste de beau et de

**merveilleux afin de lui fournir les
points d'appui dont il a besoin pour
grandir intérieurement.**

Mon fils Antoine me parlait récemment des personnes qui l'avaient inspiré au cours de son adolescence malgré ses erreurs et ses gaffes. Il soulignait particulièrement l'influence bénéfique du responsable d'un camp d'été à Toronto, camp auquel il a participé dès l'âge de onze ans dans le but d'apprendre l'anglais. Cet homme a cru en lui à un point tel qu'il a accepté de le former pour qu'il devienne moniteur et plus tard directeur des juniors au camp, poste qu'il a assumé à l'âge de 19 ans. Antoine était conscient que cet homme, par sa confiance et sa valorisation, semait en lui une énergie stimulante extraordinaire. Il lui en a été très reconnaissant. J'ai d'ailleurs été très touchée lorsqu'il me dit qu'il lui avait écrit pour le remercier d'avoir cru en lui et pour lui exprimer à quel point il avait eu de la chance de rencontrer une personne telle que lui à ce moment précis de sa vie où il en éprouvait le plus grand besoin.

En écrivant ces lignes, je ne peux m'empêcher de penser à tous ces jeunes qui ont un urgent besoin qu'un éducateur allume en eux la flamme de la foi en leurs capacités et en leur valeur. Trop nombreux sont ceux dont les ressources sont étouffées, voire éteintes par la dévalorisation, l'humiliation et le rabaissement. N'ayant pas reçu suffisamment de reconnaissance, ils deviennent ni plus ni moins des handicapés psychiques qui errent à la recherche d'une personne qui saura ranimer le feu sous la cendre de leur désespoir et faire un peu de lumière dans les ténèbres de leur vie.

> **La confirmation de ses talents et la valorisation sont des déclencheurs par excellence de la foi en soi-même, des éveilleurs de ressources insoupçonnées, des antidotes des plus puissants à la peur et à l'insécurité. Elles sont essentielles au processus éducatif et ce, quels que soient l'âge et le statut de l'éduqué.**

Malheureusement, elles comptent parmi les éléments les plus absents du monde de l'éducation. Mon père, qui savait pourtant voir les bons côtés de l'être humain, me disait fréquemment : « *N'attends pas l'appréciation des autres ma fille, pour avancer. Tu risques de rester sur place* ». J'ai mis du temps avant de réaliser, non sans souffrance, qu'il avait vraiment raison. J'ai mis du temps à me rendre compte de ma propre responsabilité à ce sujet. En effet, je n'ai pas toujours su valoriser suffisamment les autres par manque d'amour et de reconnaissance de mes propres forces. C'est pourquoi je n'écris pas ce livre dans le but de juger les éducateurs, mais de les éveiller à la valorisation en se donnant le droit de respecter leur propre rythme d'évolution et de composer avec ce qu'ils sont devant ce besoin viscéral de tout être humain.

> **Tout le monde veut être valorisé et reconnu mais rares sont ceux qui pensent à reconnaître les autres.**

La plupart d'entre nous sommes les enfants d'une éducation qui ne visait rien de moins que la perfection. Inutile d'accuser nos parents et nos professeurs de cet état de fait. Ils ont donné, je le répète, tout simplement ce qu'ils ont appris. N'était valorisé que ce qui était parfait ou ce qui en avait l'air. Et, bien souvent, l'éducateur atténuait ses élans de valorisation sous prétexte qu'il ne voulait pas cultiver l'orgueil, la vanité ou la vantardise de l'éduqué. Il ignorait toutefois que ces qualités se développent plus facilement dans un terrain psychique caractérisé par le manque. En effet, celui qui ne croit pas en lui-même réagit en se dévalorisant ou en se montrant supérieur. Soit qu'il se retire pour cacher ses carences, soit qu'il cherche à les combler en essayant de prouver par tous les moyens qu'il vaut la peine d'être apprécié.

Pour n'avoir pas été valorisés, beaucoup de gens sont en quête de valorisation, ce qui les rend incapables de donner puisqu'ils ne cherchent, inconsciemment et légitimement, qu'à recevoir. Comment peuvent-ils offrir ce qu'ils n'ont pas suffisamment reçu ? Comment peuvent-ils déceler la beauté des autres alors qu'ils ne la voient pas en eux-mêmes ? Les caractéristiques positives et les réussites de ceux qui les entourent ne sont-elles pas plutôt un rappel de leurs faiblesses, de leur inaptitude, de leur impuissance, de leur incompétence ? Reconnaître la valeur de l'autre devient donc difficile puisque c'est presque implicitement avouer sa médiocrité. Serions-nous sur un chemin sans issue qui empêcherait les éducateurs de répondre à ce besoin fondamental chez tous les éduqués ?

Je ne crois pas. La prise de conscience de cette réalité et du besoin des éduqués est un premier pas indispensable à franchir pour aborder le problème de la valorisation en éducation. Le parent et l'enseignant tout comme l'éduqué doivent savoir que le besoin d'être valorisé est un besoin psychique normal et non un caprice d'enfant gâté. Ainsi, au lieu de le repousser, ils pourront l'accepter et en tenir compte. Autrement, il agira à leur insu et suscitera des comportements déplacés, des attitudes défensives qui leur attireront le contraire de ce qu'ils recherchent. Au lieu d'être valorisés, ils seront méprisés et rejetés.

Mais comment satisfaire son propre besoin de valorisation au moment ou l'on en prend conscience dans l'ici et maintenant de ses relations ? Il existe deux moyens de répondre à ce besoin vital sur le plan psychique. Le **premier moyen** consiste à l'écouter de façon à pouvoir faire des demandes précises aux autres.

> **Dans nos relations, il est essentiel de savoir non seulement que nous avons besoin d'être valorisé et reconnu mais aussi de savoir par quelle personne précise nous voulons l'être et ce que nous aimerions qu'elle valorise en nous.**

En travaillant avec des éducateurs et des éduqués, je me suis rendu très souvent compte que ces derniers ont le sentiment de manquer de valorisation alors que leurs parents ou leurs enseignants ont effectivement reconnu leur valeur à plusieurs reprises. Comment expliquer cette impression d'insuffisance ? Tout simplement par le fait que ce qui est valorisé par l'éducateur ne correspond pas au besoin de l'enfant, de l'adolescent ou de l'adulte.

Ainsi, Louise a fréquemment été complimentée par sa mère parce qu'elle était serviable et toujours disponible, ce qui ne la touchait pas

> vraiment puisqu'elle souhaitait être estimée pour sa fiabilité, son sens des responsabilités et son intelligence. Lorsque sa mère prit conscience du besoin précis de sa fille, elle porta davantage attention à ce qui pourrait susciter cette forme précise de valorisation.

Cet exemple nous montre à quel point il est important d'accepter ses besoins, de les identifier clairement pour pouvoir se charger soi-même de trouver les moyens de les satisfaire. Apprendre aux éduqués à le faire, c'est les aider à sortir de l'attente souvent stérile dans laquelle ils stagnent et qui les rend complètement impuissants à réaliser ce qu'ils veulent.

Le **deuxième moyen** de satisfaire un besoin de valorisation est paradoxalement de développer l'aptitude à voir le beau, le bon et le grand chez les autres, même les plus démunis, et de leur dire avec authenticité. Au lieu de centrer son attention sur ce qui manque, il s'agit de la porter sur ce qui rend les autres si riches. Je ne peux exprimer à quel point je suis nourrie et comblée quand je prends le temps de reconnaître ce qu'il y a de merveilleux autour de moi. Le seul fait de reconnaître de façon tout à fait désintéressée les bontés, les beautés de la vie et les qualités des autres me remplit de bonheur. Ce que j'en reçois est inestimable. En plus du bien-être ainsi obtenu, je bénéficie de beaucoup de valorisation qui me vient de sources tout à fait inattendues.

Il ne s'agit pas de valoriser pour valoriser mais d'être attentif à ce qui est remarquable dans notre entourage et notre environnement et de le dire aux personnes concernées. Cette attitude est énergisante quand elle est sincère, quand elle vient du cœur et quand elle n'est pas intéressée. Le fait de ne rien attendre en retour entraîne un effet magique.

La reconnaissance de sa valeur par les autres étant l'énergie du cœur, elle trouve toujours un écho quelque part dans l'univers, ce qui fait que même si les personnes que nous valorisons ne nous rendent jamais la pareille, nous recevons tout autant et parfois beaucoup plus de personnes totalement inconnues, dans des circonstances souvent imprévisibles et pour notre plus grand bien.

C'est pourquoi il est si important que, en tant qu'éducateurs, nous apprenions à développer ce regard positif sur le monde et sur les autres. Pour y arriver, je propose de faire fréquemment l'exercice suivant.

Tous les soirs avant de vous endormir, retracez tout ce que vous avez reçu au cours de votre journée et, selon vos croyances, remerciez le ciel, Dieu ou votre guide pour tous ces cadeaux que la vie vous offre. Ce peut être le sourire d'un enfant, le reflet du soleil sur l'eau, la beauté de la nature, le bon repas que vous avez pris, la présence d'un être cher, la réussite d'un examen, le courage d'avoir franchi un obstacle, le téléphone d'une amie, les mots « je t'aime » chuchotés par un amoureux, …

Vous serez surpris de constater le nombre de bienfaits que vous recevez tous les jours. En faisant cet exercice, vous dormirez beaucoup mieux que si vous cultivez des pensées négatives au sujet du seul événement désagréable de la journée. De plus, vous développerez l'habitude de voir le beau côté de la vie et des autres. Vous cultiverez une certaine forme d'estime envers vous-même qui vous rendra plus heureux. Comprenez-moi bien. Cet exercice n'a aucunement pour but de nier la souffrance et de fermer les yeux sur les malaises et l'inconfort, mais de vous amener à satisfaire vos besoins par des moyens efficaces et accessibles.

Quand vous aurez acquis l'habitude de voir ce que la vie vous apporte d'agréable, vous serez prêt à passer à l'exercice suivant.

Chaque jour, vous choisissez une personne de votre entourage, surtout une personne qui vous agace, et vous observez tout ce qu'elle est et fait qui mérite d'être valorisé. Si vous êtes en mesure de le faire avec sincérité et désintéressement, exprimez-lui ce que vous avez remarqué.

Il est possible qu'au début vous reteniez surtout les facettes négatives de sa personnalité et les comportements qui vous agacent. Sans nier ces observations, attardez-vous à découvrir au moins un aspect qui vous est agréable, puis un autre et un autre encore. Concentrez-vous sur cette découverte. Vous verrez que, avec la pratique, vous développerez votre capacité de discernement et vous serez alors en mesure de voir les autres tels qu'ils sont plutôt que d'attendre d'eux qu'ils soient parfaits.

La recherche de perfection et de performance est l'un des plus grands pièges de l'éducation. Elle entraîne des conséquences néfastes pour l'éduqué. En effet, lorsqu'une

**personne n'est reconnue que pour
ses réussites les plus parfaites et
qu'elle paye ses imperfections et ses
erreurs de dévalorisations ou d'hu-
miliations, elle apprend inconsciemment à ne pas s'accepter telle
qu'elle est. Elle devient très dure et
très exigeante envers elle-même
comme envers les autres et elle ne
se pardonne aucune faiblesse.**

La confiance en elle-même est très affaiblie chez cette personne et elle a beaucoup de difficulté à reconnaître ses erreurs. Par contre, elle voit très bien les erreurs des autres. Puisqu'elle n'a été valorisée que pour sa perfection, elle a peur de perdre cette estime si elle n'est pas excellente. Aussi, est-il si menaçant pour elle d'admettre qu'elle s'est trom-pée. De plus, elle a tendance à se dévaloriser et même à se décourager si elle n'est pas irréprochable. La moindre pe-tite faiblesse est vécue comme une catastrophe. C'est pour-quoi elle cultivera une image idéale qui exigera d'elle beaucoup d'énergie pour l'entretenir.

Une autre conséquence naît du profil implicite de per-fection que certains éducateurs nourrissent pour eux-mê-mes et pour leurs enfants ou leurs élèves. Cette approche entretient le culte de l'idéalisation. La personne ainsi édu-quée a beaucoup de mal à vivre des relations affectives avec des personnes réelles, c'est-à-dire des personnes qui pré-sentent non seulement des forces, mais aussi des faiblesses et des limites. Elle a plutôt tendance à idéaliser ceux qu'elle aime, ce qui l'empêche de les voir tels qu'ils sont. Aussitôt que ces derniers manifestent d'une façon ou d'une autre leur imperfection, elle n'est plus capable de poursuivre la relation. Ce fonctionnement est très fréquent dans le domaine des relations amoureuses. Chacun voit chez l'autre l'homme rêvé ou la femme rêvée, celui ou celle qui, enfin, comblera ses attentes et rendra heureux. Ainsi, l'amoureux est en relation avec un être créé par son imagination, être idéalisé, projeté sur la personne aimée qui, elle, n'existe plus pour elle-même mais plutôt pour ce qu'elle représente. Ce genre de relation est voué à l'échec parce qu'il ne peut être que la source de profondes déceptions.

Le même problème se produit comme je l'ai écrit précédemment quand un éduqué idéalise son professeur. Dans ce cas, il ne lui donne droit à aucune erreur. Le parent et l'enseignant non avertis risquent d'entretenir avec l'enfant ce genre de relations préjudiciables. Ils ont donc avantage à s'accepter, à se montrer et à s'assumer tels qu'ils sont pour fournir à l'éduqué la possibilité de vivre une expérience relationnelle avec une personne réelle.

Quelle noble rôle que celui d'un éducateur ! Et quelle rôle nourrissant ! On ne peut éduquer au sens où je l'entends ici sans recevoir autant que l'on donne.

Si l'éduqué voit un maître dans la personne de son père, de sa mère ou de son professeur, il est lui-même, en retour, le maître de ses éducateurs. En effet, aucun livre au monde ne peut nous apprendre autant qu'un enfant ou qu'un élève. Si nous sommes ouverts à la remise en question et au travail sur nousmême, nous ferons de notre tâche d'éducateur notre plus merveilleuse école d'apprentissage.

Ainsi, pour éduquer l'enfant à la gratitude, nous développerons nous-même cette gratitude envers ceux qui nous entourent et ceux qui ont marqué notre vie. Au lieu de ne voir que ce qu'ils nous ont apporté de désagréable, nous reconnaîtrons aussi le meilleur de ce que nous recevons et de ce que nous avons reçu. De même, avec nos enfants et nos élèves, au lieu de ne voir que leurs fautes, leurs erreurs, leurs faiblesses, nous serons en mesure de découvrir aussi ce qui fait leur force et leur grandeur. Nous canaliserons l'indiscipline de l'enfant agité par l'humour; nous redonnerons confiance à celui qui échoue par l'attribution de responsabilités à la hauteur de ses possibilités. Nous corrigerons les devoirs de nos élèves en indiquant d'abord toutes les notions qu'ils ont bien comprises et intégrées et en ajoutant celles qui demandent à être approfondies, au lieu de n'indiquer avec un crayon rouge que ce qui est incorrect. Enfin, chez celui qui est rejeté parce qu'il ne réussit pas ou parce qu'il n'est pas socialement ou financièrement avantagé, nous serons en mesure de percevoir les richesses cachées et de l'aider à les exploiter.

De plus, **nous serons enfin capables de dire et de redire merci à tous ceux qui, de quelque façon que ce soit, ont contribué à notre réalisation**. Cette forme d'éducation fondée sur l'auto-éducation est la voie par excellence pour créer des êtres heureux, capables d'être en relation avec les autres parce qu'elle rend l'éducateur autant que l'éduqué responsable de son bonheur.

La responsabilité

Aucune initiation à l'autonomie et à la liberté intérieure n'est possible sans apprentissage de la responsabilité. Sans l'intégration de cette valeur dans la vie d'une personne, la relation éducative de même que les relations affectives sont des relations de dépendance et d'assujettissement au monde extérieur. Elles sont fondées sur la prise en charge et le sentiment d'être une victime, ce qui rend prisonnières de leurs attentes envers les autres et envers la vie les personnes concernées.

L'un des plus beaux héritages qu'un parent ou qu'un enseignant puisse léguer à ses enfants ou à ses élèves est de les éduquer à devenir responsables. Seul cet apprentissage leur donnera les clefs de l'autonomie, de la véritable liberté [1] et du véritable pouvoir sur leur propre vie, ce qui les rendra heureux.

La responsabilité dont je parle ici ne doit pas être confondue avec le sens des responsabilités dont je parlerai au chapitre suivant. Alors que le second est centré sur le « faire », la notion de responsabilité concerne « l'être ». La responsabilité est un état, une manière d'être. C'est pourquoi nous disons « **être** responsable » et « **avoir** le sens des responsabilités ». L'un est tourné vers l'intérieur, l'autre vers l'extérieur. Les deux jouent un rôle important dans le processus éducatif mais il est nécessaire de bien les distinguer. C'est pourquoi, dans cette partie du deuxième chapitre, j'expliquerai le sens du mot responsabilité avant de décrire les caractéristiques de l'enfant et de l'éducateur responsables. Je poursuivrai en parlant du cas type de l'irresponsable qu'est la victime. Je compléterai en répondant à la question suivante : comment le parent ou l'enseignant peuvent-ils apprendre aux éduqués à devenir responsables ?

---

[1] Pour approfondir la notion de liberté dans les relations, le lecteur peut lire *La liberté dans la relation affective*, publié aux Éditions du CRAM en 1996.

Commençons donc en expliquant ce que signifie l'expression « être responsable ».

Être responsable dans une relation, c'est chercher en soi la source de ses problèmes, de ses malaises, de ses souffrances et de ses insatisfactions en laissant aux autres le soin de s'occuper de la part qui leur revient.

La responsabilité comporte deux facettes comme je l'ai expliqué dans mon premier livre *Relation d'aide et amour de soi*. Elle est trop souvent présentée sans discernement.

> **Être responsable, c'est être en mesure de découvrir, de reconnaître honnêtement et d'assumer la part qui nous revient quand nous vivons des conflits relationnels ou quand nous rencontrons des obstacles de la vie; cependant cette seule étape ne suffit pas. Il est essentiel aussi, sans jouer la victime et sans juger ou condamner l'autre, de ne pas assumer les responsabilités des autres.**

Comme je suis l'aînée de ma famille, j'ai très tôt intégré une forme de responsabilité fondée sur la culpabilité. J'avais le sentiment que tout ce qui arrivait de désagréable ou de souffrant à mes frères et sœurs, et même à mes patents, était ma faute. Je portais le monde sur mes épaules et je croulais sous la culpabilité. J'étais prise dans les filets d'une responsabilité malsaine qui m'enlevait toute forme de liberté dans mes relations affectives. J'ai répété ce fonctionnement étouffant avec mes amis et surtout avec mon mari. Quand nous avions des différends, j'avais tendance à me blâmer, à me culpabiliser et à me sentir une mauvaise épouse jusqu'au jour ou, ployant sous le fardeau, j'ai réagi. Ce jour-là, j'ai adopté des comportements contraires à ceux que j'avais eus auparavant et j'ai reporté toute responsabilité sur lui et sur les autres quand j'avais des problèmes relationnels. Pendant longtemps, je suis passée d'un extrême à l'autre sans trouver de satisfaction ni d'un côté ni de l'autre. J'étais soit responsable à l'excès, soit totalement irresponsable. En réalité, je ne me rendais pas compte à ce moment-là que, dans les deux cas, j'utilisais des moyens de défense. Je devrais plutôt dire que je réagissais. En fait, je n'étais pas vraiment responsable, au sens ou je l'ai défini plus haut, parce que mes comportements étaient suscités par des émotions désagréables non identifiées. Quand je me sentais coupable, je prenais tout en charge, autant mes erreurs que celles des autres. Par contre, quand j'étais en colère, j'attribuais tous mes déboires à l'autre, sans discernement. J'agissais impulsivement et je ne contrôlais pas mes réactions. J'étais menée par mes émotions.

La responsabilité qui naît de la culpabilité n'est pas libératrice. Elle emprisonne chaque jour davantage et crée une confusion intérieure permanente. Celle dont je parle ici résulte d'une capacité d'identifier le vécu, tel que je l'ai décrit au premier chapitre, et de découvrir sans se blâmer ce qui, dans son fonctionnement, ses choix, ses paroles, ses gestes, ses silences, ses réactions défensives, ses actions, ses périodes d'inaction peut être la source de difficultés relationnelles ou d'autres difficultés.

> **La personne vraiment responsable est bien consciente que toute une partie de son problème n'est pas de son ressort et qu'il appartient à l'autre de s'en occuper. Aussi, est-elle en mesure de lui remettre sans l'accuser ou sans le blâmer sa part de responsabilité.**

Cette deuxième partie de la responsabilité peut s'établir verbalement ou en pensée, tout dépend des personnes, des situations, des circonstances. Dans certains cas, il est préférable de laisser l'autre découvrir ses impairs lui-même. Nous ne sommes pas responsables de son cheminement mais du nôtre.

> **Pour qu'un conflit soit vraiment résolu, qu'il ne connaisse pas de récidive et qu'il rapproche au lieu de séparer, il est essentiel que chacune des personnes impliquées reconnaisse ses erreurs honnêtement. Il est très difficile, parfois impossible de vivre une relation vraiment satisfaisante quand une seule personne dans une relation reconnaît sa responsabilité à l'occasion de situations conflictuelles.**

Les conflits, les problèmes relationnels où un seul des individus concernés a des torts n'existent pas. Quand on considère objectivement la réalité et qu'on considère globalement la relation, on s'aperçoit que les deux personnes concernées ont chacune leur part de responsabilité. Si, par exemple, l'une d'elles est souvent réprimée par l'autre dans l'expression de ce qu'elle est, c'est qu'elle se réprime probablement elle-même et qu'elle n'ose pas s'affirmer.

> **Le but de l'éducation à la responsabilité n'est pas de trouver qui a tort ou qui a raison, encore moins de culpabiliser ou de distinguer le bon du mauvais. Le bon éducateur vise à redonner à l'éduqué le pouvoir sur sa vie, le pouvoir d'améliorer ce qui le conduit toujours dans les mêmes culs-de-sac, le pouvoir d'avancer et de progresser sans attendre que le monde change autour de lui, le pouvoir de transformer lui-même ce qu'il peut faire et le pouvoir de lâcher prise quand il s'agit d'essayer de changer les autres.**

C'est la maîtrise de son monde à soi que procure la responsabilité sans méfiance en même temps qu'elle protège contre l'emprise sur la vie des autres.

Récemment, alors que je traversais une épreuve qui m'a blessée profondément, une de mes collaboratrices au Centre de Relation d'Aide de Montréal, empathique à ma souffrance et impuissante à l'atténuer, glissa sous ma porte cette prière des Alcooliques Anonymes qui reflète bien, à mon avis, les caractéristiques de la véritable responsabilité.

« Mon Dieu, donnez-moi
- · la **sérénité** d'accepter les choses que je ne puis changer
- · le **courage** de changer les choses que je peux changer
- · et la **sagesse** d'en connaître la différence ».

C'est à cette forme de sagesse que nous convie une éducation à la responsabilité. Elle suppose chez l'éducateur la capacité d'apprendre à découvrir en lui les sources de ses propres difficultés avec ses enfants ou avec ses élèves au lieu de réagir par des moyens autoritaires qui détruisent la relation de confiance.

À ce sujet, je me souviens d'une expérience que j'ai vécue au cours de mes premières années d'enseignement au secondaire. Après avoir travaillé avec beaucoup d'intérêt et de succès pendant les deux premières années de ma carrière avec des groupes composés exclusivement de filles, je devins à vingt-trois ans titulaire d'un groupe mixte dans lequel le nombre de garçons m'apparaissait supérieur à celui des filles tellement ils étaient actifs. Ces jeunes de seize, dix-sept et dix-huit ans m'attiraient et m'impressionnaient, non seulement par leur taille mais aussi par leur manière franche et directe de s'affirmer. Dynamiques à souhait, certains avaient parfois tendance à intervenir à des moments inopportuns en faisant des commentaires et des farces de toutes sortes pendant la classe. N'étant pas très habituée à un comportement aussi vivant, j'ai mis quelque temps à m'adapter et à m'ajuster. Je suis passée par des moments de joie profonde et des instants de

---

peur et de colère. J'avais peur de perdre le respect de mes élèves. Ne voulant pas verser dans le laisser-faire ni dans l'autoritarisme, j'ai eu du mal, du moins au cours des premières semaines, à tout simplement m'assumer comme autorité sans perdre la bonne relation établie avec eux. Je voulais créer des liens d'authenticité et de confiance comme je l'avais fait au cours des années précédentes. Cette période d'ajustement ne s'est pas traversée sans souffrance parce que j'étais convaincue que si j'avais des problèmes avec ces adolescents, c'est qu'ils en étaient la cause. Preuve en était que je n'avais pas rencontré de difficultés avec mes groupes de filles.

Un jour, alors que je n'arrivais pas à maîtriser leur indiscipline, je suis allée voir le directeur des élèves que je connaissais à peine parce que j'arrivais dans une nouvelle école. Je lui ai dit que les jeunes de mon groupe étaient agités, indisciplinés, paresseux, irrespectueux et incapables d'écoute. Après cette description peu flatteuse, je lui ai demandé d'intervenir pour leur faire une bonne leçon. À ma grande surprise, il refusa, expliquant qu'il ne me rendrait pas service s'il le faisait. À son avis, ces élèves en garderaient le sentiment que je n'étais pas capable d'assumer moi-même la discipline de ma classe, aussi deviendraient-ils encore plus irrespectueux et plus insolents. Je suis donc retournée dans ma classe, frustrée, jugeant d'incompétent le directeur en question.

Je n'avais plus d'autre ressource que moi-même. Mes nuits d'insomnies m'ont tout de même porté conseil. Elles m'ont permis de constater que ma peur de perdre l'autorité sur ma classe me poussait à réagir aux interventions des jeunes par le contrôle, le reproche et le rejet. En fait, je ne les écoutais pas suffisamment, ne leur donnais pas assez de place et d'importance. Cette remise en question m'a permis de voir ma responsabilité. En faisant cette démarche, j'ai repris le pouvoir que je leur laissais, non pas un pouvoir de domination sur mes élèves mais un pouvoir sur moi-même grâce auquel j'ai pu transformer mon approche de façon à ce qu'elle devienne plus respectueuse. Moi qui leur avais reproché leur manque de respect, je découvrais, non sans honte, que j'étais loin d'avoir été un modèle pour eux en ce sens. Par la suite, l'écoute m'a permis de les découvrir et d'apprendre d'eux. Au lieu de les rejeter quand ils intervenaient, je prenais le temps d'entendre ce qu'ils avaient à dire et d'y répondre brièvement. Leur besoin d'être estimés étant satisfait, ils sont devenus des élèves à la fois vivants et impliqués. Grâce à eux, j'ai développé l'humour et le plaisir qui a rendu mes classes beaucoup plus légères sans leur enlever leur sérieux et leur profondeur.

Beaucoup d'éducateurs auraient avantage à développer leur responsabilité avec les éduqués. Il ne s'agit pas, comme je l'ai dit, de porter sur ses épaules tous les problèmes de l'éducation. Une part réelle revient aux jeunes, au système et à la société. Certains enfants et certains adolescents sont paresseux, violents ou irrespectueux. De plus, les moyens à la disposition des parents et des enseignants sont souvent très limités. Enfin, les éducateurs sont accaparés par des exigences qui les forcent à disperser leur énergie et à la dépenser là où elle est moins nécessaire. Cela dit, au lieu de se percevoir comme une victime, l'enseignant ou le parent peut essayer de se remettre en question pour changer ce qui est en son pouvoir et pour apprendre à composer avec la réalité de façon à être heureux dans son rôle d'éducateur. Sans cette responsabilité fondée sur le discernement, parents et enseignants ne réussiront qu'à former des jeunes dépendants de leur impuissance, des jeunes et des adultes qui, toute leur vie, blâmeront les autres de leurs déboires, y compris leurs éducateurs.

Ma fierté est grande aujourd'hui d'avoir éduqué mes enfants à la responsabilité. Ils sont autonomes matériellement et affectivement. Je n'ai plus le sentiment de les porter sur mes épaules comme je le ressentais, adolescente, pour mes frères et sœurs. Je sais, quand ils me parlent de leurs difficultés financières ou affectives que ce n'est pas pour que je les prenne en charge qu'ils le font mais par besoin d'être écoutés. Je sais aussi, quand ils viennent me voir ou me téléphonent, que ce n'est pas par dépendance mais parce qu'ils ont réellement le besoin d'être avec moi. Je me sens aimée pour ce que je suis et non pour ce que je leur donne. Je me sens libre avec eux et j'apprécie tous les jours cette liberté que je me suis offerte. Je l'apprécie d'autant plus que je rencontre régulièrement de nombreux parents, esclaves de leurs enfants qui les tiennent responsables de leur manque, les culpabilisent comme ils ont été culpabilisés, leur font des reproches et les accusent comme on a fait pour eux.

La relation éducative vécue dans l'irresponsabilité des éducateurs a pour conséquence d'habituer les enfants à tout attendre de l'extérieur et à blâmer tout le monde de leurs déboires. Aussi, par exemple, l'élève irresponsable qui ne réussit pas en classe dira que ses camarades sont trop agités, que son instituteur n'explique pas assez ou qu'il ne répond pas aux questions, que ses parents manquent de compréhension. Il ne lui viendra pas à l'esprit que, même si ses observations à propos de ses éducateurs sont justes, il doit accepter la part qui lui revient dans son échec. A-t-il bien étudié ? A-t-il été attentif en classe ? A-t-il participé à l'agitation de ses petits amis ? Tant qu'il verra la cause de son problème dans le monde extérieur, il ne pourra s'améliorer et passera d'échec en échec sans pouvoir sortir de ce fonctionnement. Il deviendra progressivement une victime qui se fera prendre en charge et se plaindra chaque fois que quelqu'un refusera de lui donner ce qu'il considérera comme un dû.

Dans notre société foisonnent les victimes, ces personnes qui s'apitoient sur leur sort, qui se sentent toujours incomprises ou persécutées, qui critiquent tout et ne supportent pas de l'être, qui s'érigent en juges, qui culpabilisent, accusent, manipulent pour avoir des appuis contre ceux qui refusent de prendre en charge leur souffrance et leurs problèmes.

Ces victimes s'attirent des sauveurs qui entretiennent leur fonctionnement de dépendance par la prise en charge. Elles s'attirent aussi des bourreaux qui, pour fuir la culpabilité et l'impuissance déclenchées par leurs plaintes et leurs critiques, les agressent et, ce faisant, nourrissent en eux cette maladie psychique qui les possède et qu'on appelle « victimite ».

Est atteinte de « victimite » toute personne qui rend les autres res-

> **ponsables, les juge, les blâme ou les critique chaque fois qu'elle est mal à l'aise, déçue, frustrée, jugée, critiquée ou rejetée, chaque fois qu'elle a un problème ou qu'elle rencontre une difficulté, chaque fois qu'elle fait un mauvais choix ou prend une décision inappropriée et chaque fois qu'elle subit un échec.**

Dans ce cas, elle se plaint qu'on ne la comprend pas, elle se cherche des appuis ou elle entraîne les autres contre la personne qui l'a blessée, elle exagère les faits ou les déforme à son avantage. Malheureusement, au lieu de s'attirer l'amour dont elle a tant besoin, elle ne suscite que la pitié ou le mépris. Ne sachant pas distinguer la pitié de l'amour, plusieurs éducateurs entretiennent son fonctionnement par des interventions qui accentuent la maladie plutôt que de la guérir.

Devant de tels phénomènes dont les journaux témoignent chaque jour, phénomènes qui contaminent l'harmonie des familles et des couples, ne vaut-il pas la peine de chercher une solution durable ? Où se trouve cette solution sinon dans les milieux éducatifs ? N'aurions-nous pas avantage à apprendre aux enfants à devenir libres et autonomes ? N'aurions-nous pas avantage à leur apprendre la responsabilité en travaillant nous-mêmes à l'intégrer en tant qu'éducateurs ?

Mais la question qui se pose ensuite est bien la suivante : comment apprendre aux éduqués de tous les âges à devenir responsables ? Le parent ou l'enseignant peuvent y arriver en montrant à l'enfant ou à l'élève ce qu'il doit faire quand il vit une souffrance, quand il a un problème

169

ou qu'il subit un échec. Au lieu de se plaindre et de blâmer les autres, l'éduqué doit apprendre à se demander quelle part de responsabilité est la sienne. Il doit faire cette démarche dans le but de s'aider lui-même et non parce qu'il a mal agi. L'esprit dans lequel se déroule cette approche éducative est fondamental. Le danger est grand pour l'éducateur de glisser dans la culpabilisation, aussi subtile soit-elle. Le même esprit de liberté doit le motiver à ne pas se sentir responsable ou à laisser aux autres ce qui leur revient dans les conflits. La meilleure manière d'aider le jeune à faire ce discernement est de reconnaître honnêtement ses propres erreurs envers lui, de s'excuser si on a eu tort, d'admettre que à certains égards, on s'est trompé. C'est là le point de départ d'une telle approche éducative. En effet, comment aider l'éduqué à trouver sa responsabilité si, en tant qu'éducateur, on ne trouve ou ne reconnaît jamais la sienne ?

Il y a quelques temps, à mon retour de voyage, j'ai trouvé le message d'un de mes fils sur le répondeur. Il me disait : « *Maman, je veux te dire que tu m'as manqué quand tu es partie. Tu m'as parlé rapidement et tu n'as pas pris le temps de me saluer chaleureusement. Je ne me suis pas senti important pour toi à ce moment-là* ».

Quand j'ai entendu ce message, je me suis rappelée le moment du départ et j'ai pris conscience que, préoccupée par de nombreux problèmes, j'avais effectivement manqué d'attention réelle à l'égard de mon fils. J'ai reconnu mon erreur, me suis excusée et lui ai redit à quel point il comptait dans ma vie. Il était très satisfait parce que j'avais été honnête avec lui et que je n'avais

---

pas tenté de me justifier ou de me défendre d'une toute autre façon.

L'avantage que procure la responsabilité est qu'elle rapproche ceux qui s'aiment au lieu de les éloigner. C'est pourquoi elle vaut la peine d'être intégrée à nos vies. Pour mieux la comprendre, voyons sur quoi peut porter la responsabilité de chacun dans le cadre de relations. Qu'est-ce qui part de chacun dans nos difficultés relationnelles ? Quel pouvoir avons-nous d'y remédier ?

L'un des premiers pas vers la liberté et l'autonomie par la responsabilité est l'identification et l'acceptation de nos comportements de victimes. Tous, qui que nous soyons, adoptons l'un ou l'autre des modes de réactions défensives de la victime. Qui n'a pas, à un moment de sa vie, rendu les autres responsables de ce qui lui arrivait de désagréable ? Il sera impossible pour l'éducateur de favoriser la transformation de ce fonctionnement s'il n'apprend pas à l'éduqué à le reconnaître comme faisant partie de sa manière d'être en relation dans certaines situations.

Pour que l'évolution vers la responsabilité soit profonde et durable, il est essentiel d'identifier dans quelles situations relationnelles précises et avec quelles personnes nous adoptons une attitude de victime. La seule prise de conscience rationnelle du phénomène est intéressante mais insuffisante pour

**atteindre la liberté que connaît la
personne responsable.**

Tant que nous n'aurons pas l'humilité et l'honnêteté
nécessaires pour admettre ouvertement nos attitudes de
victimes, nous n'en resterons qu'à la première étape du
processus de changement. Entendons-nous bien. Il ne s'agit
pas d'une confession de nos péchés mais d'une reconnaissance de nos erreurs.

Une fois les réactions d'apitoiement, de plainte, de
manipulation reconnues, que peut faire l'éducateur qui veut
rendre libre et autonome un éduqué enlisé dans une situation relationnelle conflictuelle ou dans tout autre problème ?

Pour répondre à cette question, prenons
l'exemple de la mère de Richard et Sébastien. Occupée à préparer le souper, elle entend soudainement des cris venant de la chambre de ses fils. Elle
accourt pour se rendre compte que ses deux adolescents se querellent et qu'il sont tous les deux
habités par une colère intense.

Plusieurs parents, dans une telle situation, s'empres-
seraient de faire cesser la dispute, questionneraient leurs
enfants à propos des faits et agiraient en juges qui prennent partie pour l'un des enfants au détriment de l'autre.
Une telle attitude entretient la compétition entre frères et
sœurs, déclenche la jalousie et le sentiment d'être correct
ou incorrect et forme des mouchards, des bourreaux ou
des victimes.

Un parent qui prend partie crée toujours une dépendance chez ses enfants et entretient les conflits dans la famille. Il en est ainsi de l'enseignant qui prend partie. Inutile d'ajouter que le problème devient grave quand c'est le thérapeute qui adopte ce comportement. Les conséquences sur l'aidé sont énormes puisqu'un tel thérapeute entretient la dépendance et contribue à nuire aux relations de son client avec lui-même et avec les autres.

Il est bien évident que si les enfants se disputent continuellement et se manquent de respect, les parents se doivent d'agir. Le premier pas à faire en ce sens est d'observer leur propre relation. S'ils se manquent de respect mutuellement, ils ne peuvent demander à leurs enfants de faire ce qu'ils ne font pas eux-mêmes. La première démarche à entreprendre dans ce cas est de travailler à améliorer leur propre relation. Une fois ce travail accompli, généralement les enfants se transforment parce qu'ils ont tendance à agir comme leurs éducateurs agissent avec eux et entre eux. D'ailleurs, il ne sert à rien de sermonner des jeunes pour changer leurs comportements répréhensibles.

> **L'exemple parle toujours plus fort que les mots. Et lorsque l'enfant reçoit deux messages contradictoires, un message verbal et un message non verbal, c'est toujours ce dernier qui a le plus d'impact. Si vous répétez à vos enfants de respecter les autres et que vous ne les respectez pas vous-mêmes, vos paroles se perdront dans le vent. Ils n'écouteront pas vos mots mais ils vous observeront et suivront votre exemple.**

C'est pourquoi les éducateurs ont avantage à travailler sur eux-mêmes pour émettre des messages harmonieux. Il est grandement souhaitable que leurs paroles reflètent exactement leurs gestes et leurs actions. Ils auront ainsi une influence bénéfique et stimulante sur les éduqués. Cela dit, si, en dépit de votre cohérence, de votre authenticité et du travail que vous faites sur vous-même et de votre relation de couple, vos enfants, influencés par certains de leurs amis, manquent de respect les uns envers les autres de façon répétée et même chronique, il est essentiel d'intervenir fermement, de poser des limites claires avec des conséquences bien précises, pour faire cesser ce fonctionnement.

Le manque de respect ne devrait jamais être toléré en éducation parce que le respect sert de fondement à la relation saine et harmonieuse entre les êtres et parce que la plupart des problèmes conjugaux, familiaux et sociaux en ont pour cause une carence profonde.

L'exemple de Richard et de Sébastien cité plus haut n'est cependant pas du même ordre puisqu'ils ont la chance d'avoir une bonne éducatrice comme mère, une femme juste et cohérente. Aussi, au lieu de faire cesser leur dispute et de prendre partie, elle a attendu que la tension baisse entre les deux. Ce n'est que quelque temps plus tard qu'elle est intervenue pour écouter leur vécu. Il y a toujours un danger dans un tel cas, à faire porter l'accent sur les faits parce que ce sont eux qui suscitent le parti pris, créent le gagnant et le perdant, le bon et le mauvais. N'est-ce pas d'ailleurs sur les faits que la loi base ses jugements? Au lieu de réconcilier les parties, elle ne réussit la plupart du temps qu'à les diviser.

Si la mère de ces deux adolescents ne s'arrête qu'aux faits dans le conflit entre ses fils, il y a de fortes chances qu'elle prenne partie pour Sébastien, son frère lui ayant emprunté son livre préféré sans le lui demander et l'ayant perdu. Elle écoute plutôt et accueille la colère de son fils et son sentiment d'avoir été envahi et non respecté et écoute ensuite les sentiments d'agressivité de Richard envers son frère qui, pour le punir, s'est emparé de sa radio portative et l'a si bien caché qu'il n'arrive plus à la trouver. Sans décider qui avait raison et qui avait tort, la mère des deux adolescents s'adresse d'abord à Richard pour lui demander comment il vit le fait qu'il a perdu le livre de Sébastien, lui, généralement si méthodique et ordonné. Il reconnaît qu'il se sent très coupable et, grâce aux interventions de sa mère, il reconnaît avoir fait une erreur en empruntant le livre de son frère sans sa permission. Il s'excuse même auprès de lui.

Mais quelle est la part de responsabilité de Sébastien dans cette querelle ? Est-ce le fait qu'il se soit vengé ? La vengeance est en réalité une conséquence et non une cause. Aussi, la mère des jeunes ne s'attarde-t-elle pas sur ce point qui se résout facilement et sans son intervention après avoir aidé son fils à voir aussi la part qui lui revient dans ce conflit. Ce n'est pas la première fois que Sébastien se plaint d'avoir été envahi par son frère. Grâce à cette observation, elle peut faire constater à son adolescent qu'il est fréquemment envahi parce qu'il ne fait pas respecter son territoire et qu'il ne pose jamais de limites. Sa chambre est comme un moulin où s'empilent pêle-mêle ses disques, ses livres et ses vêtements. Il a donc à apprendre à se faire respecter en demandant clairement à Richard de ne jamais prendre quoi que ce soit dans sa chambre sans le lui demander d'abord.

Il y a lieu de préciser ici **la grande différence entre une limite et une menace.** Quand on fait des menaces à quelqu'un, on a pour but conscient ou inconscient de le changer. C'est pourquoi les menaces n'ont pas tellement d'effets. Ceux qui changent à cause d'une menace ne le font pas par conviction mais par peur. D'ailleurs, combien de parents menacent leurs enfants de ne pas les laisser sortir s'ils rentrent trop tard et les laissent partir quand même le jour suivant. L'enfant n'accorde alors aucune importance aux menaces. Par contre, il n'en est pas ainsi avec les **limites.** L'éducateur ne les pose pas dans le but premier de changer l'enfant mais parce qu'il aime cet enfant et parce qu'il s'aime lui-même, ce qui est bien différent. Si l'éduqué ne tient pas compte des règles posées par son père, par exemple, celui-ci ne se sentira ni important, ni respecté. Il devra donc, par respect de lui-même, poser une limite claire et préciser les conséquences si la limite n'est pas respectée.

Il est toujours difficile de poser des limites pour un éducateur parce qu'il doit avoir le courage de les faire

respecter en appliquant les conséquences. S'il ne le fait pas, son intervention n'aura aucune valeur pour l'enfant qui n'en tiendra pas compte.

C'est pourquoi il est essentiel, avant d'établir une limite, que l'éducateur soit sûr qu'il a assez d'amour de lui-même pour avoir le courage de la faire respecter et ce, même s'il est jugé, critiqué ou rejeté pour un temps par les éduqués. Cette ténacité lui sera, à long terme, très profitable parce qu'elle contribuera à bâtir une relation éducative où chacun se sentira autonome et libre. C'est la responsabilité du parent ou de l'enseignant que de donner cette liberté à ses enfants ou à ses élèves. C'est d'ailleurs ce qu'a réussi à faire la mère de Richard et de Sébastien lorsqu'ils se sont disputés.

Le travail d'éducation de cette mère auprès de ses enfants a été bénéfique parce que respectueux des deux adolescents. Elle n'a même pas eu à faire quoi que ce soit pour que Sébastien rende la radio à son frère. Il le fit de son propre gré et avec plaisir.

La responsabilité dans un problème relationnel ne se trouve pas toujours dans le fait qu'un éduqué ne pose pas ses limites. Elle peut remonter à d'autres sources selon les situations conflictuelles. Pour la trouver, l'éducateur doit toujours se référer à la double question suivante quand il est lui-même impliqué dans un conflit ou quand il doit aider ses enfants ou ses élèves à résoudre leurs querelles ou leurs problèmes : **quelle est ma part de responsabilité dans cette difficulté et qu'est-ce qui ne m'appartient pas ?**

· Peut-être découvrira-t-il qu'il ne s'accepte pas tel qu'il est et que c'est pour cette raison qu'il a du mal à accepter les autres.

· Peut-être apprendra-t-il qu'il ne tient pas compte de ses besoins et qu'il ne sait même pas les identifier ce qui l'amène à reprocher aux autres de ne pas répondre à ses attentes et de ne pas deviner ce qu'il veut.

· Il est possible que sa responsabilité se situe dans le fait qu'il n'ait pas osé s'affirmer par peur du rejet, du jugement, de la critique et du conflit.

· Il est possible aussi qu'il n'ose pas faire de choix parce qu'il ne veut rien perdre, ce qui l'amène à subir l'insupportable.

· Sa responsabilité peut encore se trouver dans le fait qu'il n'ait pas reconnu ses erreurs ou qu'il ait essayé de changer les autres plutôt que de se changer lui-même.

· Peut-être n'a-t-il pas respecté ses engagements ou est-il habité par des non-dits qu'il a tus par peur de perdre.

· Peut-être enfin a-t-il pris sur ses épaules des responsabilités qui ne lui appartiennent pas mais qui appartiennent à l'autre. Dans ce cas, il est essentiel qu'il sache départager et se départir de ce qui lui est extérieur.

> **Lorsque la responsabilité est intégrée dans une relation éducative, il est toujours agréable d'être un éducateur parce que son rôle est plutôt celui d'un agent de relation avec soi-même et les autres que celui d'un arbitre ou d'un juge qui surveille, prend parti, punit, accuse ou reproche.**

Pour aider les parents et les enseignants à mieux intégrer cette valeur dans leur vie, je propose l'exercice suivant.

Arrêtez-vous à une difficulté que vous avez présentement avec un de vos enfants ou de vos élèves. Repérez ce qui, chez l'éduqué, suscite votre malaise ou vos préoccupations. Est-il insolent, irrespectueux, paresseux, indifférent, négligent, indiscipliné, trop téméraire, inconséquent, peureux, mouchard, victime, dépendant, violent ? Cette observation vous donnera des informations au sujet de la responsabilité qui appartient à cet éduqué.

....
....

Que vous fait vivre le comportement ou l'attitude de l'éduqué? Êtes-vous exaspéré, désespéré, inquiet, anxieux, embarassé, en colère ? Ressentez-vous de l'impuissance, de l'insécurité, du ressentiment, de la peur, de la déception, de la frustration ? Quel que soit votre vécu, ne le minimisez pas. Il est votre baromètre intérieur. Vous devez vous en préoccuper en ce sens que vous devez prendre des moyens pour vous sentir mieux intérieurement et libre.

....
....

Pour retrouver votre bien-être et avant de passer à l'action avec cet enfant ou cet élève, il est essentiel que vous découvriez votre part de responsabilité dans cette relation. Pour vous aider, cochez, dans la liste des éléments qui suivent, ceux qui représentent votre attitude ou votre comportement avec lui :

- · *vous avez tendance à lui faire des reproches;*
- · *vous le jugez;*
- · *vous le critiquez quand il n'est pas là;*
- · *vous ne voyez que ses côtés négatifs;*

- *vous ne lui manifestez aucune affection;*
- *vous ne reconnaissez pas ce qu'il fait de bien;*
- *vous exigez qu'il soit parfait;*
- *vous avez du mal à reconnaître vos erreurs à son endroit;*
- *vous ne lui fixez pas de limites;*
- *vous ne faites pas respecter ce que vous demandez;*
- *vous vous laissez insulter par lui;*
- *vous ne respectez pas toujours vos engagements;*
- *vous êtes trop autoritaire;*
- *vous manquez de fermeté;*
- *vous ne vous faites pas confiance;*
- *vous ne lui faites pas confiance;*
- *vous le traitez comme un inférieur;*
- *vous ne respectez pas sa différence;*
- *vous cherchez à le contrôler;*
- *vous le manipulez;*
- *vous manquez d'honnêteté et d'authenticité avec lui;*
- *vous cherchez davantage à le changer qu'à modifier votre approche;*
- *vous vous laissez dominer et manipuler parce que vous manquez de courage;*
- *vous vous laissez dominer et manipuler parce que vous avez peur;*
- *vous vous laissez dominer et manipuler parce que vous vivez de l'insécurité;*
- *vous le menacez;*
- *vous l'ignorez;*
- *vous minimisez le problème;*
- *vous minimisez sa souffrance et ses difficultés;*
- *vous ne l'écoutez pas vraiment;*

- · *vous le rejetez ouvertement ou intérieurement;*
- · *vous le ridiculisez;*
- · *vous lui en voulez de vous causer des problèmes;*
- · *vous le comparez aux autres;*
- · *vous le confrontez;*
- · *vous rationalisez tout ce qu'il vous dit;*
- · *vous ne l'écoutez pas avec votre cœur;*
- · *vous le rendez responsable de vos difficultés avec lui.*

Cet exercice n'a pas pour but de contribuer à vous blâmer mais de vous aider à devenir un éducateur efficace, libre et heureux parce que conscient de la responsabilité de l'éduqué et de la sienne. Après avoir coché tous les comportements qui s'appliquent, retenez celui qui vous semble le plus pertinent à travailler pour régler votre problème avec cet enfant ou cet élève et pour créer une relation de confiance, de respect et d'amour avec lui sans laquelle vous ne pourrez pas l'aider.

Vous êtes maintenant prêt à passer à l'action créatrice. Votre action doit agir sur deux plans, c'est-à-dire par rapport à vous-même et par rapport à l'éduqué. Si, par exemple, vous avez constaté que vous manquez d'écoute, vous devez améliorer votre qualité d'écoute, apprendre les caractéristiques d'une bonne attitude d'écoute, les développer et les mettre en application. Par cette démarche, vous réussirez à créer le climat de confiance nécessaire pour être à votre tour écouté et reçu quand vous ferez voir à cet enfant sa part de responsabilité dans ses propres problèmes.

Si, par contre, l'exercice précédent vous fait découvrir que vous ne voyez que les caractéristiques négatives de cet éduqué, vous aurez avantage à vous observer dans vos autres relations. Peut-être avez-vous cette tendance avec d'autres personnes et probablement aussi avec vous-même. Votre premier pas alors sera d'identifier systématiquement tous les jours ce qu'il y a de bon et de beau en vous et ce que vous avez fait qui mérite d'être remarqué et valorisé. Ne cherchez pas les exploits héroïques, restez-en aux petites choses, à celles qui, mises l'une à côté de l'autre, font la différence dans une journée et dans une relation. Cet exercice répété vous permettra de valoriser ceux qui vous entourent, y compris l'enfant ou l'élève avec lequel vous éprouvez des difficultés. Votre attitude éveillera sa confiance, ce qui lui permettra ensuite d'accueillir vos interventions pour lui apprendre à découvrir sa propre responsabilité et à retrouver ainsi la maîtrise de sa vie.

> **Si l'éducation à la responsabilité offre un cadeau, c'est bien celui d'améliorer les relations et ainsi de rendre heureux et libres ceux qui l'ont intégrée à leur vie. Elle a pour avantage indéniable de favoriser la communication parce que les échanges se font moins sur la défensive.**

La communication

J'ai beaucoup parlé des caractéristiques d'une bonne communication dans mon livre *Approfondissez vos relations*

intimes par la communication authentique.* L'éducateur intéressé pourra y trouver des éléments importants au sujet
des facilitateurs et des obstacles à la communication authentique de même qu'au sujet du rôle de la raison et du cœur
dans la création d'échanges satisfaisants avec les éduqués.
Pour éviter les trop nombreuses répétitions d'un livre à
l'autre, je me limiterai, dans les pages qui suivent, à développer de nouveaux éléments de communication qui aideront les parents et les enseignants. Ainsi ils pourront
comprendre la cause de certaines de leurs difficultés relationnelles avec leurs enfants et leurs élèves et, je le crois,
ces quelques moyens les aideront à rendre leurs expériences de communication plus fluides et plus efficaces. Je parlerai donc de l'affirmation créatrice, de l'écoute
nourrissante, de l'écoute de soi, du silence, de la
reformulation, de la vérification et du feed-back.

L'affirmation créatrice

L'affirmation de soi dans la communication est essentielle mais elle ne peut être créatrice qu'à certaines conditions. S'affirmer n'est pas toujours facile pour celui qui n'a
pas confiance en lui-même, qui a peur des réactions de
l'autre, qui ne supporte pas le jugement et la critique. Si de
plus, celui-là rend les autres responsables de ses peurs, il
n'arrivera pas à s'affirmer ou il le fera sur la défensive et
de façon nuisible pour la relation.

> **S'affirmer, c'est se distinguer, im-
> poser implicitement sa différence
> par l'expression franche et respec-
> tueuse de son vécu, de ses goûts, de
> ses opinions, de ses valeurs et de
> ses priorités. S'affirmer, c'est pren-**

dre sa place dans une relation, un groupe ou la société, c'est exister pour l'autre.

Le lien est d'ailleurs très étroit, voire imperceptible, entre l'affirmation créatrice et la connaissance, l'acceptation et l'amour de soi. En effet, pour s'affirmer de façon créatrice, dans le cadre d'une relation qui unit deux personnes il faut beaucoup de respect de soi-même et de l'autre. Seule cette condition essentielle permettra l'affirmation créatrice, autrement dit permettra à chacune des deux personnes de se révéler elle-même, de même que le potentiel illimité qui l'habite. Quand une affirmation se fait sur la défensive, c'est-à-dire quand elle est une manière de réagir à un malaise quelconque, elle peut entraîner des conséquences plus ou moins destructrices et sur la relation et sur les individus concernés.

Celui qui s'impose ne s'affirme pas. Celui qui s'oppose parce qu'il se croit menacé ne s'affirme pas non plus. Ils se défendent. Même si s'opposer à quelqu'un de cette manière, c'est lui donner une très grande importance, l'opposition défensive n'en est pas moins insidieusement néfaste parce qu'elle détruit la confiance et risque de compromettre la relation.

Lorsque quelqu'un s'affirme de façon créatrice, il ne juge pas la différence de l'autre et ne rejette pas ses idées, ses actions ou ses paroles parce qu'elles ne sont pas identiques aux siennes. Il ne fait qu'établir sa propre différence, tout simplement. Au lieu de rejeter l'idée de l'autre, il l'accueillera comme une autre façon de penser et y ajoutera la sienne. Les deux idées, d'antagonistes deviennent complémentaires et s'enrichissent l'une de l'autre parce que les personnes qui les émettent ne se sentent menacées ni par le pouvoir de celui qui considère son point de vue comme La Vérité ni par le mépris de celui qui rejette les actions, les idées et les goûts de l'autre parce qu'elles ne correspondent pas aux siens.

L'affirmation respectueuse est toujours bénéfique dans une relation alors que celle qui est sous-tendue par le jugement, le sentiment de supériorité, le rejet ou le mépris a pour effet de rabaisser, de blesser, d'ébranler la confiance en soi-même et en l'autre et de susciter la peur d'exister et de s'exprimer. Elle devient source de conflits au lieu d'être bienfaisante.

Pour éduquer nos élèves à l'affirmation créatrice et respectueuse au Centre de Relation d'Aide de Montréal (CRAM^(MD)), nous avons organisé des séminaires de lecture. Ces soirées ont été créées pour éveiller nos étudiants à différentes approches thérapeutiques et éducatives, pour leur permettre de découvrir les points communs et les différences de chacune de ces approches et pour leur donner la possibilité d'émettre leur point de vue sur des sujets de discussion que l'animateur propose aux participants à partir des écrits d'un auteur à l'étude. Les interventions des étudiants sont très animées. Chacun y affirme ses opinions sans crainte du jugement, du ridicule ou du rejet grâce à l'esprit de respect dans lequel se déroulent ces séminaires. L'animateur ne prend pas partie, ne privilégie pas une opinion au détriment d'une autre, il ne fait que susciter les sujets de discussion et diriger le « contenant » du séminaire pour s'assurer que chacun soit entendu et que tout le monde ne parle pas en même temps. Il n'influence d'aucune manière le contenu des interventions, ce qui donne à chacun l'entière liberté d'exprimer authentiquement ce qu'il pense et ce qu'il vit. Son rôle est surtout d'éduquer, c'est-à-dire d'apprendre aux participants à s'affirmer de façon créatrice dans la communication tout en écoutant et en accueillant les opinions des autres dans le respect des différences.

Ceci dit, exprimer son point de vue sur un livre, un film, une chanson est généralement moins compromettant que lorsqu'il s'agit d'une personne. Comment éduquer nos enfants et nos élèves à l'affirmation créatrice quand, par exemple ils sont en désaccord ou quand ils désapprouvent les comportements et les actions d'un ami, de leurs parents, de leurs professeurs ou d'un autre être humain? Dans ce cas, il faut d'abord s'assurer que le désaccord ou la désapprobation ne sont pas des moyens de défense, c'est-à-dire qu'ils ne sont pas une réaction à leurs propres malaises. Autrement dit, désapprouver sans discernement les comportements, les choix ou les actions de quelqu'un parce qu'on ne l'aime pas ou qu'il nous a blessé personnellement, c'est régler ses problèmes en le contrôlant. Il est bien évident qu'il est difficile, a priori, d'approuver le comportement de celui qui nous a blessé par la réprobation, le ridicule, la critique destructive, le mépris ou le rejet. Dans un tel cas, la désapprobation est une réaction première de défense tout à fait compréhensible qui aurait cependant avantage à être suivie par l'écoute de son propre vécu et par du discernement à propos de la responsabilité. Devant une telle situation, l'éducateur doit apprendre à l'éduqué à régler ses problèmes avec la personne concernée, ce qui signifie que ce dernier peut choisir consciemment et après réflexion de confier ses malaises à cette personne ou de ne pas s'investir envers elle parce que la confiance est complètement détruite ou parce qu'il sent un besoin viscéral de se protéger, du moins pour un certain temps. Quel que soit son choix, il est important qu'il le fasse par respect pour lui-même et non pour punir l'autre ou pour se venger en le démolissant aux yeux des autres par des critiques destructrices.

Le désaccord et la désapprobation deviennent irrespectueux quand ils sont une forme d'envahissement de la vie privée des autres, de leur façon d'être ou d'agir. À moins qu'il s'agisse d'un cas de violence, de vol ou de malhonnêteté, nous n'avons pas à être en accord ou en désaccord avec la façon dont une personne s'habille, la façon dont elle élève ses enfants, la façon dont elle mène sa vie et ses entreprises. Cela ne nous regarde absolument pas et, lorsque nous intervenons par l'expression de son désaccord ou de sa désapprobation dans de tels cas, nous abusons tout simplement de notre pouvoir sur elle. Ceci dit, rien ne nous empêche, quand c'est quelqu'un que nous connaissons bien, d'exprimer notre vécu et nos besoins à cette personne, ce qui est bien différent. Encore là, il est essentiel de laisser à l'autre la liberté d'être ce qu'elle est et d'agir dans le sens de ce qu'elle croit bon pour elle. C'est une question de respect de son territoire et de sa différence.

Il existe un danger à désapprouver par une généralisation le comportement d'une personne en partant de sa seule expérience personnelle ou en s'appuyant d'une réaction subjective de prise en charge des autres, sachant que « désapprouver » signifie « juger d'une manière défavorable, trouver mauvais, blâmer, critiquer, réprouver » (Le Petit Robert). En effet, cette façon d'agir a souvent pour effet d'étiqueter et de dévaloriser. Elle ne relève pas de l'éducation mais de la domination. S'exprimer par la désapprobation dans ce cas, c'est user de son pouvoir sur les autres, ce qui rend l'affirmation destructrice de soi, de l'autre et de la relation plutôt que de la rendre créatrice.

L'apprentissage à l'affirmation créatrice tient, comme vous le constatez, à la connaissance et à l'amour de soi autant qu'au respect de l'autre. Elle nécessite une capacité de discernement qui permet de distinguer les implications d'une situation par rapport à une autre. Quoi qu'il en soit, à l'école comme à la maison, apprendre à un éduqué à s'affirmer sans s'imposer et sans s'opposer, c'est être en mesure, comme parent ou comme enseignant, d'accueillir ses émotions quelles qu'elles soient, d'écouter ses opinions sans les rejeter et de respecter ses goûts. Cela ne signifie pas que l'éducateur n'assume pas son rôle. Il est essentiel qu'il s'affirme lui-même avec ses enfants et ses élèves, qu'il ait le courage de fixer ses limites, d'agir dans le sens de ses valeurs et de ses croyances et qu'il ait aussi le courage de dire ce qu'il aime ou ce qu'il n'aime pas. Il doit enfin exprimer ses points de vue avec respect et manifester assez de discernement pour distinguer le subjectif de l'objectif, ce qui mérite d'être énoncé sous forme de généralisation de ce qui relève de son cas personnel, l'imaginaire de la réalité.

Cette éducation à l'affirmation créatrice est très présente dans la formation que nous dispensons au CRAM^{MD} et à l'École Internationale de Formation à l'ANDC (EIF). Les étudiants apprennent par des mises en situation et les relations entre eux et avec leurs formateurs, la différence entre une affirmation qui bloque la communication, entraîne le repli sur soi, le conflit et une affirmation créatrice. Le plus difficile à apprendre est de faire face à la réaction des autres quand on s'affirme. Certains étudiants expriment leur colère, leurs malaises, leurs opinions, leurs besoins et voudraient que la personne à laquelle ils s'adressent les accueille passivement sans intervenir. Les éduquer à s'affirmer de façon créatrice, c'est leur montrer non seulement à se dire mais aussi à donner aux autres le droit d'être blessés, dérangés, choqués par leurs paroles. Donner le droit à l'autre d'exister quand on s'exprime fait partie des caractéristiques d'une bonne relation.

> **Le sens unique n'a pas sa place dans le domaine de la communication. Choisir de s'affirmer, c'est choisir de donner à l'autre la possibilité de s'exprimer à partir de son affirmation. Il est impossible qu'il en soit autrement. On ne peut se donner un droit qu'on refuse à l'autre. Sans cet échange, la communication est impossible et l'affirmation, au lieu d'être créatrice, deviendra un moyen de contrôler l'autre.**

C'est pourquoi l'éducation à l'expression de soi doit toujours être accompagnée d'un apprentissage à l'écoute et à l'acceptation de la réaction des autres.

L'écoute

Le thème de l'écoute est un sujet usé, tellement on l'a traité, développé, expliqué, défendu. Et pourtant, les problèmes de communication et les problèmes relationnels sont très souvent causés par un manque important d'écoute. Le pas à franchir est encore énorme entre la prise de conscience et l'intégration. Savoir comment écouter est loin d'être la même chose que d'être un bon écoutant. J'ai entendu des spécialistes faire des conférences sur les caractéristiques d'une bonne écoute et je me suis rendu compte quand je les ai rencontrés qu'ils ne savaient pas écouter. J'ai vu des thérapeutes se cacher derrière l'explication, la justification, voire l'enseignement plutôt que d'écouter vraiment la souffrance et les besoins des aidés. J'ai vu des éducateurs se perdre dans la parole et négliger d'entendre ce que les enfants avaient à exprimer. Ce n'est pas que ces personnes étaient nécessairement incompétentes et condamnables. Je suis trop sensible à toutes les implications d'une écoute véritable pour les juger. Je sais à quel point c'est difficile de pratiquer une écoute qui soit nourrissante pour l'autre. Je le sais d'autant plus que je suis consciente de tous les écueils que je rencontre moi-même quand je suis dans la situation d'écouter une personne. Il m'arrive parfois malgré mes connaissances et mon expérience de glisser inconsciemment dans des mécanismes qui nuisent à la qualité de mon approche et qui interfèrent dans mes relations personnelles ou professionnelles. C'est pourquoi les éléments que je développe dans ce livre ne sont pas présentés dans le but d'attendre la perfection des éducateurs ni d'éduquer les enfants et les élèves pour qu'ils deviennent parfaits, mais plutôt pour qu'il soient conscients et qu'ils accueillent leurs faiblesses autant que leurs forces sans se juger.

> **Il est presque impossible de découvrir ce qui nous empêche de développer une écoute créatrice si nous cherchons à atteindre la perfection. Les meilleurs écoutants sont ceux qui savent reconnaître leurs erreurs. C'est la seule façon de pouvoir avancer.**

Pour initier les éducateurs à l'écoute nourrissante, je vais développer les caractéristiques d'une bonne écoute qui sont : la présence attentive, le silence, l'écoute de soi, la reformulation, la vérification et le feed-back.

La présence attentive

J'ai suivi une psychothérapie à une époque de ma vie avec un psychothérapeute qui répondait au téléphone pendant les séances et qui prenait fréquemment des notes. J'étais très mal à l'aise à cause de ces interférences mais je ne me faisais pas assez confiance pour l'exprimer, croyant que mon malaise n'avait pas sa raison d'être. Aujourd'hui, je sais que pour me sentir vraiment écoutée, j'ai besoin de toute l'attention de l'autre personne sans quoi je ne suis ni nourrie ni satisfaite.

> **La première caractéristique d'une bonne écoute est la présence attentive à 100%. Il est essentiel, quand vous écoutez quelqu'un, que vous ne fassiez rien d'autre. Il est plus efficace et réparateur d'accorder trente minutes de présence totale à un éduqué que trois heures avec interférences.**

Prenez le temps de vous arrêter pour consacrer toute votre attention à votre enfant pendant un temps bien délimité et je vous assure qu'il sera comblé et pourra ensuite se passer de vous pendant un bon moment. L'enfant qui accapare ses parents de même que l'élève qui cherche à attirer l'attention sont des enfants qui manquent d'une présence intense. Il existe des mères qui sont à la maison vingt-quatre heures sur vingt-quatre dont les enfants sont carencés sur le plan affectif parce que la seule présence physique ne suffit pas pour combler les besoins d'un enfant ou même d'un adulte. Il est essentiel que le temps que vous lui accordez lui soit entièrement réservé et que vous soyez complètement attentif à lui pendant cette période.

N'essayez pas d'écouter l'élève qui a besoin de vous parler en rangeant vos livres ou en corrigeant un examen. Dites-lui plutôt qu'en ce moment, vous n'êtes pas disponible et dites-lui à quel moment vous le serez et pour combien de temps. De cette manière, il sera sécurisé. D'autre part, il est fondamental que vous lui consacriez totalement le temps que vous avez réservé pour lui et ce, en refusant toute interférence.

Si les éducateurs étaient conscients de l'importance de la qualité de leur présence quand ils écoutent, ils seraient beaucoup moins dispersés et beaucoup plus attentifs. L'être à qui on accorde cette qualité de temps se sent important et aimé. C'est pourquoi il est affectivement nourri. En fait, la personne que vous écoutez doit avoir le sentiment profond, au moment ou vous le faites, qu'elle a une grande valeur à

**vos yeux, qu'elle est quelqu'un
d'important pour vous, qu'il n'y a
qu'elle qui compte pour vous.**

Je me permets d'ajouter ici que lorsqu'on développe cette qualité, l'écoute a un effet bienfaisant non seulement dans les relations éducatives mais dans toutes les relations affectives. Si, par exemple, votre conjoint se plaint qu'il ne se sent pas aimé ou important pour vous, consacrez-lui un espace de temps bien délimité, totalement à lui seul, et écoutez-le. Je vous assure que vous retirerez de nombreux avantages. Vous serez d'abord vous-même nourri, vous vous rapprocherez l'un de l'autre et vous vous sentirez beaucoup plus libre parce que vous aurez satisfait les besoins de celui ou celle que vous aimez. Il deviendra moins possessif, moins accaparant. J'insiste sur la présence totale comme élément de base de l'écoute. Elle suppose que l'éducateur réduise au maximum les interférences telles la télévision, la radio et toutes les tâches de la vie quotidienne. Ces dernières doivent être mises entre parenthèses pour un temps, de façon à ce qu'elles n'interviennent d'aucune façon dans ce moment privilégié avec l'autre. Quand ces conditions sont remplies, il est plus facile d'être vraiment présent et d'assurer une écoute créatrice.

Ce premier pas étant franchi et intégré, l'éducateur est prêt à traverser une autre étape pour bien écouter ses enfants ou ses élèves, celle du silence.

Le silence

Quand je propose des exercices d'apprentissage à la communication, je demande aux personnes qui écoutent de ne pas intervenir tant et aussi longtemps que je ne leur aurai pas donné le signal. Un grand nombre me disent qu'ils en sont incapables. Ils ont besoin de parler à tout prix. En prenant ainsi la parole, ils diminuent le temps d'attention à l'autre. Au lieu de l'écouter, ils le placent dans le rôle de l'écoutant. Même s'ils peuvent justifier la raison de leur intervention, que leurs intentions sont valables et leurs mots intéressants, il n'en reste pas moins qu'ils ont cédé à l'impulsion de parler plutôt que de continuer à écouter.

Qu'on ne m'interprète pas mal. Je ne dis pas que le bon écoutant doit être une momie, bien au contraire. Comme vous le verrez par la suite, il doit intervenir à certains moments sans quoi aucune aide, aucune relation ne seront possibles. Mais il ne peut satisfaire aux exigences de l'écoute s'il ne sait pas se taire à d'autres moments et laisser à l'autre tout son espace. Les moments de silence ne sont pas des vides à combler. Ils sont essentiels et mêmes sacrés. Aussi doivent-ils être respectés scrupuleusement parce qu'ils sont très souvent les moments les plus intenses de la rencontre. C'est dans le silence de la relation, grâce à la présence attentive chaleureuse de l'écoutant, que l'écouté est ramené à sa vérité profonde.

Le silence dans une relation favorise l'intériorisation. Il ouvre sur l'espace émotionnel et spirituel. Il oriente l'attention sur le monde intérieur des interlocuteurs. Il est le révélateur par excellence de l'inconnu qui les habite.

Quand deux personnes sont capables de vivre des moments de silence dans le face-à-face de leurs rencontres, leur relation atteint une profondeur qui lui procure des racines et qui, conséquemment, la solidifie pour la rendre inébranlable quels que soient les obstacles.

Savoir écouter, c'est être capable de rester entièrement présent à l'autre dans l'intensité de l'ici et maintenant de la rencontre par une écoute vivante, impliquée mais parfois silencieuse.

Cette caractéristique de l'écoute bienfaisante mérite d'être développée chez les éducateurs qui, pour s'exercer, peuvent l'appliquer à leurs relations avec leur conjoint ou leurs amis. Cela leur permettra peut-être de découvrir que le plus grand obstacle au silence dans la relation est le manque d'écoute de soi.

L'écoute de soi

Il est absolument impossible pour l'éducateur d'écouter vraiment ses enfants ou ses élèves s'il ne s'écoute pas lui-même pas plus qu'il n'est possible pour le thérapeute d'écouter ses clients s'il n'est pas présent à lui-même dans l'ici et maintenant de la relation thérapeutique.

Le manque d'attention à ce qui se passe en soi est sans contredit l'obstacle majeur de toute forme de communication. C'est aussi l'obstacle le plus difficile à franchir parce que l'apprentissage de l'écoute de soi est inextricablement lié à la peur de souffrir.

C'est la peur de souffrir qui nous pousse à réagir avec méfiance quand la personne écoutée déclen-

che en nous des émotions désagréables. Dans ces cas-là, plutôt
que d'entendre la souffrance qui
nous habite, nous nous en défen-
dons instantanément par la parole,
l'explication, le conseil, la prise en
charge, la rationalisation, ou encore la banalisation. Aussi, comme
nous n'avons pas pris le temps
d'accueillir nos émotions, nous ne
sommes plus disponibles pour
accueillir la parole de l'autre.
Nous prenons sa place.

Quand le petit Émile a raconté à son instituteur qu'il avait été ridiculisé par ses camarades parce qu'il bégaye, l'éducateur en question
a tout de suite pris la parole pour lui dire comment réagir. Pourquoi n'a-t-il pas pris le temps
d'écouter l'enfant jusqu'au bout? Parce que
l'histoire d'Émile ressemblait à celle de son frère
jumeau qui fut l'objet de sarcasmes durant toute
sa jeunesse pour la même raison. Mais comme
il ne s'est pas arrêté pour écouter ses malaises,
cet éducateur a rapidement opté pour donner
un conseil sans même laisser son élève aller au
bout de son histoire. Il a ainsi confondu les cas
d'Émile et de son frère et donné ses indications
à partir de sa propre expérience et non de celle
de l'enfant.

Parler d'écoute de soi est facile. C'est même un langage bien connu en psychologie et même en éducation.

Rares sont ceux qui ne reconnaissent pas l'importance de s'écouter. Encore là, le pas qui mène à l'écoute de sa vérité profonde est très loin d'être franchi chez la plupart des éducateurs surtout quand l'interlocuteur est déclencheur de souffrance. N'est-il pas difficile pour un enseignant d'écouter jusqu'au bout un élève insolent ? N'est-il pas aussi difficile pour un père d'écouter les reproches de son fils à propos de ses absences sans intervenir trop tôt? Pourtant s'ils le faisaient, ils réussiraient probablement à rétablir la relation. Pourquoi ? Parce que vraiment écouter un adolescent insolent, c'est entendre à la fois ce qu'il nous dit et ce que son discours nous fait vivre. Le fait de prendre son temps et de ne pas intervenir impulsivement permet de réussir cette double écoute. Ainsi, même si elle nous fait mal, nous serons en mesure, quand le jeune aura fini de s'exprimer, de tenir un discours plus pertinent et plus humain parce qu'il viendra du cœur et ne sera pas défensif.

Cette approche suppose, bien sûr, que l'éducateur ait appris à apprivoiser son monde intérieur, comme je l'ai démontré au premier chapitre et qu'il se donne le droit d'être vulnérable dans une relation. C'est seulement cette ouverture à lui-même qui lui permettra d'entendre les paroles du jeune sans les déformer. Il pourra alors, avant de parler de lui et au lieu de réagir impulsivement et sur la défensive, reformuler ce qu'il a entendu de façon juste et précise.

La reformulation

La technique de reformulation proposée par Rogers, en psychothérapie comme en éducation, a été très souvent ridiculisée et abordée comme étant le reflet insipide et inutile des paroles de l'aidé ou de l'éduqué. Sans être suffisante sur les plans thérapeutique, éducatif et même relationnel, elle n'en est pas moins un des éléments fondamentaux de l'écoute créatrice. Ses avantages dans la communication sont indéniables, aussi est-il impossible de la négliger sans se priver d'un chaînon essentiel à l'écoute efficace. Elle est d'ailleurs la première forme d'intervention de celui qui écoute jusqu'au bout. Quand le discours de l'éduqué est défensif, accusateur ou arrogant, elle permet à l'éducateur de calmer la tempête parce qu'au lieu de réagir à la parole du jeune, il lui montre qu'il l'a bien écouté et bien compris. L'éduqué se sent ainsi important et accepté à travers ce qu'il exprime, peu importe sa façon de le faire.

Voici, pour démontrer ce que j'avance, deux exemples différents d'intervention de la part d'éducateurs auprès d'un adolescent en colère. Celui-ci les accuse de ne pas avoir répondu à ses questions pendant le cours, et d'être incompétents, il les rend aussi responsables de son sentiment de perte de temps en classe.

·   _Intervention défensive du premier éducateur_

Je ne te permets pas d'être insolent. Je ne réponds pas à tes questions parce qu'elles sont impertinentes et sans intérêt. De plus, tu passes ton temps à discuter avec ton voisin pendant le cours et tu n'écoutes pas mes explications.

·   _Intervention dynamisante de l'éducateur (étape de reformulation seulement)_

> *Je vois que tu es en colère et que tu m'en veux de ne pas avoir répondu à tes deux dernières questions. Tu me trouves incompétent et tu as l'impression que tu perds ton temps dans mes cours. Ai-je bien saisi ce que tu veux me dire? Tu peux me corriger si je me suis trompé.*

Bien que cette intervention ne soit pas complète, elle n'en est pas moins une bonne façon de signifier à l'écoutant que ses paroles ont été comprises. Elle permet aussi au parent ou à l'enseignant de s'assurer qu'il a bien compris le message de l'adolescent et qu'il ne l'a pas déformé par l'interprétation ou par la projection. Elle a comme autre avantage d'offrir un miroir à l'éduqué qui, très souvent, se rend compte par le biais de la reformulation, qu'il a peut-être exagéré. Ceci dit, j'espère avoir été bien comprise. Je ne propose pas aux éducateurs de tout reformuler dans la communication, ce qui serait inutile et effectivement ridicule. C'est surtout lorsque l'éduqué est défensif que la reformulation s'avère un outil efficace pour éviter de répondre aux attaques défensives par ses réactions de défense.

Même si je reconnais la valeur de cette technique à certains moments, je n'en suis pas moins consciente qu'il n'est pas toujours approprié de l'utiliser. En tant qu'êtres humains, nous ne pouvons pas toujours exercer un contrôle sur nos mécanismes de défense et il est normal que malgré notre bonne volonté et le travail sur nous-même, nous devenions défensifs à notre tour. L'important, je le répète, n'est pas d'être parfait mais d'approfondir notre degré de conscience pour pouvoir nous ajuster. Nous serons ainsi plus en mesure de reconnaître les mécanismes d'interprétation et de projection car ils sont l'un des grands problèmes rencontrés dans la communication. Ces mécanismes défensifs traduisent davantage l'attitude de l'écoutant que de l'écouté. Ils sont une déformation du message de l'émetteur et c'est pourquoi ils créent de nombreux conflits. Ils sont une forme de pouvoir inconscient que le récepteur prend sur l'émetteur du message. Ils faussent toute la communication parce qu'ils ne respectent pas fidèlement le message de celui qui s'exprime. C'est pourquoi la reformulation est si importante dans la relation éducative, particulièrement quand l'émetteur est sur la défensive. Elle permet à l'éducateur de vérifier s'il a bien compris et de s'ajuster s'il a fait erreur.

La vérification

Trop de liens de confiance ont été brisés à cause de l'absence de vérification qui découle du manque d'écoute de soi. En effet, dans une expérience de communication, l'autre est un perpétuel déclencheur d'émotions. Il peut, par une parole, un sourire, un silence, un geste, un regard, déclencher en soi des émotions agréables ou désagréables. Lorsque ces émotions ne sont pas identifiées, elles alimentent notre imagination qui, elle, déforme la réalité. Les mots et les actions de l'autre sont alors interprétés et notre perception de la personne en cause n'est pas juste. Dans un tel cas, nous risquons d'adopter à son égard des comportements complètement inappropriés.

> Prenons l'exemple de Louise qui s'est imaginé que son camarade de classe était amoureux d'elle parce qu'il la saluait et lui souriait chaque fois qu'il la rencontrait. Elle fut profondément

déçue lors de la soirée de remise des diplômes lorsqu'elle le vit dans les bras d'une autre fille. Prenons aussi le cas de Charles qui était convaincu que son professeur ne l'aimait pas parce qu'il avait de mauvaises notes. Il fut grandement surpris lorsque ce dernier en fit longuement l'éloge, lors de la remise des bulletins, pour sa sociabilité, sa générosité et son sens des responsabilités.

Ces exemples montrent comme il est important d'écouter nos malaises dans le cadre d'une relation et particulièrement nos doutes pour pouvoir vérifier auprès des personnes concernées si notre perception est juste avant que l'imaginaire ne crée un fossé entre elles et nous, un fossé que d'aucuns n'arrivent jamais à combler parce que la confiance est totalement disparue.

Récemment, alors que j'animais un séminaire auprès de thérapeutes, j'ai proposé un exercice de communication par le regard. J'ai ensuite demandé aux personnes d'exprimer ce qui s'était passé en elles au cours de cet exercice. L'une d'elles me dit qu'elle avait été dérangée par la fermeture de sa partenaire. Elle s'était sentie rejetée par elle. « *Comment as-tu perçu cette fermeture* », lui ai-je demandé? « *Elle avait les bras croisés* » m'a-t-elle répondu. C'est alors que sa compagne est intervenue pour exprimer sa colère d'avoir été interprétée et pour dire qu'elle avait été, au contraire, très accueillante et très cordiale tout au long de l'exercice.

Il m'arrive, lorsque je travaille longtemps avec un groupe d'étudiants, de proposer des exercices de vérification. Je suis toujours surprise de découvrir le nombre de personnes qui voient les autres à travers le miroir déformant de leurs projections ou de leurs interprétations parce qu'elles n'ont pas identifié leurs malaises et qu'elles n'ont pas vérifié auprès des personnes concernées si leur perception des paroles ou des attitudes de ces personnes était juste. Cet exercice a un effet quasi magique sur la relation. Il rapproche les étudiants qui se fuyaient ou cultivaient du ressentiment les uns par rapport aux autres.

Autant l'imaginaire est une ressource extraordinaire pour créer sa vie lorsqu'on réussit à le gérer, autant il devient destructeur quand, par manque d'écoute de soi, on le laisse déformer la réalité. J'aborde ici un autre élément pour apprendre à l'éduqué à être en relation avec les autres. L'éducateur devrait pouvoir distinguer l'imaginaire créateur de l'imaginaire destructeur pour que ses relations et celles de ses élèves ne soient pas construites sur le doute, le non-dit et la méfiance.

Au cours de la formation des thérapeutes et des spécialistes des relations humaines au CRAM^{MD} et à l'EIF, nous insistons beaucoup sur les ravages dus à l'interprétation dans la communication. Lorsqu'une personne interprète, nous l'encourageons à écouter son vécu, à se limiter à l'observation objective et précise de l'autre, à distinguer l'imaginaire de la réalité et enfin à vérifier auprès de la personne concernée si ses perceptions sont justes ou déformées. Ainsi, au lieu de penser que cette personne est triste ou malheureuse ou encore frustrée parce qu'elle ne sourit pas, elle découvrira peut-être qu'elle est préoccupée ou tout simplement qu'elle n'a pas envie de sourire. Au lieu de croire que l'autre est agité parce qu'il est nerveux, elle constatera peut être qu'il est agacé de voir bouger son vis-à-vis et qu'elle projette sa propre nervosité sur lui.

La vérification n'est pas que favorable à la relation entre deux personnes mais aussi et surtout lorsqu'une tierce personne intervient. En voici un exemple. Dans les familles ou dans les classes, il est très fréquent de voir des enfants s'adresser à leurs parents ou à leurs professeurs pour se plaindre de leur frère, de leur sœur ou de leur camarade, particulièrement à la suite d'un conflit, d'une altercation ou encore à cause de non-dits qui ont engagé l'imaginaire sur des pistes qui faussent la réalité. À titre d'éducateurs et surtout de thérapeutes, nos interventions peuvent être ou créatrices ou très nuisibles en ce sens. **Le danger de parti pris est très élevé si nous ne sommes pas conscients que l'éduqué ne nous parle pas nécessairement des faits tels qu'ils se sont passés mais de sa façon à lui de les percevoir, de les imaginer et de les interpréter. Son vécu, si touchant soit-il, peut avoir été déclenché davantage par son interprétation de la réalité que par la réalité elle-même.** Nous risquons, si nous ne sommes pas vigilants, d'intervenir trop vite et de créer la confusion et la dysharmonie entre nos enfants et nos élèves plutôt que de contribuer à orienter l'éclairage sur la réalité et, par là, à créer l'harmonie entre les personnes. Ce phénomène se produit fréquemment dans les relations humaines.

> **Combien de personnes se fient à ce**
> **qu'elles entendent à propos des**
> **autres sans même vérifier auprès**
> **des personnes concernées si ce**
> **qu'elles ont entendu correspond à**
> **la réalité? S'en tenir aux paroles**
> **d'un tiers à propos de quelqu'un**
> **que nous connaissons, c'est risquer**

d'envenimer notre relation avec lui
parce qu'aux interprétations du tiers
s'ajoutent
les nôtres.

C'est pourquoi il est fondamental que les éducateurs ne fassent pas le jeu de leurs enfants ou de leurs élèves et qu'ils vérifient avant d'intervenir pour éviter les injustices parfois irréparables. **Le contact direct est toujours plus sûr que le contact par un intermédiaire dans le monde de l'éducation comme dans toutes les relations humaines.** Pour que la communication soit efficace et qu'elle rapproche les êtres au lieu de les éloigner, il est parfois essentiel de vérifier, de s'écouter, de reformuler, d'être totalement présent, de respecter des moments de silence et aussi de fournir une réponse nourrissante, c'est-à-dire un feed-back.

Le feed-back

Le mot « feed-back » est un anglicisme que j'aime beaucoup. Je ne crois pas qu'il existe de mot français équivalent. En anglais, « to feed » signifie « nourrir » et « back » signifie « en retour ».

Le feed-back est vraiment la plus
importante nourriture de toute
communication, particulièrement
en éducation. Nourrir en retour c'est
dire à l'autre la résonance que ses
paroles ou ses actions produisent en
nous, c'est exprimer l'impact qu'il
exerce sur nous dans la relation ici
et maintenant. En fait, c'est lui
manifester qu'on l'a compris et

qu'il vaut la peine qu'on lui réponde.

La communication sans feed-back est comme une lettre sans réponse ou plutôt comme une lettre avec une réponse dans laquelle tout ce qui a été écrit par l'expéditeur est complètement occulté, négligé ou non considéré par le destinataire.

Pour illustrer mon propos, je prendrai l'exemple d'un fils qui s'adresse à son père à la suite d'une altercation.

Le fils :   - *Papa, je n'aime pas quand tu me dis que je suis paresseux parce que je n'ai pas fait mes devoirs. Ça me met en colère que tu ne voies que mes erreurs et que tu ne te rendes pas compte de mes efforts.*

Le père :   - *Et moi, je n'aime pas que tu me parles sur un ton insolent et aussi irrespectueux. Après tout, je ne suis pas ton camarade, je suis ton père.*

Cette conversation fournit un bon exemple d'un échange sans feed-back de la part du père. Il n'a pas vraiment écouté son fils et ne s'est pas non plus écouté lui-même. Donner un feed-back, c'est nourrir l'autre. Je ne crois pas que la réponse du père soit ici nourrissante puisqu'il parle de lui sans tenir compte de ce que son fils vient de lui dire. Pour lui donner un feed-back, il aurait d'abord fallu que ce père écoute ce qu'il a ressenti quand son fils lui a parlé, qu'il lui dise comment il avait vécu le fait que son enfant revienne le voir après leur dispute et qu'il lui dise qu'il était en colère parce que ses efforts n'étaient pas reconnus? Voici un exemple de réponse nourrissante.

Le père : - *J'apprécie beaucoup le fait que tu viennes me parler mon fils* (feed-back à propos du geste). *J'ai bien compris que tu n'aimes pas que je te traite de paresseux* (reformulation). *J'ai aussi perçu ta colère parce que tu as le sentiment que je ne remarque que tes erreurs* (reformulation). *J'avoue que j'ai tendance à exiger beaucoup de toi comme je le fais avec moi-même* (feed-back). *Je sais que tu travailles bien en général et que ce n'est pas ton habitude d'être négligeant* (feed-back). *Je regrette de m'être emporté et je te fais confiance* (feed-back). *Cependant, je suis encore un peu bouleversé de la manière dont tu m'as parlé toi aussi tout à l'heure ...*

Le feed-back est nourrissant parce qu'il tient compte du message de l'autre. Souvent, en éducation, pour favoriser l'expression de soi chez leurs enfants ou leurs élèves, les parents les encouragent à exprimer leurs émotions, leurs opinions, leurs goûts, ce qu'ils font de plus en plus eux-mêmes d'ailleurs. Malgré cette permissivité réciproque sur le plan de l'expression, beaucoup d'éducateurs me disent qu'ils ne sont pas satisfaits. La même chose se produit dans les relations amicales et dans les relations de couple.

Une dame me disait lors d'un de mes cours qu'elle s'exprimait davantage de façon authentique avec son mari depuis qu'elle travaillait sur elle-même mais qu'elle n'était pas plus heureuse pour autant. Elle se sentait vide après avoir parlé et avait le sentiment que ses démarches n'avaient aucun effet sur la relation et qu'elles ne la rapprochaient pas de lui. À écouter parler cette femme, j'ai compris qu'elle était insatisfaite parce qu'elle n'était pas nourrie dans cette relation. Son époux l'écoutait et lorsqu'elle avait terminé, il parlait de lui sans aucun feed-back. Voici un exemple de leur conversation :

Elle :   *- J'ai beaucoup aimé notre souper en tête-à-tête au restaurant ce soir. Tu sais, nous avons l'habitude de sortir avec des amis et nous ne nous accordons pas assez de temps pour nous deux. J'ai réellement apprécié que tu m'invites dans un restaurant japonais. Et puis, tu as été d'une telle délicatesse envers moi. J'aimerais qu'on répète ces soirées intimes. Qu'en penses-tu ?*

Lui :   *- Il faisait un peu chaud dans ce restaurant, tu ne trouves pas? Et puis il y avait trop de monde. Par contre, le service était impeccable. C'est Claude qui m'avait recommandé cet endroit. Tu te souviens de Claude ?*

Cette pauvre dame avait de bonnes raisons de se sentir négligée quand elle s'exprimait. Il ne faut pas croire que cet homme ne l'aimait pas ou qu'il ne lui accordait pas d'importance mais il n'était pas conscient qu'il ne donnait aucun feed-back en retour. Elle s'est rendu compte qu'elle ne le faisait pas elle-même, quand il s'exprimait. Chacun parlait sans prendre le temps d'accueillir la parole de l'autre, d'écouter ce qu'il ressentait et d'y répondre. Si ce mari avait été attentif à lui-même pendant qu'il écoutait sa femme, il aurait pu lui répondre quelque chose comme ceci :

Lui : - *Je suis vraiment content de t'avoir fait plaisir. C'est vrai que nous sortons beaucoup avec des amis. Moi aussi j'ai apprécié cette soirée avec toi. Je suis d'accord pour répéter l'expérience plus souvent mais je ne veux pas laisser tomber nos rencontres amicales pour autant. Il faudra voir comment organiser notre temps pour nous occuper de nos besoins en tant que couple sans négliger nos amis. Qu'en penses-tu ?*

Pour favoriser l'intégration du feed-back dans la relation éducative, il est important que le parent ou l'enseignant prenne le temps de « nourrir en retour» quand ses enfants ou ses élèves expriment leur vécu, un besoin ou encore un reproche. Il est aussi important qu'il demande un feed-back quand il parle et que ses paroles ne semblent pas entendues par l'éduqué. Il créera ainsi un sentiment de satisfaction autant chez lui que chez les jeunes ou les moins jeunes à qui il s'adresse et la relation s'enrichira sur le plan psychique parce que c'est vraiment le feed-back qui nourrit le cœur dans une communication. C'est lui qui alimente la vie affective, principalement lorsqu'il est accompagné de tous les éléments qui favorisent la communication authentique entre l'éducateur et l'éduqué, éléments tels que l'affirmation créatrice, la présence attentive, l'écoute de soi, l'écoute de l'autre, la reformulation et la vérification.

Ce n'est que lorsque l'éducateur est prêt à intégrer dans sa vie et à ses relations avec les éduqués les valeurs humaines tels le respect de soi et des autres, la gratitude et la valorisation, la responsabilité et la communication authentique qu'il réussira à accomplir son rôle sur le plan relationnel. Ce rôle consiste d'ailleurs à apprendre à ses enfants et à ses élèves, quel que soit leur âge, à être en relation avec eux-mêmes et avec les autres. C'est, à mon avis, l'une des responsabilités qui exerce le plus d'influence sur l'avenir de l'éduqué et sur son bonheur. La relation étant le lieu par excellence de la vie affective, l'enfant grandira avec des moyens qui lui permettront de s'occuper de ses besoins d'amour, de valorisation, de liberté et de sécurité, des moyens qui rendront sa vie personnelle et sa vie professionnelle plus vivante, plus remplie, plus fertile. Combien de personnes sont malheureuses au travail croyant qu'elles n'aiment pas ce qu'elles font alors qu'il ne leur manque que des relations nourrissantes pour retrouver leur motivation.

Il ne faut pas se cacher la vérité. L'être humain est affamé partout, sur cette planète. Pour certains, la nourriture du corps manque effroyablement, mais la plupart connaissent la famine du cœur et de l'âme. Quand ils comprendront que le meilleur moyen de se nourrir soi-même est de nourrir les autres, c'est alors seulement qu'ils seront prêts à devenir les créateurs de leur vie, de leurs rêves et les créateurs du monde.

Chapitre 3

COMMENT APPRENDRE
À L'ÉDUQUÉ À SE RÉALISER

Avez-vous le sentiment de vous réaliser pleinement sur le plan personnel et sur le plan professionnel?

Certaines personnes à qui j'ai posé cette question ont répondu spontanément par la négative. D'autres, conscients qu'ils ont passé à côté de leurs rêves, se sont résignés et, pour ne pas trop souffrir de cette déception, se sont justifiés en disant qu'ils avaient été limités par la famille, par le manque de ressources financières ou par la vie qui ne les avait pas gâtés. Rares furent celles qui ont manifesté la satisfaction que connaissent ceux qui se sont entièrement réalisés.

Pourquoi est-ce si peu fréquent de rencontrer des êtres épanouis, des êtres qui se sont réalisés pleinement, des êtres heureux et satisfaits d'eux-mêmes et de la vie qu'ils mènent ? Les obstacles à l'épanouissement personnel et professionnel sont-ils insurmontables ? La réalisation de soi est-elle un objectif que seuls certains élus peuvent atteindre ? En éducation, comment apprendre aux enfants et aux élèves à devenir créateurs de leur vie,

211

de leurs rêves et du monde si, comme parents ou enseignants nous ne nous sommes pas réalisés nous-mêmes ?

Pour répondre à ces questions, il est essentiel de savoir ce que signifie « se réaliser ». Cette définition me permettra d'expliquer aux éducateurs quatre grands moyens leur permettant d'aider les éduqués à créer leur vie :

· l'élargissement de la zone de confort ;
· le développement du sens des responsabilités ;
· le discernement ;
· la recherche constante d'équilibre.

La réalisation de soi

**Se réaliser c'est « devenir ce
qu'on peut être de mieux en exploitant à fond ses possibilités »[1].
Se réaliser, c'est s'épanouir,
devenir radieux, s'ouvrir pleinement à la vie et écouter sa voie
intérieure. Se réaliser, enfin,
c'est faire ce pour quoi on est né,
suivre son chemin de vie,
accomplir sa mission.**

La réalisation de soi est à mon sens un devoir, une responsabilité à assumer. Elle consiste à cultiver nos richesses intérieures et à les faire fleurir.

---

[1] Le petit Robert

Quand j'étais enfant, comme la présence à la messe du dimanche était obligatoire dans ma famille, mon seul intérêt était de lire dans l'Évangile laissé à la disposition des fidèles, le texte des paraboles. Elles constituaient pour moi des contes extraordinaires et fascinants. J'éprouvais un tel plaisir à les lire et à les relire pendant l'office ! Je prends conscience en vous en parlant aujourd'hui que c'est probablement à cette époque de ma vie que remonte le grand intérêt que j'ai développé pour le monde polysémique, riche et illimité des symboles. Cet attrait s'est accru lorsque j'ai rencontré Jean Lerède, que j'ai lu *Les troupeaux de l'aurore* et que j'ai découvert le magnifique, le colossal travail accompli par Jean Chevalier dans ce domaine encore si peu exploré.

Durant cette période de mon enfance, le texte qui retenait surtout mon attention était la parabole des talents. Très jeune, j'ai compris que j'étais responsable des talents que j'avais reçus et que je devais les exploiter et non pas les laisser enfouis comme l'a fait un des personnages de la parabole. Peu importe le nombre de mes aptitudes et de mes ressources, il était fondamental que je les utilise au maximum de mes capacités et que je les fasse profiter de façon avantageuse pour moi-même, pour les autres et pour le monde. J'étais convaincue que c'était la raison pour laquelle j'étais née et je le suis toujours. Fort heureusement, j'ai rencontré au cours de ma vie, des éducateurs qui ont dépisté mes ressources et qui m'ont aidée à les mettre à profit. Ceux-là furent beaucoup plus que

213

des professeurs et des transmetteurs de connaissances. Ils furent vraiment des maîtres de l'éducation, de ces êtres rares dont la rencontre réussit
à orienter notre vie pour le meilleur. Ceux-là, on
les porte en soi, comme des cadeaux précieux que
la vie nous a offerts, des cadeaux dont l'effet bénéfique se prolonge jusqu'à la fin de nos jours.

*Prenez le temps de penser, en ce moment même, à tous ces
maîtres qui ont contribué à alimenter et à faire croître vos richesses intérieures. Faites la liste de ces personnes (professeurs, parents, grands-parents, etc.) et à côté de chaque nom, écrivez ce
que cette personne vous a apporté.*

....
....

*Arrêtez-vous pour remercier en pensée chacun de ces maî-
tres de l'éducation et, si c'est possible, écrivez-leur un mot de
reconnaissance. Faites-le maintenant.*

....
....

*Lisez sur votre liste tout ce que vous avez reçu d'eux. Ces
cadeaux vous habitent toujours. Si vous vivez présentement une
difficulté, utilisez-les comme ressources pour surmonter ces obstacles. Imaginez que toutes ces personnes vous accompagnent et
vous aident encore à exploiter davantage les richesses qu'elles
ont éveillées en vous, probablement sans être conscientes de la
portée de leur merveilleux travail d'éducation.*

Mais pour exploiter à fond ses potentialités, il est essentiel de suivre sa voie intérieure et d'écouter les messages de son cœur. Malheureusement, plusieurs personnes croient que la réalisation de soi est le résultat d'une suite d'attractions extérieures de toutes sortes. Elles doivent savoir que si elles sont motivées par la gloire, la renommée, l'argent, le désir de dépasser les autres, le désir de prouver leur valeur, elles risquent de vivre un cuisant échec. On ne se réalise pas en voulant être supérieur aux autres, en voulant être célèbre ou en voulant démontrer à tout prix qu'on peut faire autant que son frère, que sa belle-sœur ou que son voisin. Certes, il est important d'avoir des modèles. D'ailleurs, il est tout à fait normal qu'un bon éducateur devienne un modèle pour ses élèves en autant, comme le disait si bien Christian Lamontagne, que le modèle soit quelqu'un à qui l'on puisse dire « J'aimerais être comme toi, c'est-à-dire moi-même ».

> **Un modèle c'est quelqu'un qui s'est réalisé dans le respect de ce qu'il est, quelqu'un qui a exploité ses talents en suivant sa voie intérieure et, conséquemment, quelqu'un qu'on a envie de suivre pour se réaliser soi-même dans le respect de sa différence.**

L'écoute de la voix profonde qui nous habite est essentielle pour nous réaliser dans le sens qui nous convient. Au lieu de nous laisser diriger comme des girouettes sur des chemins qui ne sont pas les nôtres, au lieu de nous laisser influencer par des mirages, des illusions ou des fausses attractions, au lieu d'emprunter des voies de garage pour aboutir dans des culs de sac, au lieu de nous laisser éblouir par l'apparence séduisante et trompeuse de la gloire, nous emprunterons les routes qui nous mèneront vers notre propre destination et vers un bonheur plus durable si nous empruntons le chemin dicté par notre voie intérieure.

Je suis maintenant profondément convaincue que la réalisation de soi naît de poussées intérieures irrationnelles. Les réalisations les plus satisfaisantes de ma vie sont nées d'étincelles intérieures qui sont devenues des flammes. Ces flammes, je les ai suivies même si, souvent, j'ai été mal jugée par mon entourage. Elles m'ont conduites vers mon chemin de vie. Une à une, elles m'ont menée sur les pistes de la création. Ce sont elles que tous les éducateurs doivent allumer et alimenter en eux-mêmes, chez leurs enfants et leurs élèves de façon à ce qu'elles prennent en eux la forme de projets et de rêves réalisables. Le rôle des parents et des enseignants est précisément d'éveiller l'étincelle intérieure, de nourrir la flamme de la foi en soi et de susciter le passage à l'action créatrice de soi, des autres et du monde. Leur premier moyen pour y arriver est d'aider ces derniers à élargir leur zone de confort.

L'élargissement de la zone de confort

Susan Jeffers, dans son livre *Feel the fear and do it anyway*, parle de façon très stimulante de l'importance, pour se réaliser, d'élargir sa zone de confort.

La zone de confort est un lieu psychique dans lequel une personne se maintient pour se protéger contre la peur et l'insécurité. C'est une place intérieure confortable où elle se met à l'abri des imprévus, des changements et des défis. Autrement dit,

quand une personne se retire dans sa zone de confort, elle n'a généralement plus peur parce qu'elle se maintient à l'écart de tout ce qui pourrait déclencher en elle cette émotion désagréable. Cependant, pour rester dans cette zone de fausse tranquillité psychologique, elle doit le plus possible éviter l'inattendu, l'innovation, le défi. Sa vie se caractérise alors par la routine et son espace d'action est très limité.

On peut représenter graphiquement cet espace par un cercle. Certains ont des champs d'action très étroits et d'autres, beaucoup plus larges.

Exemples de différentes zones de confort

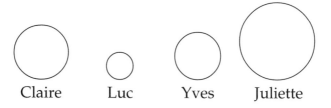

| Claire | Luc | Yves | Juliette |

Plus la zone de confort est petite, plus le champ d'action et de réalisation est restreint comme c'est le cas de Luc et de Yves qui ont moins de liberté de création que Claire et Juliette. Élargir cette zone suppose qu'il faudra prendre des risques, affronter des défis, vivre des changements, ce qui ne se fait pas sans peur et sans insécurité. Il est donc impossible d'élargir son champ de réalisation sans être habité sporadiquement et de façon plus ou moins intense par ces deux émotions.

Lors d'un séminaire que j'animais en Belgique, une femme d'une trentaine d'années confia un problème qu'elle vivait avec son ami qu'elle fréquentait depuis près de cinq ans. Il voulait habiter avec elle et elle repoussait constamment l'échéance parce qu'elle avait peur de revivre l'expérience déchirante qu'elle avait connue avec son amoureux précédent. Aussi, ajouta-t-elle, « *J'attends de ne plus avoir peur pour passer à l'action. Mon problème c'est que, même après cinq années de fréquentations assidues, je n'arrive pas à me débarrasser de cette peur. Comment faire pour y arriver* », me demanda-t-elle ?

Attendre que la peur et l'insécurité disparaissent pour avancer, c'est risquer de rester sur place. Le changement insécurise, le défi fait peur. C'est normal. C'est ici que le rôle de l'éducateur est important. Il ne doit pas chercher à faire disparaître ces émotions, c'est impossible. Il est important que, au contraire, il les accueille et apprenne à l'éduqué à avancer en les prenant en compte parce que le meilleur moyen d'éliminer progressivement la peur et l'insécurité est le passage à l'action.

Quand on avance avec elles, sans les nier, sans les ignorer, on se rend compte à un moment donné, qu'elles ne sont plus là. C'est le premier cadeau qu'offre le passage à l'action. Le deuxième est qu'il contribue à agrandir la zone de confort.

La première fois que j'ai fait face à une classe d'adolescents, j'étais morte de peur. Toute seule devant trente-cinq élèves, je me sentais très petite. Pour me protéger contre mon insécurité, j'avais préparé mon cours de façon très détaillée. C'est d'ailleurs un moyen efficace que je propose à tous ceux qui s'engagent dans une nouvelle expérience. Bien se préparer réduit les émotions désagréables déclenchées par une situation inconnue. J'étais consciente de ma peur et j'ai affronté ce défi à partir de ma réalité intérieure. À mesure que se poursuivait cette expérience, je me rendais compte que le malaise diminuait pour finir par disparaître complètement. J'ai donc élargi ma zone de confort à cette époque de ma vie. Mais je n'en suis pas restée là. Mes poussées intérieures m'ont conduite encore plus loin. Ce fut l'enseignement aux adultes, l'ouverture de mon école de formation de psychothérapeutes, mes premières conférences au Québec, mes premières interventions à l'étranger, et j'en passe. Chaque nouveau défi me replongeait dans la peur et l'insécurité quand ce n'était pas la panique. Chaque fois, j'ai fait un premier pas, puis un deuxième pour en arriver à dépasser ces émotions inconfortables, à suivre ma route et à me réaliser chaque jour davantage.

Fort heureusement, la peur ne fut pas ma seule compagne sur ce chemin parfois fleuri, souvent escarpé. J'ai profité de trois ressources importantes qui m'ont aidée à me réaliser et qui m'aident toujours d'ailleurs. Ces ressources sont :

· le besoin et les ressources;
· la vision juste de la réalité ;
· l'effort.

Le besoin et les ressources

Les émotions de peur et d'insécurité nous empêchent trop souvent d'agir. Plutôt que d'élargir notre champ d'action, nous restons sur place. Pourtant les possibilités d'agrandissement de notre zone de confort sont illimitées. C'est nous qui les limitons en faisant, à l'intérieur de nous-même, plus de place à la peur qu'aux besoins. Pour aider ses enfants et ses élèves à agrandir leur champ de réalisation, l'éducateur a avantage à leur apprendre à identifier leurs besoins, ce qui n'est pas toujours facile, particulièrement quand la peur envahit toute la place. Voyons comment il peut y arriver avec les éduqués, spécialement quand ces derniers sont adultes. L'enfant est souvent plus téméraire parce qu'il n'a pas accumulé suffisamment d'expériences liées aux échecs.

Luce travaillait depuis plus de 10 ans dans une compagnie de fabrication de vêtements pour dames à titre de secrétaire. Son travail était devenu routinier. Par manque de confiance en elle-même, elle s'était refusée toute possibilité de changement. Sur le plan professionnel, elle maintenait une zone de confort très étroite. Ainsi, elle était toujours en sécurité. Cependant, un problème se posait quand même pour elle. Elle décida d'en parler lors d'un cours que j'animais à Montréal. Elle connaissait tous les rouages de sa tâche et elle traversait ses journées comme une automate, sans passion, sans âme. Elle s'ennuyait à mourir dans ce lieu qu'elle qualifiait de sinistre et froid.

J'ai rapidement vu que cette femme était prisonnière d'un champ d'action trop étroit parce qu'elle cherchait à se maintenir dans une zone de confort qui la protégeait contre toute insécurité. Elle n'arrivait pas à dépasser les limites de cette zone qu'elle s'était créée elle-même, pour ne pas souffrir. Malgré tout, elle payait sa stagnation par une autre forme de souffrance. Elle était en effet habitée par un sentiment d'ennui de plus en plus insupportable, par l'entretien d'une image négative d'elle-même et par une insatisfaction profonde. Elle ne pouvait trouver la passion de vivre et sortir de la morosité des jours qu'en élargissant sa zone de confort par le passage à l'action. Pour ce faire, il lui fallait identifier clairement sa peur et son besoin. C'est là que se trouve le travail d'un bon éducateur, en particulier celui des parents. Avec mon aide, elle découvrit qu'elle avait très **peur** de ne pas avoir les ressources nécessaires pour accéder à un poste plus stimulant. Elle doutait de ses potentialités. Par contre, elle éprouvait un **besoin** pressant de passion dans son travail. Elle voulait se sentir vivante et animée.

221

**N'écouter que les émotions désa-
gréables sans toucher le besoin et
les ressources, c'est risquer d'entretenir la stagnation et de maintenir
une personne dans la routine d'une
vie sans joie jusqu'à sa retraite.
C'est le besoin qui pousse à passer à
l'action. C'est à lui surtout qu'il faut
s'accrocher pour avancer.**

Luce avait donc le choix entre deux possibilités :

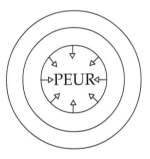

Champ de réalisation fermé
à l'agrandissement parce que
la personne est limitée par la peur

Champ de réalisation ouvert
à l'agrandissement parce que
la personne est stimulée par le besoin

Depuis des années, Luce avait agi dans le sens du graphique du haut, ce qui avait rendu sa vie professionnelle terne et sans intérêt. Elle avait fermé la porte à toutes les possibilités de réalisation représentées par les cercles extérieurs. Elle était prisonnière de sa peur. En mettant l'accent sur son besoin et ses ressources, sans nier ses émotions désagréables, elle pouvait se donner accès à une plus grande liberté d'action et à une plus grande motivation et ce, parce que le besoin bien identifié peut permettre à une personne de déterminer ses objectifs d'évolution et ses moyens d'action. Si Luce en était restée à la peur, elle aurait croupi sur place. C'est son besoin de motivation et la conscience de ses ressources qui l'ont fait évoluer et l'ont libérée de ses chaînes. C'est eux qui l'ont amenée à accepter le changement, à affronter des défis, à composer avec l'inconnu.

Le besoin est au cœur de la réalisation de soi. Dans le schéma qui suit, il est le fléau de la balance sur lequel repose deux plateaux dont l'un porte les émotions désagréables et l'autre, les ressources.

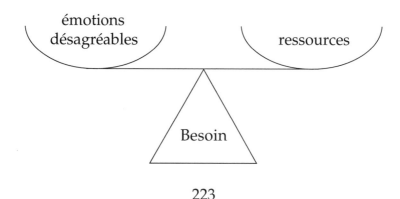

Devant le rêve, le changement ou l'obstacle quand les peurs, l'insécurité, le doute, l'impuissance, le sentiment d'infériorité envahissent une personne, elle est complètement déstabilisée et absolument incapable d'avancer sur le chemin de sa réalisation.

Pour élargir son champ de confort, sans nier ses émotions désagréables, elle doit prendre conscience de ses besoins et de ses ressources et composer avec ces trois réalités (peurs, besoins, ressources) si elle veut se réaliser.

Une fois le besoin et les ressources de l'éduqué bien identifiées, il est fondamental que l'éducateur l'aide à choisir ses objectifs et ses moyens d'action en tenant compte de la réalité. Bien qu'elle le souhaitait, Luce ne pouvait, dans l'immédiat, demander un transfert à New York parce qu'elle ne maîtrisait pas l'anglais.

La vision juste de la réalité

J'ai vu de nombreux jeunes et des adultes qui, voulant se réaliser, se fixaient des objectifs irréalisables compte tenu de leur réalité. J'ai vu un jeune qui voulait à tout prix devenir médecin alors qu'il avait toujours détesté les sciences et qu'il n'avait jamais réussi dans ces matières, un autre qui admirait les vedettes de la chanson américaine et voulait devenir chanteur international, or il n'avait pas de voix et n'entendait pas consacrer du temps pour la cultiver.

Luce, pour sa part, souhaitait être plus intéressée par son travail. Elle voulait se sentir stimulée et ne plus se sentir croupir dans la routine. Avoir une vision juste de la réalité, c'était d'abord lui faire voir quelles étaient ses ressources réelles mais aussi ses limites. Par son sentiment d'infériorité, elle avait tendance à déprécier ses forces, se dévaloriser considérablement, ce qui est une autre façon de déformer la réalité. Elle a mis du temps à voir comme des ressources son sens de l'effort et du travail, sa ponctualité, son sens de l'organisation et de la méthode, son souci du travail bien fait, son accueil chaleureux, sa disponibilité, son talent pour créer des relations humaines harmonieuses et stimulantes. Par contre, elle n'eut pas de mal à énumérer ses limites. Elle savait qu'elle n'était pas très efficace à l'ordinateur, qu'elle ne parlait pas l'anglais, qu'elle manquait d'initiative et qu'elle ne s'affirmait pas suffisamment, ce qui l'empêchait d'occuper la place qui lui revenait.

Consciente de sa réalité, Luce pouvait maintenant choisir des moyens réalistes pour passer à l'action de façon à satisfaire ses besoins au travail. Cette vision de sa réalité lui permit de reconnaître qu'elle avait les ressources nécessaires pour accomplir un travail de réceptionniste, ce qu'elle souhaitait depuis longtemps. Il lui fallait maintenant trouver les moyens pour accéder à un tel poste. Elle savait que pour atteindre son but, elle devait faire des demandes d'emploi écrites, assurer un suivi téléphonique et même se présenter pour les entrevues. Habitée par l'insécurité et par le peur d'être ridiculisée et rejetée, elle faillit reculer devant ces obstacles.

Encore ici, l'éducateur a un rôle à jouer. Il doit constamment renouveler l'expression de sa foi dans les capacités de l'éduqué, il doit lui redire authentiquement sa confiance en lui et lui rappeler le besoin qui le motive ainsi que les ressources personnelles qui ne demandent qu'à être exploitées pour qu'il puisse se réaliser. Il doit aussi l'encourager à faire l'effort nécessaire sans lequel il ne pourra élargir son champ d'action ni connaître la liberté de celui qui va toujours plus loin.

L'*effort*

Si le besoin est le moteur de l'action, l'effort en est la clé sans laquelle il est impossible de démarrer.

On ne peut pas sortir d'une zone de confort étroite et limitative sans effort comme je le démontrerai plus loin. Ceux qui croient y arriver comme par magie ne rencontrent que déception et désillusion.

Il m'a toujours fallu déployer de grands efforts pour me réaliser. Les passages à l'action n'ont pas toujours été faciles, loin de là. Si je n'avais pas eu le sens de l'engagement, j'aurais fréquemment abandonné mes objectifs. Quand j'ai préparé la première conférence que j'ai donnée au restaurant le Commensal en 1987, j'étais souvent envahie par l'angoisse et j'ai lutté pour ne pas céder à l'envie de me désister. Quinze minutes avant de commencer à parler, j'ai connu un moment de panique.

J'avais pourtant préparé des dizaines de feuilles pour me sécuriser sur lesquelles j'avais tout écrit ce que j'allais dire. Heureusement, j'étais cachée derrière un majestueux lutrin en bois massif duquel n'émergeait que ma tête. Ce lutrin m'était indispensable à l'époque, non seulement pour soutenir mon texte mais pour camoufler mes jambes qui tremblaient. J'avais peur, très peur de l'échec, peur aussi de l'humiliation. Je manquais alors de confiance pour dénoncer ouvertement mon agitation interne, ce qui m'aurait instantanément libérée.

Aujourd'hui, quand je donne une conférence, je n'ai plus besoin de texte ni de lutrin. Je suis plus spontanée et beaucoup plus libre parce que cette activité fait partie de ma zone de confort. Mon champ de réalisation s'est considérablement agrandi depuis lors parce que j'ai multiplié les nouvelles expériences et les nouveaux défis. Je sais que je le ferai tant et aussi longtemps que je vivrai même si, quand j'affronte l'inconnu, j'ai peur et je vis de l'insécurité. Les bienfaits que j'en retire sont trop nombreux pour abandonner. Je me sens de plus en plus libre, de plus en plus vivante, de plus en plus confiante en moi-même et de plus en plus satisfaite, donc de plus en plus heureuse.

À chaque être humain correspond sa zone de confort psychique. Nous avons d'ailleurs tous besoin de plages de repos dans nos vies pour assurer notre équilibre physique et psychique. Chaque étape de réalisation demande un effort et beaucoup d'énergie. Il est donc important de savoir s'arrêter pour savourer ses succès, intérioriser ses réussites et écouter sa voie intérieure. Mais il est aussi essentiel que ces repos ne se prolongent pas trop longtemps si on veut rester motivé, vivant, passionné et si on veut se réaliser en exploitant ses potentialités. Pour ce faire, je vous propose l'exercice suivant.

Cherchez ce qui, dans votre vie pourrait vous permettre d'élargir votre zone de confort : demander une promotion, aller davantage vers les autres, donner un rendez-vous à quelqu'un que vous aimez, devenir infirmière ou avocat ou entrepreneur, vous lancer dans les affaires, téléphoner à votre mère ... Il peut s'agir de petits projets comme de grands.

....

....

Après avoir trouvé un objectif, essayez d'identifier les peurs qui vous arrêtent. N'essayez pas de nier ces peurs. Accueillez-les parce que c'est par elles que vous avancerez. Si vous les négligez, elles vous domineront et empêcheront votre réalisation.

....

....

Il est essentiel que vous preniez le temps de bien préciser vos besoins.(besoin de motivation, besoin de paix intérieure, besoin d'harmonie, besoin d'amour, besoin de liberté, besoin de créativité, besoin d'affirmation, besoin d'être fier de vous-même...)

....

....

Prenez le temps maintenant de faire la liste de vos ressources, de vos potentialités, de vos talents.

....

....

Vous êtes maintenant arrivé au moment le plus important de l'exercice, celui du passage à l'action. Quels moyens comptez-vous prendre pour atteindre cet objectif?

....

....

*Vous êtes prêt à agir. Gardez bien le cap sur vos besoins et vos ressources sans occulter vos émotions désagréables et vos limites. **Acceptez de devoir faire un effort pour passer à l'action.** Faites-le , vous en êtes capable. Allez-y dès maintenant. Vous serez fiers de vous.*

L'éducateur averti est conscient de ces réalités qu'implique le passage à l'action. Aussi tente-t-il d'abord de les intégrer à sa vie. Il est essentiel qu'il élargisse sa propre zone de confort. Un moyen simple et efficace d'y arriver est, une fois par semaine, de prendre un risque, d'affronter un défi ou de tenter un changement. C'est la meilleure façon d'apprendre aux éduqués à être de plus en plus libres et de les aider à se réaliser. Il y arrivera avec plus de succès s'il réussit à développer chez eux le sens des responsabilités.

Le sens des responsabilités

Étant l'aînée d'une famille de sept enfants et ayant grandi sur une ferme, j'ai été éduquée très jeune au sens des responsabilités. Bien que je n'aie pas toujours trouvé agréable d'assumer les tâches imposées par ma mère, je n'en suis pas moins très heureuse aujourd'hui d'avoir intégré dans ma vie cette valeur qui, sans contredit, me permet de me réaliser. Parfois, j'aurais aimé m'amuser plutôt que de préparer les repas, laver la vaisselle, faire le ménage, aller chercher du bois dans la remise pour alimenter le feu, aider mon père à la traite des vaches, sarcler le jardin, tondre la pelouse, faire la cuisine aux employés à la cabane à sucre au printemps, racler les feuilles mortes à l'automne ou encore faire du baby-sitting auprès de mes frères et sœurs. À l'époque, j'étais loin d'être consciente que ma mère, par son éducation, me donnait une clé indispensable pour me réaliser. Grâce à elle, j'ai reçu un outil important pour passer à l'action.

Je ne peux nier que, comme aînée et compte tenu des exigences de mes parents, j'ai parfois exagéré et assumé trop de charges pour mes capacités. Mais j'avoue préférer devoir me délester de l'excédant plutôt que d'apprendre aujourd'hui à développer cette qualité nécessaire à l'accom-

> plissement personnel et professionnel de tout être
> humain. J'ai vu tant de personnes frustrées parce
> qu'elles n'avaient pas intégré cette aptitude ines-
> timable.

Éduquer un enfant pour qu'il puisse se réaliser pleinement, c'est forcément lui inculquer le sens des responsabilités. Aussi, dans cette partie du chapitre, vais-je d'abord
dire ce que signifie cette expression pour ensuite voir ce
qui caractérise les personnes qui l'ont intégré par comparaison avec celles qui n'ont pas profité de cet avantage au
cours de leur éducation. Je terminerai en donnant aux éducateurs des pistes importantes pour apprendre aux enfants
à développer leur propre sens des responsabilités.

Signification de l'expression « avoir le sens des responsa-bilités »

> **Avoir le sens des responsabilités,
> c'est être en mesure de prendre un
> engagement envers quelqu'un, de le
> respecter en agissant avec fiabilité
> de façon à lui inspirer confiance.**

Lorsqu'un éducateur n'a pas intégré lui-même le sens
des responsabilités, au sens défini ici, il ne peut d'aucune
façon le communiquer aux enfants. Il est essentiel qu'il assume lui-même ses responsabilités dans la tâche qui lui
revient, sans quoi ses paroles n'auront aucune portée et il
attendra des éduqués ce qu'il est incapable de donner lui-
même. Il suscitera en eux un sentiment d'insécurité qui rendra la relation très désagréable, voire souffrante.

Il est fondamental pour moi, à l'embauche du personnel de mes deux écoles de formation, le CRAM^MD et l'EIF, de choisir des personnes qui ont intégré cette qualité indispensable à tout bon formateur. Je travaille dans un climat de très grande sécurité parce que je sais que chacun respectera ses engagements, chacun accomplira sa tâche avec conscience professionnelle et chacun se montrera fiable. Je n'ai aucune inquiétude en ce sens et suis en parfaite confiance. Je ne peux dire toute la reconnaissance que je ressens envers les guides psychopédagogiques, les superviseurs, les régulateurs, les animateurs et les directeurs des écoles que j'ai créées en collaboration avec mon mari, François Lavigne. Je suis consciente qu'ils contribuent à assurer la qualité de la formation; en plus de se révéler de bons formateurs, ils sont avant tout d'excellents éducateurs sans qui nos écoles n'auraient pas acquis leur renommée actuelle. À toutes ces personnes et à tous les autres collaborateurs, je veux souhaiter que la vie leur apporte autant que ce qu'ils ont donné. Où qu'ils aillent, quoi qu'ils fassent, je sais qu'ils offriront le meilleur d'eux-mêmes. Ce qu'ils sont appris et reçu au Centre de Relation d'Aide de Montréal par le biais de la formation dispensée, ils ont su, pour la plupart, le transmettre généreusement. Leur sens des responsabilités, de même que leur compétence font d'eux des ressources importantes de notre société. Ils contribueront, à leur façon, à éduquer leurs enfants, leurs élèves et leurs clients de façon à ce qu'ils puissent, comme eux, se réaliser en développant leur sens des responsabilités. Cette démarche d'éducation est essentielle si nous voulons créer un monde où les jeunes n'auront pas à subir les conséquences d'une éducation fondée sur le laxisme et le laisser-faire.

Conséquences d'une éducation fondée sur le laxisme

Lorsque les enfants ne sont pas initiés à développer le sens des responsabilités parce que leurs éducateurs sont partisans du laisser-faire et habités par le désir de ne pas les brimer ou qu'ils n'ont pas le courage de faire respecter leurs exigences, les conséquences sont lourdes à porter pour eux. Très souvent les effets d'un tel manque se répercutent sur toute leur vie.

Ces enfants sont malheureux parce qu'ils n'atteignent pas les résultats qu'ils recherchent. Ils sont frustrés parce qu'ils ne sont pas outillés pour réaliser leurs rêves. De plus, ils sont habités par une profonde déception d'eux-mêmes et manifestent un manque de confiance en leurs ressources parce que non exploitées. Ils deviennent des êtres souvent désabusés, parfois dépressifs, des êtres sans estime de soi parce qu'ils n'ont pas le courage de passer à l'action pour se réaliser. Aussi, choisissent-ils la facilité, ce qui fait d'eux des personnes profondément insatisfaites.

La difficulté pour ces éduqués, c'est qu'ils n'ont pas appris la valeur du travail et de l'effort. N'ayant pas développé leur volonté, ils ne savent pas se discipliner. C'est pourquoi ils ont du mal à respecter leurs engagements, à mener à terme ce qu'ils entreprennent et, conséquemment, à inspirer confiance. Leur besoin d'être reconnu et aimé n'étant pas satisfait à cause de leur manque de crédibilité, ils cherchent alors à le satisfaire par des moyens négatifs et destructeurs.

Dans le Québec des années 60, pour émerger d'une période de domination, de sévérité excessive et d'autoritarisme, beaucoup d'éducateurs ont opté pour une tolérance laxiste en éducation pour respecter les besoins de l'enfant, ne pas brimer sa spontanéité ou ses élans créateurs et ne pas annihiler sa différence. Nous sommes passés d'un excès à l'autre, ce qui, dans bien des cas, a entraîné des conséquences importantes en éducation.

La créativité et la discipline ne sont pas incompatibles, bien au contraire. Si je ne savais pas me discipliner, je ne pourrais jamais rendre à terme le présent ouvrage. La liberté et l'engagement ne sont pas non plus des éléments contradictoires puisque c'est par le dernier qu'on atteint le premier. L'effort et le plaisir ne sont pas inconciliables. En effet, n'y a-t-il pas un grand plaisir à déployer la volonté et l'effort nécessaires pour réaliser ses rêves ?

Éduquer au sens des responsabilités, c'est savoir concilier ces valeurs et non les opposer. C'est faire connaître la satisfaction du travail accompli, les bienfaits de la détermination et de la persévérance. C'est enseigner à concilier la souplesse et la structure, la connaissance et l'expérience, la discipline et le plaisir de façon à laisser aux enfants un héritage qui les rende heureux.

Conséquence d'une éducation fondée sur le sens des responsabilités

Lorsque les enfants ont appris à se discipliner, à s'organiser, à se structurer, à respecter leurs engagements, lorsqu'ils ont expérimenté les gains rattachés au sens de l'effort et du travail, ils éprouvent beaucoup de satisfaction parce que ces qualités leur permettent de devenir libres et autonomes, de cultiver la confiance et l'amour d'eux-mêmes et de réaliser leurs rêves.

> **J'insiste sur l'importance des rêves comme facteurs de réalisation personnelle. Le rêve dont je parle ici n'est pas celui qu'on entretient pour fuir la réalité. Ce type de rêve est plutôt destructeur parce qu'il empêche l'éduqué de faire face aux obstacles sur le chemin de sa réalisation. Quand je parle de réaliser ses rêves, je parle de ces projets réalistes qui nous poussent à nous dépasser, qui nous stimulent, nous animent, nous rendent vivants et heureux, nous entraînent toujours plus haut, toujours plus loin.**

Le rêve réaliste, celui qui vient d'une poussée intérieure, est toujours fait pour être concrétisé. Il nous fait avancer, évoluer à condition qu'on trouve les moyens pour l'actualiser. C'est ici que le sens des responsabilités est nécessaire car, pour réaliser un projet quel qu'il soit, il faut de l'effort, du travail, de la volonté, de la persévérance et de la discipline. Toutes ces qualités sont à développer en éducation.

Il incombe, en effet, aux parents et aux enseignants d'aider les éduqués à distinguer le rêve utilisé pour fuir la réalité du rêve constructeur, de les former à développer leurs ressources de façon à ce qu'ils soient outillés pour passer à l'action. C'est d'ailleurs parce que j'ai reçu ces merveilleux cadeaux de ma famille que j'ai pu, dans ma vie, réaliser des projets d'envergure et, par le fait même, me réaliser. Le moyen le plus efficace de connaître un sentiment d'accomplissement sur le plan personnel et sur le plan professionnel est d'accomplir une oeuvre qui vienne de l'intérieur. La réalisation d'un rêve qui naît d'une poussée intérieure devient toujours un facteur d'accomplissement de soi-même parce que ce type de rêve est vraiment constructeur.

C'est pourquoi je dis souvent à mes élèves de ne jamais trahir un rêve de ce genre. S'il se manifeste dans le psychisme, c'est qu'il est un moyen que la vie nous offre pour nous réaliser. Ne laissez personne détruire vos rêves, réalisez-les, aussi absurdes semblent-ils au regard extérieur. Ne vous laissez pas arrêter par l'âge. Ne faites pas comme Alain qui, à vingt ans, rêvait de devenir propriétaire d'une entreprise et qui retardait l'échéance du passage à l'action parce qu'il se croyait trop jeune. À cinquante ans, il avait abandonné son projet parce qu'il se disait trop vieux.

L'âge ne doit pas devenir un obstacle à la réalisation d'un rêve réaliste. Il n'est jamais trop tard pour prendre au sérieux vos élans intérieurs même s'ils sont irrationnels. L'important c'est qu'ils s'inscrivent dans la réalité. N'oubliez pas que les rêves qui jaillissent de l'intérieur conviennent forcément à votre

**âge, à vos talents et à vos capacités.
N'oubliez pas non plus que vous en
êtes responsables et que, si vous les
faites taire parce que vous n'y
croyez pas ou que vous ne vous
faites pas confiance, c'est vous-
même que vous négligez. De plus,
vous privez le monde d'une contribution importante.**

Si vous vous donnez les moyens d'actualiser vos projets, vous serez habité par un sentiment d'accomplissement
extraordinaire. De plus, vous serez un éducateur cohérent,
le modèle dont les jeunes ont besoin. Vous serez une personne qu'ils auront envie de suivre parce que vous leur
donnerez le goût de vivre, le courage de passer à l'action et
l'élan nécessaire pour aller toujours plus loin.

Pour vous aider à réaliser vos projets, acceptez d'avoir
besoin des autres. Donnez un sens à votre vie, trouvez-vous
une équipe. Il existe quelque part des personnes dont la
mission consiste à participer à la réalisation de votre rêve.
Ce que vous leur proposerez risque de rejoindre leur propre plan.

Quand j'ai voulu créer, en 1986, une école de
formation à la relation d'aide, j'étais seule avec
mon projet. Quelque temps plus tard, mon mari
s'est joint à moi. Aujourd'hui, plus de trente-cinq
personnes participent directement à la réalisation
de ce rêve. Elles ne sont pas là pour me faire plaisir mais parce que ce travail fait partie de leur propre rêve et de leur cheminement personnel.

Je crois que si je n'avais pas emprunté la voie profonde qui m'habite, je ne serais pas où j'en suis aujourd'hui. Quand j'ai décidé, en 1982, de quitter un travail sécurisant et rémunérateur pour aller faire des études de doctorat en France en compagnie de mon mari – que j'ai mis deux ans à convaincre – et de nos quatre enfants, j'ai franchi tous les obstacles pour y arriver parce que j'étais convaincue que c'était la voie à suivre. Je ne l'ai jamais regretté. Tous les projets que j'ai réalisés dans ma vie m'ont fait grandir et m'ont permis de me réaliser tout en apportant quelque chose aux autres. Je ne les ai pas accomplis sans rencontrer d'obstacles. Je crois que l'éducation au sens des responsabilités nous apprend à aller au bout de nos engagements envers nous-même et envers les autres et à traverser les difficultés sans abandonner nos objectifs.

Quand j'ai réalisé mon projet de former un couple et de fonder une famille, je savais que la route à suivre ne serait pas sans barrières. Si j'avais fui mes responsabilités et si j'avais fui la souffrance chaque fois que j'ai rencontré des obstacles, je ne connaîtrais pas aujourd'hui autant de satisfaction. De toutes mes réalisations, ce dont je suis le plus fière et ce qui me comble le plus, c'est ma relation amoureuse et ma vie familiale.

Le cadeau que nous procure la persévérance sur le plan des engagements est celui de ne pas vivre de frustration ni de regret. Je n'ai jamais sacrifié mes rêves pour ma famille, pas plus que je n'ai sacrifié ma famille pour réaliser mes projets. Si je l'avais fait, je me serais abandonnée moi-même et je n'aurais pas été heureuse. J'ai toujours cherché à conjuguer ma vie personnelle et ma vie professionnelle de façon à ce qu'elles se nourrissent l'une l'autre et qu'elle contribuent à ma réalisation. C'est en créant un couple, une famille, une école que je me suis créée et que j'ai participé à la création du monde. Et c'est grâce aux valeurs que j'ai reçues de mes parents et de certains de mes enseignants, valeurs telles que la discipline, la détermination, la volonté, la ténacité, le sens du travail et de l'effort que j'y suis arrivée. C'est pourquoi aussi je crois à l'importance du sens des responsabilités en éducation. C'est pourquoi je propose ici aux éducateurs des moyens pour donner à tous les éduqués cet outil indispensable à leur réalisation.

Comment éduquer au sens des responsabilités ?

L'éducation au sens des responsabilités doit commencer tôt dans la vie de l'enfant. L'erreur de beaucoup de parents est de croire que leur petit est encore trop jeune et de trop attendre pour lui inculquer cette valeur. Ils attendent qu'il ait déjà pris l'habitude de se faire servir et de recevoir sans avoir appris à donner. La première responsabilité à donner à un enfant est de lui demander de ranger ses jouets. Dès l'âge de trois ans le parent aurait avantage à commencer cet apprentissage. Évidemment, la tâche qu'il donne à l'enfant ne doit pas dépasser ses capacités. Elle doit tenir compte de son âge et de ses forces. Quelle que soit l'exigence choisie, l'éducateur doit s'assurer que son approche en favorise l'accomplissement. Il peut suivre les étapes suivantes quand il confie une tâche à un éduqué.

1. Présenter la tâche à accomplir comme une exigence et non comme une proposition que l'enfant peut accepter ou refuser. Il ne s'agit pas d'être autoritaire et dur, mais plutôt d'être résolu et tendre.

Trop d'éducateurs ont peur de brimer l'enfant s'ils ne lui laissent pas le choix. Ils doivent développer leur discernement et savoir distinguer à quel moment il est bon de laisser la liberté de choix à l'enfant et à quel moment cette liberté lui serait préjudiciable. Ils peuvent lui faire choisir, par exemple, entre deux desserts, entre deux types d'activités, entre deux émissions de télévision bien ciblées mais non pas lui donner le choix de ranger ou non ses jouets ou de faire ou non son lit si c'est la tâche à accomplir.

2. Pendant quelque temps, réaliser la tâche avec l'enfant pour lui apprendre à bien l'accomplir, car exiger avec tendresse et fermeté ne suffit pas. Cette étape doit être progressive. Au début, la participation de l'éducateur est plus grande que celle de l'éduqué et, petit à petit, ce dernier doit apprendre à agir seul sous le regard approbatif de son père ou de sa mère. L'objectif de la démarche est d'amener l'enfant à exécuter la tâche sans la présence de ses éducateurs.

Cette étape est plus ou moins longue à franchir. Tout dépend de l'âge et du rythme de l'enfant. Quoi qu'il en soit, il est essentiel que le parent s'assure que ce dernier est bien concentré sur sa tâche. Il ne doit pas diriger son attention ailleurs tant qu'il n'a pas fini, autrement il dispersera son énergie, ses ressources, ce qui aurait pour effet de nuire considérablement à la réalisation de sa tâche. L'enfant doit apprendre que la concentration est le gage d'efficacité et d'intégration d'une notion, d'une habitude. Ce qui est vrai pour l'éduqué l'est aussi pour l'éducateur qui, afin d'accélérer le processus, doit être lui-même entièrement présent à ce qu'il fait.

3. Laisser à l'enfant la responsabilité d'accomplir seul la tâche quand celle-ci est intégrée, sinon il se fiera à ses parents pour la faire à sa place ou perdra la confiance en lui-même.

Pour aller plus vite ou parce que l'enfant se plaint, pleure ou ne veut pas accomplir son travail, pour éviter des problèmes à court terme et par manque de courage de s'affirmer, souvent l'éducateur exécute la tâche assignée à l'enfant. Cette pratique est néfaste pour l'enfant qui n'intègre pas le sens des responsabilités. Il apprend à dépendre de ses parents en utilisant un moyen qui lui permet d'obtenir ce qu'il veut. Il n'acquiert pas son autonomie. L'éducateur doit être vigilant pour ne pas se laisser gagner par la culpabilité que les éduqués savent très bien provoquer pour arriver à leurs fins.

4. Assurer la continuité dans les exigences sans quoi il n'y a pas d'intégration possible du sens des responsabilités. Sans cette persistance, l'apprentissage est toujours à recommencer.

Si vous voulez apprendre à votre enfant à ranger ses jouets et lui inculquer cette responsabilité, vous ne devez jamais laisser tomber une exigence. Si vous le faites, il défiera votre autorité chaque fois que vous renouvellerez votre demande. Apprendre à un éduqué à intégrer le sens des responsabilités est très exigeant pour un éducateur. Il doit se discipliner lui-même pour y arriver. Quand il exige un jour que son enfant accomplisse une tâche et que, le lendemain, il l'effectue à sa place ou qu'il relâche les contraintes pour toutes sortes de raisons, le petit contestera chaque fois que son père ou sa mère lui en referont la demande, ce qui rendra le travail d'éducation beaucoup plus difficile, éprouvant et épuisant. Quand on assure la continuité des exigences, l'éduqué assume ses responsabilités sans contester. Il suffit d'avoir le courage de ne pas céder au moment de l'apprentissage pour en récolter le fruit : des enfants autonomes et libres.

5. Établir des conséquences claires et les appliquer chaque fois que l'enfant remet sa tâche en question ou néglige de l'accomplir.

J'insiste sur l'importance d'assumer les conséquences d'un acte en éducation. La conséquence n'est pas une punition ni un moyen de vengeance de la part des parents. Elle est un outil éducatif important et sain parce qu'elle apprend très tôt à l'éduqué les règles de la vie. Les choix que nous faisons entraînent presque toujours des conséquences agréables ou désagréables. La conséquence que connaît celui qui ment est de perdre la confiance des autres. La conséquence pour celui qui rejette est qu'il est, la plupart du temps, rejeté à son tour. Celui qui choisit de brûler les feux rouges de la circulation risque de provoquer des accidents ou de se voir imposer des contraventions. En l'absence de conséquences, certains enfants passeraient outre aux règles et, plus tard, ils n'en tiendraient pas compte davantage dans la société.

Pour que cette dynamique fonctionne et qu'elle soit bénéfique tant pour l'éducateur que pour l'éduqué, il est essentiel que la tâche exigée soit à la mesure des capacités de l'enfant et que le parent respecte toutes les étapes pré-sentées ici. Il doit respecter l'éduqué dans son approche éducative sans quoi, un jour ou l'autre, il perdra le res-pect de ceux à qui il veut inculquer le sens des responsa-bilités.

Établir des conséquences est très formateur dans la plupart des cas à condition de les faire respecter. Si, par exemple, vous voulez apprendre la ponctualité à votre en-fant de dix ans et qu'il ne rentre pas à l'heure prévue, lors de son premier retard, vous lui rappelez votre de-mande que vous précisez avec douceur mais fermeté. S'il n'a pas compris l'importance de cette exigence et qu'il ne respecte pas une deuxième fois l'heure fixée pour le retour à la maison, il est important que vous ne tombiez pas dans le piège du parent qui parle, accuse, reproche sans cesse et n'agit pas. Dans ce cas, vous devez ajouter une conséquence à la demande renouvelée. Vous pou-vez, par exemple, dire à votre fils ou à votre fille que s'il n'arrive pas à l'heure la prochaine fois, il ne sortira pas le jour suivant.

Alors, le plus difficile reste à faire. Si vous ne respec-tez pas votre propre parole et si vous n'exigez pas qu'il reste à la maison le jour suivant, il ne respectera plus vos demandes qui se perdront dans la vague de tout ce qu'on attend de lui. Je vous assure, par contre, que si vous agis-sez dans le sens de ce que vous avez dit et si vous appli-quez la conséquence prévue, il saura que, quand vous parlez, quand vous exprimez une exigence ou que vous établirez d'autres conséquences précises et appropriées, vous êtes sérieux et alors il vous respectera. Il intégrera ainsi des valeurs telles que le sens de la parole donnée, le respect, l'effort et il deviendra un adulte fiable qui inspi-rera confiance et respect.

6. Assurer à l'éduqué une présence chaleureuse, une présence attentive, une présence ferme et ce, tant et aussi longtemps qu'il n'a pas intégré à sa vie la responsabilité enseignée.

Si vous voulez que votre enfant intègre bien le fait qu'il doit faire ses devoirs et étudier ses leçons chaque jour, vous devez d'abord fixer avec lui une heure précise pour le faire. Si vous changez l'heure des devoirs chaque jour, il n'aura pas de points de repère et vous aurez toujours à lui rappeler qu'il doit étudier. Cette pratique est très importante en éducation. Il en est de même pour l'heure du coucher. L'enfant qui ne se couche jamais à la même heure, négocie chaque soir l'heure du dodo, se plaint que ses parents sont plus sévères que ceux de ses copains, demande d'écouter une émission de télévision et trouve tous les moyens pour retarder le moment d'aller au lit. Les temps précis fixés par les parents sont des balises essentielles pour les enfants sans lesquelles ils se perdent dans l'insécurité du « n'importe quand » et du « n'importe quoi ». Ils n'arrivent jamais à intégrer une responsabilité dans un tel contexte éducatif. Ils deviennent insatisfaits, grognons, insolents et irrespectueux. C'est le cas des enfants qui manquent d'encadrement et de discipline. Paradoxalement, la structure donne de la liberté en éducation précisément parce qu'elle sécurise. Cependant, sa mise en place est très exigeante pour l'éducateur. Tant que l'enfant n'a pas intégré la responsabilité en cause, le parent doit être présent tous les jours ou s'assurer, quand il est absent, qu'il est remplacé par une personne en qui il a confiance et qui va continuer ce qu'il a commencé, c'est-à-dire qui va, par exemple, respecter l'heure des devoirs et l'heure d'aller au lit.

On voit ici que pour être un bon éducateur il faut avoir intégré soi-même ce qu'on veut apprendre aux éduqués.

244

Quand j'ai élevé mes enfants, j'ai presque toujours assuré cette présence assidue. Quand je ne le faisais pas, j'en subissais moi-même les conséquences par le comportement de mes enfants. Cette présence et cette continuité sont essentielles au cours des premières années de la vie d'un enfant comme à l'adolescence. Si ces conditions sont bien respectées, les parents en obtiennent une récompense unique : celle de voir leurs jeunes traverser cette période de leur vie sans problèmes majeurs à condition, bien sûr, qu'ils n'aient jamais cessé de communiquer avec eux.

7. Quand l'enfant a bien intégré la discipline imposée, vérifier de temps en temps où il en est dans sa démarche. Il ne s'agit pas de surveiller, de contrôler ni de signaler les erreurs pour blâmer et accuser, mais d'assurer une présence active et de participer au cheminement de l'enfant.

Une présence active est importante parce que l'enfant ne se sent pas seul dans sa démarche. Il est accompagné, suivi, remis sur la bonne piste s'il a fait des erreurs. Il se sent alors plus important parce qu'on lui consacre du temps. Je tiens toutefois à mettre ici les parents en garde contre le piège de la performance. Vous ne devez pas être présents pour exiger la perfection, mais pour dire votre amour ce qui le rendra heureux.

8. Valoriser l'enfant pour permettre au processus éducatif de se poursuivre. L'enfant a constamment besoin d'être félicité pour ses progrès. Il a besoin que ses efforts soient vus par ses éducateurs et que ces derniers le manifestent verbalement ou non.

Comme je l'ai expliqué au chapitre précédent, la reconnaissance et la valorisation sont essentielles en éducation. L'enfant qu'on ne voit qu'en cas d'échec ou d'erreur n'apprend pas à s'aimer tel qu'il est et croit que, pour être aimé, il doit absolument être parfait. Aussi a-t-il besoin de sentir qu'il est accepté tel qu'il est. L'éducateur a avantage à éviter des attitudes extrêmes qui consistent à ne voir que le négatif ou que le positif chez l'éduqué. Il est fondamental qu'il soit honnête et que ses marques de valorisation correspondent à la réalité. Il ne s'agit pas de s'obliger à la valorisation, encore moins de féliciter parce qu'il le faut et parce qu'on le recommande dans les livres. La valorisation doit être adéquate et refléter fidèlement la réalité. De cette façon, l'enfant apprendra à développer une vision exacte de lui-même et, conséquemment, à aborder la vie avec ce qu'il est vraiment plutôt qu'avec ce qu'il croit être. D'une part, s'il pense sans justification, qu'il ne vaut pas grand chose parce qu'il a été souvent dévalorisé, il ne saura pas utiliser ses ressources pour avancer et sera un être malheureusement sous utilisé dont la fausse vision de lui-même agira comme moteur de sa vie. D'autre part, s'il se croit un être exceptionnel parce qu'il a été survalorisé, sa rencontre avec la réalité par le biais de ses relations avec les autres, risque de le plonger dans la souffrance du rejet ou de l'échec.

Développer une vision exacte de nos enfants et de nos élèves exige de commencer par la développer pour nous-mêmes par l'auto-observation et par l'acceptation profonde de nos forces, de nos faiblesses et de nos limites.

9. Ne pas multiplier les exigences : l'intégration du sens des responsabilités se fait progressivement. Quand on est en présence d'un enfant qui n'a pas appris à se discipliner, à respecter ses engagements envers lui-même ou envers les autres, à développer sa volonté, ne pas chercher à rattraper le temps perdu. Ne pas utiliser

comme prétexte que le jeune devrait être plus avancé qu'il ne l'est, étant donné son âge.

En éducation il est souhaitable, pour obtenir de meilleurs résultats, de ne pas considérer les éduqués comme des êtres produits à partir d'un modèle défini par des connaissances théoriques. Il est de beaucoup préférable de les prendre là où ils sont et d'aborder chaque enfant comme un être unique sans le comparer aux autres. Qu'on ne se méprenne pas. Je ne dis pas que les connaissances sont inutiles; cependant quand elles servent à étiqueter un enfant, à le comparer, à le classer comme on le fait avec les œufs, elles deviennent des facteurs de dévalorisation plutôt que des facteurs d'éducation. Quel que soit son âge, l'éduqué doit suivre, une à une, les étapes de son cheminement. Si on exige trop de lui, il se découragera et abandonnera. Par contre, si on commence par une exigence simple et réaliste et qu'on fait un travail assidu, chaleureux auprès de lui, il sera, au contraire, encouragé à apprendre davantage.

10. Voir à ce que l'éduqué respecte ses engagements envers lui-même, l'éducateur et les autres permet la poursuite de l'éducation au sens des responsabilités.

Si, par exemple, votre enfant veut s'inscrire à un cours de guitare, il ne doit pas lâcher à la première difficulté. Pour éviter ce problème et pour éviter de le forcer à poursuivre une activité qui ne lui convient pas du tout, voici ce qu'il faut faire. Avant de l'inscrire, fixez avec lui une exigence en termes de temps. Vous pouvez accepter de lui offrir ces cours à condition, par exemple, qu'il les suive assidûment et qu'il soit fidèle aux exercices exigés pendant une période d'au moins six mois ou d'un an. Ne rapprochez pas trop l'échéance parce que le jeune n'aura pas le temps de s'investir suffisamment pour savoir s'il est vraiment intéressé à cette activité. Si vous ne déterminez pas les conditions, il passera d'une activité à l'autre, abandonnera à la moindre difficulté et n'apprendra jamais à aller au bout de ce qu'il entreprend. Soyez clair avec lui dès le départ et assurez-vous qu'il a bien compris les conditions de l'entente. Ne le laissez pas s'inscrire à d'autres activités s'il n'a pas respecté ses engagements.

11.   Accepter de travailler sur soi pour intégrer ce qu'on exige de ses enfants ou de ses élèves contribue à sa réussite. Se comporter en bon éducateur, c'est-à-dire s'assumer comme autorité auprès de l'éduqué tout en restant humain, sensible et authentique.

La notion d'autorité mérite qu'on lui donne sa véritable place en éducation. Les excès du passé ont conduit les dernières générations vers un rejet global et sans discernement de l'autorité, ce qui a entraîné des effets négatifs : dans certaines familles et certaines écoles, au nom du respect de l'enfant, on a opté pour une approche trop laxiste en confondant « autorité » et « familiarité ». En effet, certains parents et certains enseignants ont adopté une manière tellement familière de se comporter avec les éduqués que ces derniers, du moins certains d'entre eux, ont confondu les rôles et dans les classes et dans les familles. Pour corriger ces abus, il est fondamental de réhabiliter la notion d'autorité en éducation et de lui donner son véritable sens.

Être une autorité ne signifie pas être autoritaire, encore moins dominer, écraser ou réprimer l'enfant comme ce fut le cas trop souvent dans le passé. Il importe toutefois de ne pas choisir des comportements contrai-

res, de ne pas glisser dans le « laisser-faire » et de trouver le juste milieu. En réalité, l'éducateur n'est pas un ami pour l'enfant. Il est un parent ou un enseignant et il doit assumer son rôle qui est d'éduquer l'enfant, ce qu'il ne pourra jamais faire s'il ne sait se faire respecter.

C'est à lui que revient la tâche d'établir les règles, de poser les exigences et de les faire observer. S'il n'arrive pas à le faire, il créera l'anarchie dans sa classe ou dans sa famille. Il est le chef. La classe et la famille ont besoin d'un maître tout comme l'équipe de football a besoin d'un entraîneur. Si ce dernier n'arrive pas à se faire écouter, les jeunes n'apprendront pas les règles du sport et ne pourront jamais atteindre leurs objectifs.

Enfin, être une autorité s'avère impossible si le parent, l'enseignant ou l'entraîneur n'est pas avant tout une personne sensible qui sait communiquer, se laisser toucher, qui sait valoriser et est capable d'aimer vraiment.

Celui qui encadre sans amour, celui qui ne fait que déterminer les règles est à l'origine d'affects négatifs chez l'enfant. Quand une structure est vide d'affection et de tendresse, le jeune comble les manques de façon compensatoire en s'adonnant à l'alcool ou à la drogue ou il manifeste sa frustration et sa souffrance par l'isolement, le décrochage, la révolte quand ce n'est pas par le suicide. L'éduqué a besoin d'éducateurs équilibrés, capables d'assumer leur autorité et capables d'aimer.

Celui qui aime ses éduqués mais ne les encadre pas est source d'insécurité. Son approche est préjudiciable aux enfants parce qu'il sème en eux des rêves sans leur donner les outils nécessaires pour les réaliser, des outils comme l'autodiscipline, le sens du travail et de l'effort et le respect de ses engagements.

Pour aider nos jeunes à se réaliser, notre société a besoin d'éducateurs qui ont le souci de s'éduquer eux-mêmes en permanence, de ces éducateurs qui sont prêts à se réaliser en cultivant le sens des responsabilités et en développant le discernement.

Le discernement

Pourquoi introduire le discernement comme moyen de réalisation de soi-même ?

Celui qui n'a pas développé le sens du discernement, c'est-à-dire qui ne sait pas, par exemple, distinguer le réel de l'imaginaire, la pensée subjective de la pensée objective, le vécu de l'observation objective, le contenant du contenu, une affirmation d'une interprétation, sa responsabilité de celle des autres dans un conflit, celui-là ne réussit donc pas à faire les bons choix ni à prendre les décisions qui le conduiront vers sa propre réalisation. Il ne réussira pas parce qu'il n'aura pas en main les informations justes. Elles seront brouillées par une vision déformée et soupçonneuse de la réalité. De plus, il risquera de prononcer des paroles ou de poser des gestes préjudiciables à sa crédibilité et à ses relations, des gestes peut-être irréparables.

Distinguer le subjectif de l'objectif

La subjectivité repose sur l'affectivité d'une personne et s'applique à un individu précis et unique. Aborder le monde subjectivement, c'est voir la réalité à travers les lunettes de ses propres besoins, de ses propres désirs et de ses propres émotions.

L'approche subjective n'est pas négative, bien au contraire, mais elle peut le devenir si une personne ne fait pas preuve de discernement. Quand un éducateur communique avec son enfant ou un élève d'une manière purement subjective, il est important qu'il en soit conscient. Autrement, il risque de confondre son vécu, qui est de l'ordre de la subjectivité, et ce qu'il voit ou entend objectivement. Il risquera alors de projeter ses désirs, ses solutions, ses émotions sur l'éduqué, d'interpréter les paroles ou les silences de ce dernier à la lumière de son expérience personnelle de prendre parti ou de le prendre en charge.

Dans une relation, distinguer le subjectif de l'objectif, c'est identifier clairement sa réalité intérieure, c'est-à-dire le langage de son monde à soi, et la distinguer de la réalité extérieure, le monde de l'autre, afin de ne pas les confondre.

Quand un éducateur interprète le vécu de l'autre ou projette le sien sur l'éduqué, il assimile ce dernier à son propre monde plutôt que de respecter sa différence. Ainsi, au lieu de s'adresser à une personne unique, entière, autonome et distincte de lui, il envahit ses frontières psychiques pour le fondre, sans son accord, dans sa propre vérité et dans sa vision personnelle, souvent erronée, des choses.

C'est la forme de domination la plus inconsciente, la plus subtile, la plus répandue et la plus annihilante qui soit. En voici un exemple.

*Confusion entre perceptions
objective et subjective de la réalité*

Émilien est un élève qui se caractérise par une intelligence sensible et très développée. C'est un esthète. Il a beaucoup de difficulté à rester attentif aux explications théoriques de son professeur, aussi se réfugie-t-il très souvent dans son monde imaginaire. Ennuyé (subjectivité) parce que l'adolescent dessine des cœurs sur son cahier d'algèbre depuis quelques minutes (observation objective), son professeur l'interpelle de la façon suivante : « *Je vois que tu n'es pas intéressé à apprendre* (projection). *Tu ne fais aucun effort pour écouter ce que j'explique* (projection) ».

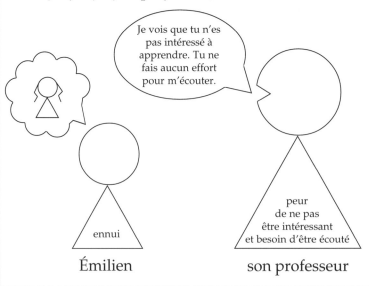

Je vois que tu n'es pas intéressé à apprendre. Tu ne fais aucun effort pour m'écouter.

ennui

Émilien

peur de ne pas être intéressant et besoin d'être écouté

son professeur

En réalité, cet enseignant ne sait pas ce qui se passe dans le monde intérieur d'Émilien. Il ne sait pas qu'il s'ennuie et qu'il pense à une jolie fille blonde qu'il a rencontrée la veille à une soirée entre amis. Sa seule information **objective** est son observation : Émilien dessine des cœurs sur son cahier depuis quelques minutes. En fait, **n'est considéré comme « objectif » dans une relation que ce qui résulte d'informations fidèlement fournies par les sens et particulièrement par la vue et par l'ouïe.** Alors, si ce professeur se limite à ce qu'il voit et entend, il constate qu'Émilien ne le regarde pas, qu'il ne parle pas et qu'il dessine des cœurs (objectivité). Quand il lui dit « *Je vois que tu n'es pas intéressé à apprendre* », il ne s'en tient pas aux observations objectives, il les déforme à partir de son propre vécu. Il rend subjectif ce qui est objectif. Comme il a peur de ne pas être intéressant (subjectivité), il projette sa peur sur son élève et assimile ce dernier à sa vision erronée de la réalité plutôt que d'en rester à ce qu'il observe objectivement. Il décide de ce qui se passe dans la tête d'Émilien à partir de sa réalité intérieure probablement non identifiée. Inconsciemment, il exerce un pouvoir subtil sur l'adolescent en parlant à sa place et il ne fait aucun effort pour l'écouter (autre projection).

Distinction entre points de vue objectif et subjectif

Pour respecter la différence d'Émilien et ne créer ni confusion ni fusion, l'enseignant doit d'abord être conscient de son vécu (subjectivité).

Il doit pouvoir identifier sa peur de ne pas intéresser cet élève et son besoin d'être écouté par lui. Cette première étape lui permettra d'observer objectivement ce qui, dans le comportement d'Émilien, déclenche en lui cette peur et ce besoin. De cette façon, il pourra s'exprimer sans calquer la réalité d'Émilien sur la sienne. Il s'adressera à lui comme à un être unique et distinct dans le respect de ses frontières psychiques. Au lieu d'interpréter et de projeter, il exprimera sa réalité émotionnelle intérieure (subjectivité) et limitera ses paroles à propos de l'adolescent à ce qu'il a observé (objectivité). Il pourra alors lui dire : « *Je vois que depuis quelques minutes, tu ne me regardes pas et que tu fais des dessins sur ton cahier* (objectivité). *J'ai peur de ne pas t'intéresser et j'aimerais beaucoup capter ton attention* (subjectivité).

Dans la deuxième partie de cet exemple, la réalité objective et la réalité subjective ne sont pas confondues, pas plus que les réalités psychiques des deux personnes concernées dans la relation éducative. Cette forme de discernement permet d'éviter les attitudes subtiles de pouvoir et d'assurer la distinction claire entre l'éducateur et l'éduqué. La relation éducative favorise alors l'autonomie et la liberté plutôt que d'entretenir la confusion, la fusion et une insidieuse dépendance psychique.

L'éducateur qui sait discerner le monde subjectif du monde objectif dans sa relation avec l'éduqué pourra également appliquer sa capacité de discernement entre le contenant et le contenu de son approche éducative.

Distinguer le contenant du contenu

En éducation, en quoi consiste le contenant? C'est la règle. En quoi consiste le contenu? C'est le vécu en relation avec cette règle. Si le premier se veut directif, le second doit toujours être non directif. Quand un parent fixe une règle à son enfant, il est important, comme on l'a déjà vu, qu'il le fasse avec fermeté, de façon à ce que l'enfant sache qu'il doit la respecter. Son approche doit être directive. En classe, la règle est généralement la même pour tous les élèves. La date d'échéance de remise des travaux, par exemple, doit être annoncée clairement. Je vois mal un enseignant dire à ses étudiants : « *Vous remettrez vos travaux quand vous voudrez* ». Une date limite est généralement fixée sans quoi ceux qui n'ont pas intégré le sens des responsabilités opteront pour la facilité et choisiront de ne rien faire, malgré leurs bonnes intentions.

D'autre part, il est fondamental que le même enseignant soit non directif quant au contenu, c'est-à-dire qu'il laisse à l'éduqué la possibilité de donner son opinion sur la règle et d'exprimer son vécu, agréable ou désagréable. Le fait d'entendre certaines objections de la part de ce dernier ne signifie pas que l'éducateur doit changer ses exigences. Ne pas confondre le contenant et le contenu permet à l'éducateur d'accueillir pleinement l'opinion ou l'émotion de l'éduqué, de lui donner le droit absolu de l'exprimer, de lui signifier que son point de vue est valable et ce, sans se sentir piégé. Il reste libre parce qu'il sait distinguer la règle du vécu et de la réaction au sujet de cette règle.

Monsieur Gauthier, professeur de lettres au cours collégial, fut très ferme avec ses élèves lorsqu'il fixa la date d'échéance du travail écrit de la session. Il n'accepterait aucun retard. Tout travail remis après la date limite ne serait pas considéré. Son expérience des années précédentes l'amenait à fixer clairement cette exigence et à la faire respecter. Il savait devoir consacrer deux semaines à la correction de ces longs travaux et il ne voulait pas, comme par les années passées, empiéter sur ses vacances pour satisfaire ceux qui attendent toujours la dernière heure pour commencer leur travail.

Quand il donna les consignes à ses étudiants, Sophie, l'éternelle retardataire, réagit spontanément avec agressivité, lui reprochant d'être injuste étant donné que, antérieurement, il avait toujours été souple avec ses élèves, lui disant qu'il était trop exigeant et l'informant même qu'elle ne respecterait pas la date d'échéance. Monsieur Gauthier écouta Sophie sans l'interrompre. Quand elle eut terminé, après un moment de silence, il lui répondit ceci : « *Je constate que tu es en colère et que tu es aussi très déçue et même frustrée par mon exigence. Je t'admire d'avoir eu le courage d'exprimer ton opinion et je comprends très bien que tu puisses être dérangée par ma limite. Mais je crois que tu peux comprendre aussi que je ne veux plus consacrer une partie importante de mes vacances à la correction de travaux comme je l'ai fait jusqu'à maintenant. Je fais confiance à tous mes élèves et je te fais confiance à toi aussi. Je sais que, si tu le veux, tu es en mesure de remettre ce travail à temps d'autant plus que je vous en annonce aujourd'hui le sujet, soit un mois plus tôt que les années passées, ce qui vous donne en réalité deux semaines de plus que mes anciens élèves. Comme tu vois, j'ai vraiment tenu compte de vous sans me pénaliser. C'est pourquoi je maintiens la date d'échéance mais, d'ici là, je reste disponible pour répondre à tes questions et pour t'aider si tu en éprouves le besoin ».*

Généralement, lorsqu'il est écouté sans être jugé, l'éduqué est satisfait parce que, même s'il ne réussit pas à modifier le contenant déterminé par le professeur, ses besoins psychiques fondamentaux sont satisfaits. En effet, il a été entendu, son opinion et son émotion ont été écoutées, on l'a aimé pour ce qu'il est, il a été sécurisé parce que l'éducateur a maintenu une décision réfléchie et il s'est librement exprimé sans peur d'être jugé, critiqué ou rejeté. Ce discernement entre le contenant et le contenu a parfois un effet presque magique en éducation tout comme dans toutes les relations affectives.

L'éduqué, quel que soit son âge, n'a pas besoin que l'éducateur réponde à toutes ses attentes. Cela le rendrait égoïste et impossible à vivre. Son vrai besoin est celui d'avoir le droit et la place d'exprimer ce qu'il vit, ce qu'il pense quand il n'obtient pas ce qu'il veut.

Quand ce besoin est satisfait, les luttes de pouvoir entre l'éduqué et l'autorité s'estompent au profit d'une relation véritable et chaleureuse dans le respect des rôles de chacun. Elles s'estompent d'autant plus si l'éducateur sait ne pas être une girouette qui change ses règles et ses exigences comme un caméléon et sait, après avoir écouté le vécu et les opinions de ses élèves ou de ses enfants, se remettre en question et se rendre compte honnêtement que son exigence est trop rigide, trop sévère. Dans ce cas, rien ne l'empêche de l'ajuster à la situation. Cette démarche ne doit jamais être faite dans le but de fuir ses responsabilités pour se faire aimer des éduqués mais bien parce que les arguments de ces derniers lui ont apporté un nouvel éclairage qu'il n'avait pas envisagé ou encore parce que ces arguments lui ont fait comprendre qu'il avait commis une erreur.

D'autres facettes s'ajoutent encore à la capacité de discernement en éducation. L'une d'elles consiste à distinguer le connu de l'inconnu.

Distinguer le connu de l'inconnu

L'un des indices plus éloquents du manque de discernement en éducation, et ailleurs, est le fait de porter des jugements et d'exposer des arguments a priori sur des sujets qu'on ne connaît pas, qu'on ne connaît que pour en avoir entendu parler ou encore sur des sujets à propos desquels on a une connaissance ou une expérience extrêmement limitées. C'est ainsi que certaines personnes vont critiquer les Français alors qu'ils n'en ont personnellement rencontré qu'un seul et qu'ils n'ont jamais mis les pieds sur la terre de nos ancêtres. C'est ainsi que Jacques, à partir de ses malaises personnels, dénigrait ouvertement la façon dont son patron administrait et dirigeait sa société alors qu'il n'avait aucune connaissance ni aucune expérience de l'administration et de la direction d'une telle société. Que dire de Louise qui jugeait sévèrement la cousine de son mari alors qu'elle ne l'avait jamais vue ? Elle fondait son opinion uniquement sur des « on dit » pour justifier ses affirmations.

Et que dire encore de ce professeur qui citait constamment de belles phrases d'auteurs connus sans vraiment trop les connaître pour impressionner ses élèves et leur prouver, bien inconsciemment, que ses opinions étaient bonnes puisqu'elles étaient confirmées par de grands théoriciens. Cette attitude perverse qui révèle souvent un sentiment d'infériorité non identifié, a pour conséquence de faire paraître l'enseignant comme supérieur et de diminuer la valeur des affirmations des éduqués qui, sans s'en rendre compte, s'effacent dans une admiration béate et destructrice. Celui qui, dans le cadre d'une relation, se sert d'auteurs connus pour appuyer l'expression indirecte et subjective de ses besoins, de ses émotions et de ses opinions, exerce un pouvoir subtil sur les autres, un pouvoir d'autant plus dangereux qu'il a pour effet de subjuguer et d'impressionner. Ce pouvoir a pour conséquences d'annihiler la vigilance des autres qui, éblouis par de belles paroles et par l'étalement de ces brillantes connaissances, réelles ou apparentes, poussées ou superficielles, perdent contact avec leur émotion, oublient leur valeur et perdent complètement la maîtrise de leur vie.

Il faut toujours se méfier des personnes pédantes, comme Trissotin, que Molière décrit si bien dans *Les femmes savantes*, et ne jamais oublier que celui qui sait vraiment et qui a compris le rôle du savoir ne sent pas le besoin d'étaler ses connaissances pour donner plus de poids à ce qu'il dit. Il ne sent pas ce besoin parce qu'elles font partie intégrante de sa personnalité et parce qu'elles émanent de ce qu'il est et de ce qu'il exprime sans nul besoin de recourir aux mots, ces mots qui peuvent berner les autres et contribuer à les dévaloriser.

Combien d'opinions, de jugements sans fondement et de généralisations sont exprimés à tort et à travers parce que ceux qui les énoncent le font sans avoir de réelles connaissances ni de réelles expériences à propos de ce qu'ils disent. Ces pratiques ont comme conséquences, soit de faire du tort, soit de faire perdre, à long terme, la crédibilité de ceux qui les adoptent parce qu'ils ne manifestent pas le discernement qui caractérise les personnes qui savent.

Je pense que l'éducateur devrait cultiver cette forme de discernement qui consiste à distinguer ce qu'il sait de ce qu'il ne sait pas et ce qu'il a expérimenté de ce qu'il n'a pas expérimenté pour éviter de dire n'importe quoi à ses élèves surtout quand ils posent des questions. Un éduqué a toujours plus de respect et d'admiration pour son père, sa mère ou son professeur quand ces derniers savent reconnaître leurs limites. Mieux vaut dire : « *Je ne sais pas, je te répondrai demain* », en réponse à une question que d'exprimer n'importe quoi pour se donner de l'importance ou pour impressionner. On ne peut pas tout savoir ni avoir tout expérimenté. La reconnaissance de nos limites en ce sens est non seulement un signe de discernement mais aussi un gage d'honnêteté envers soi-même et envers les autres. C'est cette honnêteté qui permettra au parent, à l'enseignant et, conséquemment, aux enfants de faire les choix justes dans leur vie et de prendre les décisions les plus adéquates pour orienter leur cheminement dans le sens de l'autocréation et de la création du monde.

Mais si, pour se réaliser pleinement et être heureux, l'éducateur tout comme l'éduqué tirent avantage de l'élargissement de leur champ de confort, de leur capacité de discernement et de leur sens des responsabilités, il leur manquera un autre atout indispensable s'ils ne sont pas constamment à la recherche d'un équilibre dans leur vie.

La recherche d'équilibre

L'une des principales causes des problèmes de santé physique et psychique et des problèmes relationnels est sans contredit le manque d'équilibre personnel. La majeure partie des gens malheureux sont emportés dans des rouages de toutes sortes qui mènent leur vie et les empêchent d'organiser leur temps. Ils appartiennent aux autres et à leur travail, auxquels ils donnent, à leur insu, le pouvoir de déterminer leur emploi du temps. Fatigués, piégés, démotivés, ils cherchent le bonheur en s'enlisant davantage dans un mode de vie où tout, excepté eux-mêmes, est jugé important. Pour voir si vous êtes de ceux-là, donnez-vous enfin suffisamment d'importance et prenez le temps de vous arrêter au moins deux heures pour faire l'exercice qui suit :

1. *Observez votre emploi du temps des trois derniers jours. Faites la liste, pour chaque jour, de tout ce que vous avez fait au cours de ces journées.*

....
....

2. *À côté de chaque activité, indiquez le temps que vous y avez consacré.*

Ex. : préparation du dîner   *30 minutes*
        courses   *45 minutes*
        téléphones   *15 minutes*
        activités avec les enfants   *60 minutes*
        repas   *100 minutes*
        travail   *400 minutes*

....

....

3.   Calculez le nombre total de minutes allouées cha-
     que jour aux activités.

     ....

     ....

4.   Divisez ce total en trois parties : calculez le temps
     que vous avez consacré aux autres, celui que vous
     avez affecté au travail et finalement le temps que
     vous vous êtes donné uniquement à vous. (Faire
     une promenade, recevoir un massage, lire pour
     votre plaisir, aller au cinéma, manger un bon
     repas, méditer, …) Faites le même exercice pour
     chaque jour.

     ....

     ....

5.   Maintenant, calculez le pourcentage du temps
     que vous avez consacré au travail au cours de
     chacune des journées en effectuant l'opération
     suivante :

     a)   prenez le nombre de minutes accordées
     aux activités professionnelles, multipliez par 100
     et divisez par le nombre total de minutes déter-
     miné au point 3;

     b)   effectuez le même calcul pour trouver le
     pourcentage de temps affecté aux autres et fina-
     lement, le pourcentage du temps que vous vous
     êtes réservé.

....

....

6. *Établissez la moyenne des trois jours en additionnant et divisant par 3 les pourcentages du temps consacré au travail. Faites de même pour la moyenne du temps affecté aux autres et à vous même. Constatez les résultats.*

....

....

7. *Reprenez vos listes d'activités et, pour chaque jour, retirez le nombre de minutes où vous avez agi avec plaisir et intérêt et faites-en le pourcentage quotidien. Qu'en pensez-vous ?*

....

....

8. *Finalement, soulignez toutes les activités que vous avez faites pour vous-même.*

....

....

9. *Classez ces activités en quatre catégories : celles qui concernent la dimension corporelle, celles qui concernent la dimension affective. Ajoutez une troisième catégorie pour la dimension intellectuelle et une dernière pour la dimension spirituelle.*

....

....

10. *Quelles observations faites-vous en analysant vos réponses à la question 9 ? Exploitez-vous toutes vos dimensions ? Quelles sont celles que vous négligez ? Quelles en sont les conséquences sur votre vie personnelle et relationnelle ? Quels liens faites-vous entre votre état de santé physique, psychique et relationnel et ces découvertes ?*

....

....

D'une façon générale, la plupart de ceux qui font cet exercice découvrent que, dans leur emploi du temps, il manque un élément fondamental, et cet élément c'est eux-mêmes. Le travail et les autres sont prioritaires et eux, ils n'existent à peu près pas. D'autres, réalisent que le pourcentage de temps qui leur revient dans une journée est satisfaisant. Par contre, ils se rendent compte qu'ils n'exploitent qu'une ou deux dimensions de leur être au détriment des autres, ce qui explique en grande partie, pourquoi ils ne sont pas heureux.

Quelle est la cause de ce déséquilibre ?

L'une des principales sources du manque d'équilibre dans nos vies est l'éducation que nous avons reçue. Encore une fois, je mets en garde le lecteur, il ne faut pas blâmer les éducateurs qui ont probablement donné ce qu'ils avaient reçu en héritage ou, au contraire, ont réagi par opposition. Quoi qu'il en soit, plutôt que de rester dépendants du passé, nous pouvons construire notre avenir en améliorant l'équilibre de nos vies et en éveillant les milieux éducatifs à ce problème sérieux puisqu'il entraîne des conséquences importantes sur la santé physique et psychique de l'éduqué et sur la société. Notre rôle n'est-il pas de former des êtres sains et équilibrés ? Nous ne pourrons y arriver sans travailler à trouver l'équilibre de nos propres vies en exploitant de façon équitable chacune de nos dimensions.

Je n'ai pas toujours mené une vie équilibrée, loin de là. Pendant de nombreuses années, le travail et les autres ont monopolisé toute mon attention jusqu'au jour où mon corps a réagi. Ce jour-là, j'ai dû remettre en question mon mode de vie et y apporter des changements importants.

> **Fort heureusement, la nature recherche toujours l'équilibre. Il suffit de voir comment elle réagit au déséquilibre écologique. Ayant été dominée par l'homme pendant des siècles, elle le force maintenant à agir avec plus de respect envers elle, sans quoi elle menace sa survie. Il en est ainsi de la nature humaine. Elle recherche aussi l'équilibre. Quand nous ne la respectons pas, elle réagit par la maladie physique ou psychique ou par l'avènement de problèmes relationnels qui nous forcent à nous occuper de notre personne et des dimensions négligées.**

Si, par exemple, nous valorisons à l'excès les dimensions intellectuelle, spirituelle et corporelle au détriment de la dimension affective, un événement quelconque interviendra pour nous contraindre à rétablir l'équilibre. Peut-être découvrirons-nous que notre conjoint a un maîtresse ou apprendrons-nous que notre enfant est atteint d'une grave maladie qui met sa vie en danger ou encore devrons-nous nous retrouver sans emploi à cause d'un surplus de personnel. Quelle que soit la situation, elle risque de nous atteindre affectivement et de nous faire souffrir. La dimension oubliée prendra alors toute la place tant et aussi longtemps que nous ne lui aurons pas donné l'importance qui lui revient dans notre vie.

C'est pourquoi il est fondamental, pour aider les éduqués à se réaliser pleinement, de leur apprendre par l'exemple, puis par notre approche éducative, à équilibrer leur vie en consentant à chaque dimension de leur être l'importance nécessaire à la santé et au bonheur, en commençant par la dimension corporelle.

La dimension corporelle

Quand je forme des psychothérapeutes et des spécialistes de la relation d'aide, je travaille en profondeur avec eux tout ce qui touche le monde psychique. Cependant, j'introduis régulièrement des activités d'ordre corporel à l'intérieur des cours. Ces activités, même si elles ne tiennent pas la première place à cause du sujet des cours, revêtent quand même une importance indéniable. Je ne conçois pas qu'un travail sur la vie psychique et affective ne soit pas accompagné d'un travail corporel parce qu'une personne qui s'occupe simultanément de son cœur et de son corps évolue beaucoup plus rapidement.

Mais que veut dire « s'occuper de son corps » et comment faire intervenir le corps en éducation ?

Apprendre à un éduqué à s'occuper de son corps, c'est lui montrer l'importance d'une alimentation saine

**et équilibrée, de l'exercice physique
constant, des moyens de relaxation
et du sommeil réparateur. De plus,
l'aider à s'occuper de son corps,
c'est lui apprendre à l'accepter, à
l'aimer ou à faire ce qu'il faut pour
y arriver ; c'est aussi lui faire prendre conscience de l'importance du
corps dans le cadre d'une relation
sans rendre taboue des réalités
telles que la sensualité et
la sexualité.**

L'alimentation équilibrée

J'ai longtemps négligé mon corps jusqu'au
jour où des problèmes d'ordre physique sans
cause médicale apparente m'ont rendu la vie in-
tenable. Je tentais d'améliorer ma santé par des
moyens qui, au contraire, hypothéquaient ma vie.
Les analgésiques n'ont pas eu raison de mes malaises ni les somnifères, de mes insomnies et de
ma fatigue chronique. J'avais le sentiment que tout
était déréglé dans mon corps : le foie, l'estomac,
les intestins et le système immunitaire. Les résultats négatifs des tests que je passais me rendaient
non seulement perplexe et impuissante, mais me
laissaient croire que j'étais atteinte d'un mal imaginaire.

C'est une amie qui m'a ouvert les yeux lorsque, après m'avoir entendue raconter mes problè-

mes de santé et du cul-de-sac dans lequel je me trouvais, m'a prêté un livre qui a marqué ma vie puisqu'il a complètement changé ma façon d'aborder la maladie. Après la lecture du livre *Le mal du sucre* de Danièle Starenkyj, j'ai pris en main ma santé plutôt que d'attendre que la guérison vienne de l'extérieur et j'ai changé progressivement non seulement mon alimentation mais aussi mon mode de vie. J'ai commencé par cesser de fumer pour ensuite arrêter de prendre des médicaments. Petit à petit, j'ai éliminé de mon alimentation l'alcool, le café et tous les sucres raffinés. Certains lecteurs pourront croire, en me lisant, que j'ai adopté le mode de vie d'un ascète. Loin de là. Manger est pour moi un des grands plaisirs de la vie. Je suis une femme gourmande et j'adore faire la cuisine. J'explore la cuisine de tous les pays et je consacre du temps, par intérêt et par plaisir, à me préparer des repas savoureux et équilibrés. J'ai obtenu des résultats si satisfaisants sur le plan de la santé que je ne souffre pas d'avoir éliminé les aliments qui me rendaient malade.

Depuis lors, je m'intéresse de près à tout ce qui touche l'alimentation. Au début, pour assurer la transition et parce que je manquais de connaissances sur le sujet, j'ai suivi des régimes proposés dans différents livres. Ils m'ont beaucoup aidée et j'ai beaucoup appris. Grâce à eux, j'ai progressivement découvert ce qui convenait à mon corps et ce qui ne lui convenait pas, ce qui diffère d'une personne à l'autre. Je continue à apprendre dans ce domaine si vaste et à expérimenter, mais mon guide le plus sûr est mon propre corps. Comme je prends maintenant le temps de l'écouter, je peux facilement ajuster mon alimentation dès qu'un malaise, si minime soit-il, se présente.

Je dois reconnaître que mes habitudes alimentaires n'étaient pas totalement mauvaises. Ma mère était sensible aux bienfaits d'une bonne l'alimentation et m'avait communiqué très tôt l'importance de consommer des légumes et des fruits frais pour être en bonne santé. Je profitais déjà fort heureusement de certains acquis que je devais à ma mère. Aussi, comme mes découvertes personnelles se sont déroulées au moment où mes enfants étaient encore jeunes, je les ai sensibilisés aux bienfaits d'un régime équilibré et je leur ai appris à devenir responsable de leur santé. Quand ils sont malades, ils ont naturellement tendance à questionner leur mode de vie et leur régime alimentaire plutôt que de prendre spontanément des médicaments. Entendons-nous bien. Je ne dis pas que les médicaments sont toujours néfastes mais il est préférable de les éviter quand ils ne sont pas nécessaires. Nos meilleurs médicaments comme le dit si bien le Dr Sears dans « *Le juste milieu dans votre assiette* » sont les aliments, à condition que nous sachions bien les choisir et bien les équilibrer.

Donner cette éducation aux enfants, c'est leur offrir les clés de la santé, de la longévité et du bonheur de profi-

ter de tout leur potentiel énergétique. Si les parents savaient
le tort qu'ils font, bien inconsciemment, à leurs enfants
en laissant à leur disposition des friandises trop grasses
et trop sucrées, ils les aideraient à cultiver leur goût et à
développer de saines habitudes alimentaires. Pourquoi
ne pas les habituer à bien manger ? De nombreuses études ont démontré les effets néfastes d'un régime alimentaire déséquilibré sur le comportement des enfants.
L'agressivité, l'hyperactivité, l'indolence sont autant de
problèmes causés en grande partie par une alimentation
trop riche en glucides et déficiente en protéines et en
minéraux.

Une collation composée d'une tranche de pain avec
du miel et d'un verre de jus d'orange n'est pas équilibrée, même si le pain est complet et que le jus est fait à
partir d'oranges fraîches, parce qu'elle ne comprend que
des glucides. Elle manque de lipides et surtout de protéines. Si on ajoute quelques noisettes (lipides) par exemple et qu'on remplace le jus (glucide) par du lait
(protéine), ou encore le miel (glucide) par du fromage
(protéine), on obtiendra un meilleur équilibre.

Les parents auraient avantage à s'informer pour
améliorer leur propre santé et pour léguer à leurs enfants un capital qui leur servira toute leur vie. Le meilleur
livre que je connaisse pour les aider est celui du docteur
Sears cité précédemment. Comme nous mangeons généralement au moins trois fois par jour, il n'est pas super-
flu de donner plus d'importance à la qualité de cette
activité dans l'éducation des enfants. Cela dit, il ne suffit pas de bien s'alimenter pour être en santé et avoir
une vie équilibrée. Une autre source de problèmes physiques et psychiques se trouve dans le manque d'exercice.

L'exercice physique

Le type de travail, le mode de vie et le besoin de sécurité, s'il n'est pas équilibré par le besoin de changement, mènent parfois certaines personnes à s'enliser dans une routine et une forme de sédentarité qui les rendent actifs intellectuellement mais plutôt passifs physiquement. Malheureusement, quand le corps reste inactif, l'esprit fonctionne mal. Comme l'être humain est un organisme équilibré, si la dimension intellectuelle est hypertrophiée, le rendement souhaité ne sera pas atteint sans l'interaction de toutes les dimensions. Les enfants qui manquent d'exercice physique manifestent des difficultés de concentration en classe et ont tendance à décrocher pour se réfugier dans leur monde imaginaire ou pour attirer l'attention en s'agitant constamment sur leur chaise. Les cours d'éducation physique ne suffisent pas à combler leur besoin de bouger. C'est pourquoi je propose aux enseignants d'introduire, si c'est possible, quelques exercices de cinq minutes pendant leurs cours ; des étirements, des sauts, de la course sur place ou de la danse. Ils seront étonnés des résultats si ces courts moments sont bien encadrés, faits avec dynamisme et dans une atmosphère de plaisir et de respect des règles à suivre.

Je ne peux imaginer ma vie sans mouvement. Rares sont les matins où je ne consacre pas au moins trente minutes à faire des exercices pour mettre en forme toutes les parties de mon corps. Rares sont aussi les journées où je ne fais pas au moins une heure de marche. Je ressens une nette différence dans ma vie quand je ne le fais pas. D'abord, je suis moins en forme, moins efficace

271

au travail et j'ai moins d'énergie pour faire face aux exigences de ma tâche et aux accidents de parcours. J'accompagne ces exercices de respirations profondes pour bien oxygéner mes poumons. Je fais la même chose avec mes élèves à l'école. J'introduis des jeux qui les font bouger et s'amuser, de la danse et des exercices de respiration pendant les cours. Je me rends compte que, même avec des adultes, l'attention diminue quand ils sont assis trop longtemps à m'écouter ou à écouter les autres participants.

Les exercices sur le monde psychique et émotionnel, quoique très absorbants et très intéressants, doivent être accompagnés de courts intervalles d'exercices corporels. L'important, en éducation, est d'inculquer de telles valeurs aux enfants. Le jeune dont les parents sont sportifs et actifs, jouent avec lui, encouragent la pratique d'activités physiques, grandira avec cette habitude et l'intégrera dans sa vie.

Plusieurs moyens permettent de mettre le corps en action au cours d'une journée. Il n'existe pas de méthode idéale. Chacun doit trouver celle qui lui convient de façon à trouver le plus de plaisir possible. Certains aiment particulièrement s'adonner à des sports d'équipe alors que d'autres préfèrent les activités individuelles. Une amie me disait récemment qu'elle faisait de trente à quarante-cinq minutes de jogging par jour et qu'elle adorait faire cet exercice quotidien. Elle ne pouvait plus s'en passer. J'étais émerveillée par son enthousiasme. Une autre me vantait les mérites du karaté qui, selon elle, a changé sa vie. Je connais des personnes qui pratiquent le yoga depuis de nombreuses années et qui ne cessent d'en louer les bienfaits. D'autres s'adonnent à la natation, à l'aérobie ou à la musculation. Certains font du vélo, de la course à pied, du patin à glace ou à roues alignées, du ski. Quel que soit le moyen choisi, l'important est de ne jamais passer une journée sans faire d'exercice quand ce ne serait que de la marche qui est un des exercices les plus efficaces.

Ceci dit, je ne veux pas faire croire au lecteur que l'introduction d'une activité physique dans sa vie ne lui demandera jamais d'effort et ce, même s'il aime ce qu'il fait. Certains matins, j'ai un effort à faire pour commencer ma routine d'exercices. Mais généralement, je trouve toujours du plaisir à les faire une fois l'activité commencée. La même chose se produit à la fin de l'après-midi quand je quitte mon travail pour aller marcher. Alors l'effort n'est pas du même ordre. J'adore marcher. C'est un des meilleurs exercices que je connaisse et c'est pour moi un excellent moyen de me détendre après ma journée de travail. Ce qui m'est difficile, c'est de quitter mon bureau quand il y a encore beaucoup à faire. J'ai mis du temps à y arriver. Je donnais la priorité au travail sur mon équilibre personnel et j'étais toujours épuisée et insatisfaite. La lecture du livre *Time-Out* du Dr Philip Earnest Johnson m'a fait comprendre une grande vérité, du moins en ce qui concerne ma réalité. J'ai compris que je donnais au travail le pouvoir sur ma vie et que, de plus, quoi que je fasse, il y aurait toujours quelque chose de plus à faire. En qualité de directrice de deux

---

[2] Le Centre de Relation d'Aide de Montréal Inc. (CRAM[MC]) et l'École Internationale de Formation à l'ANDC Inc. (EIF)

273

écoles[2], formatrice, conférencière, écrivain, fondatrice et présidente de la Fondation « Le couple heureux, c'est possible », fondatrice et présidente de la Société Internationale d'Agrégation à l'ANDC[3] (SIA), membre du conseil d'administration de l'Association québécoise des écoles privées de formation à la psychothérapie et à la relation d'aide (AQEPFPRA), la somme de travail est tellement grande que même en m'y consacrant vingt-quatre heures par jour, je n'arriverais pas à aller au bout de tout ce que j'aimerais réaliser. Aussi, pour m'aider à m'occuper de moi, je me suis fixé une heure précise que je respecte pour quitter le bureau, aller marcher pendant environ soixante minutes, faire mes courses et prendre le temps de préparer le souper et de relaxer. Maintenant, je sais que je mérite de m'accorder ces moments privilégiés. Ils me sont devenus non seulement nécessaires mais particulièrement précieux.

Je crois que les éducateurs ont tort de dire qu'ils ne font pas d'exercices parce qu'il n'en ont pas le temps. En réalité, c'est une question de choix. Comme tout choix comporte une perte, il n'est pas toujours facile de choisir surtout quand il s'agit de s'occuper de soi. Cependant, il est si bon pour notre santé et pour notre équilibre psychique de nous donner assez d'importance pour consacrer quelques minutes de notre temps afin d'être plus en forme et, conséquemment, plus dynamique et plus heureux! Notre corps a besoin de notre attention. Il a besoin d'être bien nourri, bien énergisé et bien détendu pour devenir un support solide à notre réalisation et à celle des éduqués.

---

[3] Approche non directive créatrice[MC]

La relaxation

Nous vivons à une époque et dans une société où « le faire » est largement valorisé au détriment de « l'être ». L'activisme se révèle souvent le moyen par excellence de satisfaire le besoin de reconnaissance et aussi le moyen défensif idéal de fuir la souffrance. Plutôt que de se tourner vers l'intérieur d'eux-mêmes, la plupart des gens s'agitent, courent, se débattent, s'épuisent en se laissant mener par des pressions extérieures de toutes sortes comme les ailes d'un moulin à vent. La plupart du temps, ils sont fatigués et surtout frustrés parce qu'en dépit de la somme d'énergie qu'ils dépensent pour s'activer, ils n'arrivent pas à se réaliser comme ils le souhaiteraient. Ils sont prisonniers de leur travail, des autres et des sollicitations extérieures.

Pour créer sa vie, il est nécessaire, avant de passer à l'action, une action créatrice, de s'arrêter pour se détendre. La relaxation est essentielle à l'équilibre général, non seulement parce qu'elle repose le corps mais aussi parce que, lorsqu'elle est bien faite, elle libère l'esprit de toutes ses préoccupations. Relaxer ne veut pas nécessairement dire s'arrêter de bouger. On peut très bien se détendre en prenant une longue marche dans la nature. La relaxation consiste à se reposer mentalement et physiquement pour éliminer les tensions qui bloquent l'énergie vitale et, conséquemment, hypothèquent la santé du corps et du psychisme. Elle a pour effet de prévenir les maladies causées par une surcharge de stress, de remplir nos réserves d'énergie et de vider la tête des pensées qui drainent l'énergie et qui ne contribuent qu'à faire tourner en rond parce qu'elles ne se nourrissent pas du langage irrationnel de l'intuition. N'est-ce pas au cours d'un moment de relaxation, alors qu'il jouait du piano, que Einstein conceptualisa la théorie de la relativité ?

Nous avons besoin de stopper l'action stressante pour nous distancer du « faire », de l'analyse et de la rumination. Nous en avons besoin pour reposer le corps et l'esprit rationnel qui, dans le stress, finit par tourner en rond. Ainsi la détente nous permet-elle d'entendre la voix intérieure qui nous indique rapidement, par le biais de l'émotion et de l'intuition, la route à suivre pour trouver des solutions à nos problèmes et pour réaliser nos rêves. Ne vous est-il jamais arrivé de vous réveiller le matin avec le sentiment d'avoir enfin trouvé le moyen de résoudre une difficulté qui vous harcelait depuis longtemps et que vos efforts n'avaient pas réussi à faire disparaître ? Dans la détente, les réponses à nos questions surgissent parfois comme par magie précisément parce que nous sommes détachés des préoccupations qui augmentent les tensions et, conséquemment, qui bloquent la source d'énergie du corps et du psychisme.

> **Dans les cas de trop grand stress, plus nous cherchons, moins nous trouvons ; plus nous faisons d'efforts, moins nous obtenons de résultats. Il est donc important d'introduire la relaxation en éducation en apprenant aux éduqués des moyens de détendre leur corps et de libérer leur esprit. Au lieu de faire perdre du temps, ces moyens ont pour avantage de procurer un bien-être général qui entraîne des effets bénéfiques sur l'apprentissage.**

La relaxation substitue la qualité à la quantité en ce sens que les périodes de mise en action des objectifs de réalisation sont moins longues et plus efficaces parce que mieux ciblées.

Le choix des moyens de relaxer est très varié. Quel que soit la voie choisie, l'important est qu'elle serve à reposer le corps et à libérer l'esprit. Sans ces deux conditions, aucune véritable détente n'est possible. Ainsi, je ne crois pas qu'un enfant puisse se détendre en regardant un film d'horreur à la télévision. Ce n'est pas parce qu'il ne bouge pas qu'il relaxe. Certains se dégagent de leurs tensions par la méditation, d'autres par la visualisation ou la prière. D'ailleurs, très souvent quand je passe devant un lieu de recueillement, comme par exemple une église, je prends le temps d'entrer pour me recueillir et prier. Ces moments me font un bien énorme. J'en sors toujours reposée et dégagée de mes préoccupations.

Il est aussi possible de relaxer en faisant une promenade, en lisant certains types de livres, en écoutant certaines musiques comme celle de Bach pour n'en nommer qu'une, ou en s'adonnant à une activité agréable dans laquelle on trouve du plaisir et qui dissipe complètement les sujets de tension et de préoccupation. Pour ma part, mise à part la méditation, la prière et la marche que je pratique régulièrement, je chasse facilement toute tension quand je fais la cuisine. Certains y arrivent en jouant d'un instrument de musique ou en faisant de la peinture dans la mesure où ils ne recherchent pas la performance. Enfin, toute activité qui favorise la diversion et l'intériorisation sans susciter une trop grande dépense d'énergie, est favorable à la détente du corps et de l'esprit. En éducation, le parent et l'enseignant doivent initier les éduqués à cette pratique quotidienne en commençant par l'introduire dans leur propre vie.

Quand j'enseignais à des adolescents, je con-
sacrais toujours du temps durant mes cours pour
les soustraire à la concentration intellectuelle qui,
lorsqu'elle se prolongeait pendant une trop longue période, n'était plus possible pour certains
d'entre eux. Ils m'arrivait souvent de les faire
chanter ou encore de les laisser parler durant quelques minutes de sujets plus personnels ce qui les
dégageait de la matière du cours, libérait leur esprit, diminuait la tension de ceux qui avaient des
difficultés à comprendre et les rendait plus disponibles pour l'apprentissage des notions qui sui-
vaient ces périodes de détente.

Certains éducateurs croient peut-être que s'ils consa-
crent du temps à bien s'alimenter, faire de l'exercice et se
détendre tous les jours et à éduquer leurs enfants et leurs
élèves en ce sens, ils ne pourront plus faire autre chose.
N'en croyez rien. L'équilibre a, au contraire, pour effet de
créer des espaces intérieurs qui nous permettent de ne pas
agir inutilement.

**Mon expérience m'a appris que les
possibilités de réalisation de soi-
même et de création de sa vie et de
ses rêves sont multipliés lorsqu'on
vit de façon équilibrée.**

Comment pouvons-nous nous réaliser pleinement si
nous sommes toujours fatigués ou si nous sommes malades, dépressifs, inquiets, stressés ou angoissés ? L'exploitation de toutes les dimensions de notre personne nous
fournit l'avantage de nous rendre plus vivants, plus dispo-

nibles et plus vigilants. Comme, en tant qu'être humain incarné, le corps est le support du cœur, de la tête et de l'âme, il importe de bien s'en occuper pour le rendre sain à tous points de vue, y compris du point de vue de sa place dans les relations avec les autres. Être sensible à cette réalité en tant que parents ou enseignants permet de fournir aux jeunes les clés d'un bien être libérateur sur le plan de leur vie relationnelle.

Le corps en relation

Bien que l'alimentation équilibrée, l'exercice et la relaxation soient indispensables pour vivre en santé et, dès lors, mieux se réaliser, ces activités ne sont pas la seule solution à tous les problèmes d'origine corporelle. Les éducateurs attentifs ont sûrement observé que de nombreux enfants, de nombreux adolescents et même de nombreux adultes ne sont pas à l'aise dans leur corps et ce, même s'ils ont un corps qui semble esthétiquement très beau. La vision de chacun de son propre corps est très subjective. Avec ou sans raison, plusieurs ont honte de leur taille, de leurs hanches, de leurs jambes ou de leur poitrine ce qui, conséquemment, influe sur leur vie relationnelle. En effet, ils ont tendance à projeter sur les autres leur propre vision de leur corps. Aussi, ont-ils peur d'être jugés, ridiculisés, critiqués par les autres comme ils se critiquent eux-mêmes.

Tenter de rassurer un éduqué qui a honte de son corps en lui disant que le corps n'est pas important et que ce qui compte c'est le cœur et l'âme, ne règle pas le problème, bien au contraire. Cette attitude ressemblerait à celle d'un médecin qui essaie-

**rait de guérir une plaie simplement
et uniquement en la cachant par un
pansement pour ne pas inquiéter le
malade.**

Qu'on le veuille ou non, quand on rencontre quelqu'un, la première chose que l'on voit c'est son corps. En relation, nous ne pouvons en faire fi. Nous ne rencontrons pas seulement un cœur. Se faire croire qu'on peut négliger cette réalité, c'est dissocier les dimensions de notre être. C'est comme dire à une personne : « *J'aime la moitié de ce que tu es et je n'aime pas l'autre moitié* ». J'avoue sincèrement que je ne suis pas intéressée à entretenir des relations sérieuses avec des personnes qui ne m'acceptent pas intégralement, avec mes forces, mes faiblesses et mes limites.

**Le corps fait partie intégrante de
toute relation. Il sert de porte d'entrée pour l'émotion et la pensée. Il
est donc fondamental en éducation
d'en tenir compte et de prendre au
sérieux la souffrance de ceux qui
n'aiment pas leur image physique.**

L'éducateur ne doit pas banaliser ce vécu désagréable parce qu'il est très difficile de bénéficier des plaisirs de la relation quand l'éduqué rejette son corps et que cela l'empêche d'aller vers les autres ou d'être à l'aise avec eux. Chaque enfant, chaque élève qui a honte de son corps a besoin d'être soutenu par l'écoute attentive d'un éducateur et appuyé dans sa recherche de moyens pour devenir plus dégagé, plus libre et plus heureux dans sa relation avec les autres. En fait, le rôle du parent et de l'enseignant est d'aider l'éduqué à aimer son corps par une approche qui ne juge pas et qui contribuera à développer chez lui une acceptation progressive. Sans jouer le rôle d'un thérapeute, il peut assister ceux qui ont besoin d'appui et de références pour réduire leur poids ou pour découvrir des manières de s'habiller et de se coiffer qui mettent leur corps en valeur et qui leur conviennent mieux. Quoi qu'il en soit, il est important, comme éducateurs, d'être sensibles aux difficultés vécues par les éduqués et de leur apporter un soutien en ce sens. Le but n'est pas d'en faire des mannequins ni de donner au corps une importance exagérée, mais de les aider à trouver le bien-être physique dont ils ont besoin dans leur relation avec les autres et avec eux-mêmes pour être plus heureux.

Je me souviendrai toujours de cet étudiant obèse que j'avais dans une de mes classes au secondaire. Il était timide, réservé et s'isolait en silence au fond de la classe. Consciente de l'importance de l'intégration au groupe comme je l'ai démontré au chapitre deux, il m'arrivait parfois de l'encourager à s'exprimer sur des sujets de discussion. Je donnais de l'importance à ses points de vue. Je m'en servais pour orienter la parole des autres de façon à ce que sa présence et ses idées soient reconnues comme valables et intéressantes. Se sentant en confiance et accepté, il devint plus spontané et surprit tous ses camarades par son sens de l'humour. Ces derniers, plus à l'aise, osèrent faire des allusions à sa taille en lui disant par exemple : « *Ça, c'est une idée qui a du poids* » ou encore « *Ton point de vue est pesant Pierre* ». Comme il savait que ses camarades n'étaient pas du tout mesquins et qu'ils cherchaient, par la taquinerie, à lui manifester leur acceptation et même leur attachement, il en riait de bon cœur. Cet étudiant en vint à assumer son poids et à faire rire les adolescents par des jeux de mots et des sous-entendus qui détendaient l'atmosphère. Il fut tellement bien et accepté comme il était que lors du départ du président de la classe, ses copains manifestèrent leur confiance en l'élisant comme leur représentant. Il faut dire que le climat d'acceptation a été très bénéfique à ce jeune homme qui, se sentant à l'aise en classe, a pu développer son potentiel.

Avec Pierre, l'acceptation par le groupe a été une étape importante. Toutefois, elle ne fut suffisante que jusqu'au jour où il tomba amoureux. C'était à la fin de mai de la même année scolaire. À ce moment-là, il fit face à un sérieux obstacle lorsqu'il découvrit que les filles l'adoraient comme ami mais qu'elles lui préféraient des gars plus minces comme amoureux. La croyance que ses parents lui avaient inculquée suivant laquelle le corps n'était qu'une écorce ne tenait plus la route. L'expérience le confronta à la réalité : malgré ses remarquables qualités de cœur et ses grandes capacités intellectuelles, il n'était pas le candidat choisi pour la relation amoureuse à cause de son corps. Quand il en parla à sa mère et qu'elle lui répondit : « *C'est parce que ces filles-là ne t'aiment pas vraiment* ». il ne fut pas rassuré. Au contraire, il eut le sentiment qu'elle banalisait sa souffrance. Quand il me confia son problème avec beaucoup d'émotions, je fus profondément touchée par sa peine. Il voulait maigrir à tout prix. Je savais que ce ne serait pas facile mais je savais aussi qu'il avait de fortes chances d'y parvenir parce que c'était un adolescent très déterminé et surtout parce qu'il était très motivé. Je lui prêtai une livre intéressant et pertinent sur le sujet et je le référai à l'infirmière du collège. De plus, je lui proposai de me faire part de ses moyens d'action, de m'en parler souvent et lui promis que je l'encouragerais et le soutiendrais dans sa démarche. Mes interventions furent intermittentes et de courte durée. Je n'ai pas assumé le rôle d'une infirmière, d'une diététiste ou d'une thérapeute, je suis restée dans le cadre de mon rôle d'éducatrice, c'est-à-dire celle qui écoute, qui prend au sérieux l'éduqué, qui respecte ce qu'il vit et ce qu'il veut, et qui lui assure un soutien. Dans le cas de Pierre, j'étais consciente de mes limites et je ne les ai pas dépassées.

Il n'en reste pas moins que le travail d'un bon éducateur passe par le respect des considérations humaines et par la qualité de sa relation avec l'éduqué. Avec lui, les jeunes comme Pierre ont plus de chances de se réaliser parce que son approche n'est pas limitée à la dimension intellectuelle. Elle inclut les autres dimensions selon les besoins. Et beaucoup d'éduqués, particulièrement les adolescents, sont malheureux à cause de leur corps. Il est fondamental qu'ils sentent que votre écoute n'est pas cloisonnée mais globale et que, s'ils vous parlent, ils seront écoutés. À cet âge, leur plus grand travail au plan corporel n'est pas seulement d'apprendre à accepter et à aimer leur corps mais aussi d'apprendre à s'ouvrir aux plaisirs de la sensualité.

La sensualité

Le mot « sensuel » vient du latin « sensualis » et signifie « sensible, relatif aux sens ». L'éducation puritaine avec ses excès au sujet de la pureté et de la morale, a associé la sensualité au péché et privé ainsi de nombreuses personnes de leur droit au plaisir. Même s'il s'est écoulé au moins trois siècles depuis l'immigration des membres de la secte presbytérienne rigoriste en Amérique, il n'en reste pas moins que leur influence se fait encore sentir, particulièrement dans certains milieux. Certains ont hérité d'un sens exagéré du devoir et ont lié le plaisir à la peur de l'enfer ou de la punition. En dépit de la grande révolution des années soixante qui, malgré ses excès contraires, nous a grandement et fort heureusement libérés de croyances contraignantes, un grand nombre d'entre nous n'en restent pas moins inconsciemment prisonniers de nos introjections à propos du plaisir sensuel et sexuel. Beaucoup se privent et briment leurs enfants du bonheur sain et nourrissant que procure l'exploitation des sens. Parfois le seul mot « plaisir » est synonyme de « danger ».

En réalité, l'être humain est, par essence, sensuel et sexuel. Nier cette vérité c'est trahir notre nature même. C'est comme si on exigeait de l'oiseau qu'il n'utilise pas ses ailes et qu'il ne vole pas parce qu'il risque d'éprouver trop de plaisir.

Autant j'ai insisté sur l'importance prioritaire d'inculquer aux éduqués le sens des responsabilités, de la discipline, de l'effort et du travail, autant j'insisterai sur le droit au plaisir. L'homme naturellement tend vers son bien-être. Il recherche

> **le contentement et non la souf-
> france. Il est donc fondamental
> d'introduire la notion de plaisir en
> éducation. Si les parents et les
> enseignants apprenaient aux édu-
> qués à satisfaire leur besoin de
> jouissance par une exploitation
> saine et constructive de la sensua-
> lité, ces derniers ne la recherche-
> raient pas dans des moyens qui les
> détruisent et les rendent
> malheureux.**

Comment, en tant qu'éducateurs, pouvons-nous apprendre à nos enfants et à nos élèves à trouver bénéfique le plaisir des sens? Tout simplement en éduquant leurs yeux à voir et surtout à apprécier la beauté qui les entoure, la beauté de la nature, la beauté de l'homme, la beauté des œuvres artistiques, la beauté du monde. Je crois sincèrement que la beauté est une grâce qui nous est offerte gratuitement et que nous ne prenons pas le temps de nous arrêter pour nous en nourrir. « *C'est véritablement utile puisque c'est joli* » disait le Petit Prince de Saint-Exupéry.

Quand je regarde une toile de Miro, une sculpture de Rodin, que je vois un beau corps d'homme ou de femme, ou que je marche dans le parc Lafontaine à Montréal ou dans le Jardin de Bagatelles à Paris, j'éprouve un véritable bien-être qui me rend profondément heureuse. J'apprécie ma chance de savoir apprécier ces manifestations de la beauté et d'en éprouver du plaisir. Combien d'éducateurs prennent le temps d'éduquer leurs enfants et leurs élèves au plaisir des yeux ? À quoi sert l'artiste sinon à offrir le merveilleux cadeau de la beauté des formes et des couleurs qu'il a su agencer de façon unique et créatrice pour ravir le

regard ? Se procurer une œuvre d'art, c'est nourrir quoti-
diennement son cœur et son âme par la voie des yeux.

> **Comme je voudrais communiquer
> aux éducateurs et à tous mes lec-
> teurs le plaisir que procure l'éduca-
> tion qui sensibilise les éduqués à la
> beauté ! Même les plus démunis
> sauront, dans les moments les plus
> difficiles, y trouver une ressource
> bienfaisante. La beauté est partout ;
> dans le sourire des enfants, dans la
> fraîcheur d'une marguerite sauvage,
> dans la majesté d'un monument,
> dans le caractère sacré d'une basili-
> que ou dans les couleurs chaudes
> d'un coucher de soleil. Il suffit
> d'apprendre à lever les yeux et à
> l'accueillir comme une fleur qui
> nous est offerte aux moments les
> plus inattendus.**

D'ailleurs, qui l'exprime mieux que Jacques Brel dans
cette magnifique chanson :

Il nous faut regarder
Ce qu'il y a de beau
Le ciel gris ou bleuté
Les filles au bord de l'eau
L'ami qu'on sait fidèle
Le soleil de demain
Le vol d'une hirondelle
Le bateau qui revient

Par delà le concert des sanglots et des pleurs
Et les cris de colère des hommes qui ont peur
Par delà le vacarme des rues et des chantiers
Des sirènes d'alarme, des jurons de charretier
Plus fort que les enfants qui racontent les guerres
Et plus fort que les grands qui nous les ont fait
faire

Il nous faut écouter
L'oiseau au fond des bois
Le murmure de l'été
Le sang qui monte en soi
Les berceuses des mères
Les prières des enfants
Et le bruit de la terre
Qui s'endort doucement

Comme nous avons plusieurs sens, nous profitons de multiples voies d'accès pour un plaisir vivifiant. Que dire alors des plaisirs de l'oreille ! Je me souviens de l'émerveillement qui m'habitait lorsqu'au réveil à la ferme, j'entendais le chant des oiseaux. Chaque jour ils donnaient un nouveau concert. De plus, je suis tellement reconnaissante envers mes parents et ma grand-mère maternelle d'avoir cultivé en moi le goût de la musique, goût que j'ai communiqué à mes enfants, particulièrement à ma fille qui a une voix magnifique et à mon fils qui a fait des études spécialisées dans ce domaine. Comment ne pas jouir des créations musicales de Handel, de Mozart et de Wagner, des voix de Pavarotti, de Bocelli ou encoce, plus près de nous, de Céline Dion ?

Pour rendre ce cadeau accessible aux éduqués, il suffit de leur apprendre à s'arrêter pour écouter. Il suffit de les inviter à prendre le temps d'écouter le son de la voix de ceux qu'ils aiment, le bruit du vent dans les feuilles des arbres ou le gazouillis du ruisseau qui court dans la vallée. Peut-être un jour sauront-ils chanter des berceuses à leurs enfants et danser avec eux au rythme du violon, de la guitare ou du piano ? Peut-être auront-ils le goût d'une fête de sons et de couleurs ? Leur donner cette éducation les mènent à s'ouvrir aux plaisirs simples de la vie, à ceux auxquels ils peuvent accéder même s'ils sont financièrement dépourvus. Quoi qu'ils perdront dans la vie, comme c'est le cas pour chacun d'entre nous, personne ne leur enlèvera l'éducation qui leur ouvrira pour toujours les portes du plaisir de la vue, de l'ouïe, du goût, de l'odorat et du toucher.

Ce dernier sens mérite une attention particulière dans les milieux éducatifs. Le besoin d'être touché est tellement important chez l'être humain que je ne peux parler d'éducation à la sensualité sans accorder une place à un sens négligé et mal abordé à cause de la connotation négative qu'on lui attribue trop souvent. Des personnes rencontrées en thérapie et en formation ont exprimé leur manque de caresses provenant de leurs parents et particulièrement de leur père. On le sait, l'enfant perçoit le monde par les sens et spécialement par le toucher. S'il n'a aucun contact physique, ses sources d'informations sont considérablement réduites et surtout, il est privé de la satisfaction d'un besoin psychique vital, le besoin d'affection et de tendresse. Une carence à ce niveau entraîne des conséquences graves sur la santé mentale. Malheureusement, dans certaines familles, les manifestations d'amour par le toucher sont limitées aux enfants d'âge préscolaire. Après cet âge, rares sont les marques de tendresse entre les membres de la cellule familiale. Certains parents ne se touchent que pour faire l'amour et ils n'approchent leurs enfants que pour leur faire des reproches. La seule forme de toucher à laquelle ont droit certains d'entre eux est la gifle.

Tous les êtres humains éprouvent
du bonheur à accueillir une main
encourageante quand ils sont dans
le doute, une main réconfortante
quand ils traversent une épreuve,
une main caressante quand ils ont
besoin d'affection. Un toucher qui
transmet la confiance, la sécurité et
l'amour est souvent plus nourrissant pour le cœur que bien
des paroles.

Comprenez-moi bien. Il ne s'agit pas d'encourager la familiarité et la promiscuité avec tout le monde. Encore ici, le discernement s'impose et le mot clé restera toujours le mot « respect ». Je crois que certains éducateurs auraient avantage à percer le mystère de leurs blocages au sujet du toucher, de façon à agir adéquatement avec leurs enfants ou avec leurs élèves. L'enfant nourri affectivement par un toucher respectueux et approprié ne cherchera pas à combler ses manques par des expériences trop précoces qui peuvent lui être préjudiciables.

Bien que le toucher ne soit pas le
seul moyen d'exprimer ses sentiments, il n'en reste pas moins un
des moyens de communiquer qui
peut procurer un plaisir régénéra-
teur quand l'enfant a appris à l'intégrer à sa vie, dans un contexte
d'amour véritable. C'est dans un tel
contexte qu'il contribuera à rendre
heureux celui qui le donne autant
que celui qui le reçoit. C'est dans un
tel contexte qu'il sera détaché de

289

cette connotation négative qui
l'associe automatiquement à une
sexualité envahissante et
irrévérencieuse.

La sexualité

Parler de sexualité dans un livre consacré à l'éducation, c'est traiter d'un sujet particulièrement délicat qui mériterait de devenir à lui seul l'objet d'un ouvrage complet tellement il est ignoré par les uns et déformé par d'autres. Pourtant il est essentiel que les éducateurs interviennent pour contrecarrer l'éducation que les jeunes reçoivent par le biais de la télévision, des journaux et de la publicité. On y présente trop souvent hélas, une conception des rapports sexuels dépourvus d'amour et de tendresse. Les filles grandissent avec l'idée qu'elles doivent non seulement susciter le désir mais aussi satisfaire les besoins des hommes. En vieillissant, elles tentent de modeler leur comportement sur ce qu'elles ont vu à la télé et finissent par perdre contact avec leur corps et leurs propres besoins. Les garçons, pour leur part, sont convaincus qu'ils sont responsables du plaisir des femmes et qu'ils doivent performer pour les satisfaire.

Éduquer à la sexualité, c'est d'abord éviter d'en faire un sujet tabou et de pratiquer la politique du silence à ce propos. Ces pratiques suscitent une curiosité malsaine. Les enfants cherchent des réponses à leurs questions et elles ne viennent pas toujours de personnes qui ont le souci de les éduquer. Comme ils sont placés devant les non-dits de leurs éducateurs, plusieurs croient que la sexualité doit être cachée et que le seul moyen d'apprendre quelque chose à son sujet est d'en faire l'expérience en cachette.

Éduquer à la sexualité, c'est aussi éviter les allusions grotesques à son propos, les farces irrespectueuses à l'égard des femmes, des hommes ou du sexe et le langage vulgaire. Ces conduites de certains éducateurs ont pour conséquences de fausser l'information, de réduire les comportements relatifs à la vie sexuelle à des gestes qui soulèvent davantage le mépris, le dégoût et l'irrespect que l'attrait, le plaisir, le respect et l'amour.

Je crois que la sexualité doit être un sujet ouvert dans une famille en ce sens qu'il est important que les enfants soient à l'aise d'en parler, qu'ils ne sentent pas de résistance de la part de leurs parents et qu'ils ne se jugent pas inconvenants de s'y intéresser. De toute façon, les questions des enfants sont soit suscitées par les manifestations de leur corps, soit par ce qu'ils ont entendu dire, soit par ce qu'ils ont vu dans les revues, sur les affiches ou à la télévision. Généralement, ils abordent le sujet spontanément. Il est donc important d'y répondre naturellement. Cette attitude d'ouverture de la part des éducateurs aura pour effet de favoriser l'intégration normale de cette réalité dans la vie de l'enfant. De toute façon pour les aider dans leur tâche, ils peuvent se procurer d'excellents livres écrits spécialement à cet effet. L'important est qu'ils agissent de manière à préserver le respect de cette dimension importante de la personne et qu'ils évitent le plus possible d'implanter dans le psychisme des enfants, des introjections qui auront un impact négatif sur leur vie sexuelle et sur leur rapport avec des hommes et des femmes qui éveilleront en eux le désir et l'amour.

Quand un enfant grandit dans une famille où la sexualité fait partie intégrante de l'amour véritable et qu'elle n'est pas qu'un moyen de

> satisfaire des pulsions animales, il
> baigne dans une atmosphère qui
> donne à la vie sexuelle sa vraie
> place et toute sa valeur. Quand, à ce
> climat bénéfique, s'ajoute un dis-
> cours approprié, l'enfant reçoit
> l'essentiel dont il a besoin pour
> apprendre à exploiter cette dimen-
> sion de son être, ce qui contribue à
> son épanouissement.

Par le thème de la sexualité se termine celui de l'exploitation de la dimension corporelle en éducation. Les
nombreuses pages consacrées à ce sujet démontrent à quel
point il est important d'en tenir compte dans les milieux
éducatifs pour fournir aux éduqués les outils nécessaires à
leur équilibre et à leur réalisation. Toutefois, on ferait une
erreur en croyant qu'il suffit de s'occuper de son corps pour
connaître une vie harmonieuse. Toutes les dimensions sont
importantes et méritent d'être développées y compris la
dimension affective.

La dimension affective

On associe le mot « affection » à l'émotion, au sentiment, à l'affect, à la passion. Sur le plan physiologique, l'affection est associée au cœur. Sur le plan du fonctionnement
du cerveau, on la situe surtout dans la région du
paléocortex, au centre des trois couches qui représentent
l'évolution du cerveau de l'homme. Dans la vie quotidienne, l'affectivité loge au cœur des paroles et des comportements. Elle est la source du plaisir ou de la douleur.
À quelques niveaux que l'on se place, la vie affective est
vraiment le noyau central qui influe sur le corps, sur l'es-

prit et sur les relations et qui commande nos paroles, nos gestes, nos comportements, surtout quand elle est négligée.

Je ne développerai pas autant cette dimension que la dimension corporelle parce que je répéterais des éléments élaborés au premier chapitre au sujet de l'émotion et au deuxième chapitre concernant la reconnaissance et la communication. Je tiens cependant à préciser, au profit des éducateurs, que la principale nourriture affective de tout être humain se trouve dans sa relation avec les autres et particulièrement dans ses relations intimes.

> **La nourriture du cœur, ce qui peut l'alimenter et le rendre heureux, jaillit de la rencontre de cœur à cœur, cette rencontre particulière où chacun révèle à l'autre sa vérité profonde et où chacun écoute celle de l'autre.**

Révéler sa vérité profonde, c'est beaucoup plus que de parler du dernier livre lu, du dernier film vu ou des activités de la journée. Ceux qui se limitent à ces sujets ne sont pas suffisamment nourris affectivement puisque révéler sa vérité profonde signifie exprimer à l'autre avec authenticité, ses besoins les plus secrets, ses émotions agréables et désagréables. C'est lui dire ce qu'on vit en lien avec lui, non seulement par rapport aux autres. C'est lui exprimer son amour, sa reconnaissance et aussi ses malaises sans le juger, sans l'accuser, sans le culpabiliser, sans banaliser sa souffrance.

Les parents et les enseignants qui veulent assurer cette nourriture indispensable à l'équilibre psychique de leurs enfants et de leurs élèves doivent, comme je l'ai dit, être sensibles et ouverts à leur vécu. De plus, il est essentiel qu'ils améliorent la qualité de leur communication en intégrant un à un à leur relation éducative les éléments qui composent un échange stimulant comme je l'ai décrit au chapitre deux.

En éducation, la dimension affective est fondamentale. De nombreux enfants et de nombreux adolescents ne s'intéressent pas à l'école parce qu'ils n'aiment pas leur professeur ou parce qu'ils ne se sentent pas concernés par la matière enseignée. Les récentes études sur le fonctionnement du cerveau expliquent ces comportements. Selon l'Américain McLean[4], le paléocortex , siège de la vie émotionnelle, influence le néocortex, siège des aptitudes rationnelles, toutefois la réciproque n'est pas vraie.

Aucun enseignant ne peut susciter l'intérêt d'un enfant pour un cours par des arguments et des explications d'ordre rationnel seulement. Si l'éduqué n'est pas rejoint affectivement, il ne sera pas motivé à travailler.

Cette réalité est aussi valable pour les adultes. Si ces derniers sont capables de s'investir dans un cours qui les ennuie, c'est parce que ce cours est une étape à franchir dans l'atteinte d'un objectif important qui stimule leur motivation. En fait, c'est l'objectif qui les rejoint émotivement et c'est lui qui entretient leur intérêt.

---

[4] *Gabriel RACLE, (1983).* La pédagogie interactive : Au croisement de la psychologie moderne et de la pédagogie. *Paris : Retz.*

Que l'émotion influence la raison n'est plus à démontrer. Dans nos relations affectives, nous avons tous expérimenté cette difficulté à comprendre et même à entendre le message de l'autre quand nous sommes envahis par l'émotion. Imaginez l'enfant qui, alarmé par les disputes de ses parents, est habité par la peur qu'ils se séparent. Comme la charge émotionnelle prend beaucoup de place dans son psychisme, il est tout à fait normal que son esprit ne soit pas disponible pour l'apprentissage de notions théoriques. Il en est de même de l'enfant qui a honte de lui-même et qui est convaincu, à cause des remarques qui lui ont été adressées et par le fait qu'il a de mauvaises notes, qu'il n'est pas intelligent. Les malaises qui découlent de cette conviction l'empêchent de se rendre disponible pour l'apprentissage. Et que dire de celui qui se sent rejeté par l'éducateur ou par ses camarades ? Comment peut-il accéder à la connaissance alors qu'il est préoccupé par sa souffrance ?

Quand un enfant se referme sur lui-même, quand il s'isole ou quand il décroche pour adopter des comportements qui attirent l'attention, c'est généralement parce qu'il est habité par des émotions désagréables. Si l'éducateur le réprimande sans favoriser l'expression de son vécu, il contribue à amplifier la charge émotionnelle et, conséquemment, à entretenir la réaction défensive. Ce genre de réaction à l'émotion non entendue n'est malheureusement pas l'exclusivité des éduqués. Elle se manifeste dans toute relation affective quand l'une des personnes concernées n'écoute pas la vérité profonde de l'autre.

Nourrir la dimension affective en éducation, c'est d'abord être conscient de son influence sur le psychisme et sur les comportements de l'éduqué. Agir comme éducateur sans en tenir compte, c'est risquer de se heurter à l'impuissance devant les problèmes suscités par les réactions des éduqués.

Les parents et les enseignants ne doivent jamais oublier que, lorsque leurs enfants et leurs élèves se sentent aimés, respectés et confiants, ils ouvrent leur cœur aux exigences d'une éducation qui les aidera à créer leur vie et à réaliser leurs rêves.

Ils ont avantage à ne jamais négliger l'importance de la relation affective. Ils se doivent de la développer avec les éduqués dans le respect des rôles de chacun et dans le respect des limites qu'imposent ces rôles. **Si la relation affective entre l'éducateur et l'éduqué, quels qu'ils soient, n'est pas établie, aucune véritable éducation n'est possible.** Sans cette vie affective qui consacre le lien éducatif, l'approche du parent ou de l'enseignant relève davantage du dressage ou du domptage que de la création ou de l'autocréation.

La vie affective est le lien qui unit l'éducateur et l'éduqué et leur permet de participer à une œuvre commune qui est celle de favoriser l'épanouissement des personnes impliquées dans leur processus d'autocréation. La vie affective doit donc occuper une place d'honneur dans les milieux éducatifs. Je suis convaincue que, lorsqu'elle aura atteint cette place, le monde bénéficiera d'un équilibre, d'une harmonie qui permettra à chacun de se réaliser dans une atmosphère de paix et de liberté intérieure. Je suis

> **aussi convaincue que l'enseignant
> qui a compris l'importance de cette
> dimension et qui l'intègre à sa
> pratique favorisera par le fait même
> le développement accéléré de la
> dimension intellectuelle de ses
> éduqués.**

La dimension intellectuelle

Le mot « intellect » du latin « intellectus » signifie « comprendre ». Il est facilement associé aux mots « esprit », « entendement », « pensée », « intelligence ». On a d'ailleurs longtemps limité l'intelligence à la faculté de connaître, de comprendre et de penser. Nous savons maintenant que l'être vraiment intelligent est celui qui aborde globalement le monde, c'est-à-dire avec son cœur, son âme, son corps et sa tête. Aussi, la dimension intellectuelle présentée ici n'est-elle qu'une des facettes de l'intelligence. Elle concerne le monde de la connaissance, de la compréhension et de la pensée et elle ne s'épanouit que si elle est en lien direct avec la dimension affective.

> **En éducation, développer la dimen-
> sion intellectuelle, signifie donner à
> l'enfant le goût de connaître et le
> goût d'apprendre. C'est stimuler sa
> curiosité naturelle pour les choses
> de l'esprit et entretenir son intérêt
> pour l'apprentissage.**

Cette exigence est un énorme défi pour les enseignants soucieux d'être plus que des dispensateurs de connaissances. Stimuler la curiosité intellectuelle n'est pas toujours évident. Comment peuvent-ils y parvenir ?

Pour répondre à cette question, je me suis référée à ma propre expérience d'éduquée et j'ai interrogé certaines personnes de différents âges et de différents milieux. Je leur ai posé la question suivante : « *Quels sont les professeurs qui ont stimulé votre goût d'apprendre quand vous étiez à l'école et comment sont-ils parvenus à vous intéresser à leur enseignement* » ?

Certains ont loué les qualités pédagogiques d'un professeur du primaire ou du secondaire. D'autres ont parlé d'un enseignant extraordinaire de leurs études collégiales ou universitaires qui a exercé une influence bénéfique et remarquable sur leur vie. Mais ce qui ressort le plus quant à la deuxième partie de ma question est que ces personnes spéciales étaient des éducateurs véritables. Elle savaient créer des liens affectifs avec leurs élèves, leur donner de l'importance, les respecter, susciter leur confiance. De plus, elles se caractérisaient toutes par leur passion de l'enseignement, passion qu'elles savaient très bien communiquer.

Je me souviendrai toujours de la passion de Germaine Duval (Sœur Marie-Roland, SJM) pour la littérature. Elle était tellement vibrante quand elle nous parlait des auteurs à l'étude que je sortais toujours de ses cours avec un désir très fort de lire leurs œuvres et de connaître l'époque à laquelle ils avaient vécu. Je ne peux compter le nombre de livres lus au cours des deux années pendant lesquelles elle m'a enseigné. J'ai connu le même type de motivation avec Jeanne-Marie Gingras de l'Université de Montréal que je considère comme une sommité internationale dans le domaine de la création. Quand elle nous parlait de Paul Valéry, des étapes de son processus créateur, elle captait toute mon attention et éveillait en moi non seulement le goût d'en connaître davantage sur le sujet mais aussi la pulsion créatrice qui m'habitait.

La curiosité intellectuelle ne se développe pas par l'érudition des maîtres. J'ai connu des enseignants que je qualifierais de « savants » et qui n'ont pas su faire naître mon intérêt pour leur enseignement parce qu'ils visaient l'accumulation de connaissances et qu'ils manquaient nettement de passion pour leur travail. Même s'ils avaient un intérêt pour leur matière, ils n'avaient pas la passion qu'il fallait pour l'enseigner. Ils ne manifestaient pas cet art et ce plaisir de communiquer leur savoir. Leur enseignement était sec et squelettique parce que dépourvu de l'intensité émotionnelle qui caractérise ceux qui sont enthousiasmés par ce qu'ils font, qui savent garder leur âme d'enfant et leur cœur d'adolescent. Non pas qu'ils soient restés enfants ou adolescents, mais ils ont conservé bien précieusement en eux les caractéristiques de ces périodes de leur passé. Comme l'enfant, ils font confiance à la vie et à l'éduqué et comme l'adolescent ils aiment encore le changement et refusent de se laisser embourber dans une routine et un conformisme qui éteignent la flamme intérieure. Ils sont vivants et nous donnent le goût de vivre, le goût de connaître, le goût de nous réaliser et de réaliser nos rêves. L'éducateur qui aime ce qu'il fait sait toujours trouver les moyens de soulever l'intérêt de ses élèves.

J'insiste sur l'importance prioritaire
d'aimer ce qu'on fait dans la vie,
notamment quand on travaille avec

des êtres humains. J'encourage les enseignants, les thérapeutes, les travailleurs sociaux et tous ceux qui oeuvrent dans le domaine des relations humaines à se remettre en question s'ils ont perdu la passion pour leur travail. Je crois que la sécurité d'emploi peut parfois devenir un piège, particulièrement quand la seule motivation d'une personne pour sa vie professionnelle est d'atteindre l'âge de la retraite.

Cultiver l'amour de ce que nous faisons est fondamental non seulement pour le bénéfice de nos élèves et de nos clients mais surtout pour notre bénéfice personnel. Il est tellement plus agréable et plus nourrissant de faire un travail qui nous passionne d'autant plus que le travail occupe une très grande partie de notre temps et que nous méritons d'avoir du plaisir à le faire.

Un sérieux questionnement s'impose pour rester toujours vivants et vibrants sur le plan professionnel. Ce questionnement peut nous amener à améliorer ou à transformer certaines conditions de travail dans le milieu où nous sommes et à le faire de façon responsable ou à courir le risque d'un changement. C'est d'ailleurs ce que j'ai fait en 1982 quand j'ai laissé ma carrière d'enseignante pour retourner aux études à temps plein. J'étais consciente du risque que je prenais, consciente aussi de la sécurité que je perdais, mais j'avais besoin d'un changement pour me sentir plus vivante malgré le fait que je réussissais bien dans ce milieu. Mon intérêt diminuant progressivement, je n'arrivais pas à m'imaginer y consacrer les douze années suivantes de ma vie. Aujourd'hui, si je n'avais pas démissionné, je jouirais d'une agréable retraite. Mais quand je pense à toutes les expériences extraordinaires que j'ai vécues au cours de ces douze dernières années, que je pense à la passion qui m'a habitée, aux découvertes et aux apprentissages que j'ai faits, je suis remplie d'une très grande satisfaction et d'une intense fierté. J'ai écouté ma voie intérieure et ce que j'ai réalisé depuis 1982 est inestimable.

Je suis émerveillée par le cadeau reçu quand nous prenons le risque de suivre le chemin que dicte notre « ressenti ». Ce n'est pas une route sans obstacle, bien au contraire, mais elle présente l'avantage indéniable de nous maintenir éveillés et vibrants, l'avantage de nous laisser le pouvoir de diriger notre vie en devenant des éclaireurs, des bâtisseurs plutôt que des êtres passifs qui n'ont pas voix au chapitre de leur propre vie. Cette route offre aussi l'avantage de rendre notre passion contagieuse et de transformer chacun de nous en « allumeurs de réverbères » qui illuminent les planètes intérieures de chaque

personne à éduquer, qui l'incite à se
réaliser, à vivre heureuse. Ainsi
réussirons-nous à rejoindre nos
enfants et nos élèves dans une autre
de leur composante: la dimension
spirituelle.

La dimension spirituelle

Comme je voudrais savoir trouver les mots justes pour
rendre le plus fidèlement possible ma pensée au sujet de la
dimension spirituelle en éducation ! Quand je vois le nombre de plus en plus élevé de jeunes qui s'adonnent à la drogue, à l'alcool, à la prostitution, le nombre de ceux qui se
manifestent par des actes de violence et de ceux qui se suicident parce qu'ils désespèrent, je ne peux m'empêcher de
déplorer le fait qu'ils n'ont pas la foi.

La foi est une force inébranlable
logée au plus profond de chaque
être humain, une force disponible
pour toute personne qui la découvre
et qui sollicite son intervention
dans sa vie. Elle n'est pas octroyée
par une religion ou un mouvement
spirituel comme certains le croient.
Elle est présente en chacun de nous.
Qui que nous soyons, elle fait partie
de ce que nous sommes tout comme
notre corps, notre cœur et notre tête.
Aussi le rôle de l'éducateur n'est pas
de donner la foi à l'éduqué mais de
lui faire découvrir cette force qui
l'habite, de l'éveiller et de la cultiver.

Ceux qui tentent de le faire au moyen d'exhortations, de leçons de morale, et à coups de dogmes et de vérités absolues n'arrivent trop souvent qu'à retarder ou empêcher la découverte de la véritable spiritualité et ce, parce que la vraie foi, celle qui maintient le cap malgré toutes les tempêtes de la vie, ne résulte pas de pressions extérieures. Elle jaillit de l'intérieur, comme une source. Elle découle de l'expérience et non de discours doctrinaires. Comme la passion de vivre, elle est contagieuse. Elle se transmet davantage par l'exemple que par les leçons qui cherchent à convaincre.

Entendons-nous bien. La transmission de la foi par l'exemple ne passe pas par des rites. Elle passe par l'attitude de ceux qui croient. Ces gens-là sont tellement imprégnés d'elle qu'ils créent ce en quoi ils croient. Ils savent, parce qu'ils l'ont expérimenté, qu'il existe en eux une présence sur laquelle ils pourront toujours compter quoi qu'il arrive et qu'il leur suffit de solliciter son recours pour en obtenir les bienfaits. Ils ont la capacité de lâcher-prise lorsqu'ils sont paralysés par l'impuissance.

Trop souvent la puissance spirituelle est située, selon certains éducateurs, à l'extérieur de l'homme. Cette croyance a pour effet de placer l'éduqué en position d'attente par rapport à Dieu et, conséquemment par rapport aux autres. Le fait de situer la source spirituelle à l'intérieur de chaque être humain et de la reconnaître comme une composante de ce qui le constitue, permet de remettre à chacun de nos enfants et de nos élèves la responsabilité de sa relation avec Dieu. Il permet aussi d'unifier les dimensions de la personne, de les placer en relation les unes avec les autres plutôt que de les dissocier et de créer ainsi une scission à l'intérieur de l'être qui empêcherait d'atteindre l'équilibre. En fait, le corps est habité par une âme qui lui est inextricablement liée. Et quand l'éduqué la néglige ou l'ignore, c'est lui-même qu'il morcelle, c'est à lui même qu'il soustrait une ressource, tout comme s'il se dissociait de sa dimension intellectuelle ou de son corps.

On ne peut négliger ou se dissocier de l'une ou l'autre de ses dimensions sans conséquences graves qui vont de la maladie du corps à la maladie mentale. Seule l'intégration de toutes les parties de notre être favorise l'équilibre et l'harmonie puisqu'elle permet l'interrelation nécessaire et perpétuelle de la tête, du cœur, du corps et de l'âme. Détacher un de ces éléments des autres, c'est comme enfermer un membre d'une famille dans une chambre pour ne pas qu'il dérange ou parce qu'il laisse indifférent, ou encore, c'est comme l'installer sur un piédestal parce qu'on le croit supérieur. De tels comportements exercent un impact psychologique indéniable sur tous les membres de la famille. Il en est ainsi de la dimension négligée ou valorisée à l'excès de l'être humain. Elle détruit l'harmonie intérieure et est source de problèmes personnels et relationnels.

Il faut insister sur les bénéfices de l'éducation qui introduit la dimension spirituelle dans la vie intérieure de l'éduqué, sans la déprécier ni lui donner une valeur exagérée. Il s'avère particulièrement important d'apprendre aux enfants que, réduit à l'impuissance, au cœur de la tempête, dans des situations sans issue, il reste toujours une ouverture possible s'ils apprennent à lâcher prise et à faire confiance à cette puissance intérieure qui les constitue et qu'on appelle Dieu,

> **Amour ou Guide selon les croyances. Peu importe le symbole choisi pour représenter cette force, l'important est qu'il ait une résonance affective pour l'éduqué sans quoi il n'aurait aucune valeur.**

Je suis consciente, en écrivant ces lignes, que mes propos peuvent déranger ceux qui accordent une valeur exagérée à la dimension spirituelle et s'en servent pour dominer les autres au nom de la Vérité. Je suis consciente aussi qu'on trouve de nombreuses façons d'aborder la spiritualité et que chacun a droit à ses croyances. C'est pourquoi je tiens à préciser que les moyens que j'apporte ici ne sont que des suggestions.

> **Quelle que soit la façon dont l'éducateur s'y prend, l'éduqué doit sentir que son approche résulte d'une expérience vécue de la foi. Le moyen choisi pour faciliter l'émergence de la dimension spirituelle doit rejoindre l'enfant, l'adolescent ou l'adulte au niveau affectif. Un Dieu distant, punitif et froid ne trouvera aucune place dans leur cœur.**

De plus, plusieurs éduqués se montrent insensibles aux signes abstraits. C'est pourquoi il est important, dans le respect de nos croyances comme éducateur, de représenter la force spirituelle par une image symbolique qui présente un lien avec leur réalité concrète. L'important, je vous le rappelle, n'est pas d'inculquer une doctrine mais d'éveiller la flamme de la foi en une puissance plus forte que les forces physiques et plus forte que les forces rationnelles quand ils sont confrontés à l'impuissance. Il faut qu'ils sachent qu'ils ont une âme incarnée. Toute spiritualité qui néglige l'incarnation coupe l'être de lui-même et entraîne des conséquences importantes sur son équilibre psychique.

Quand mes enfants étaient désespérés, angoissés ou enferrés dans un problème, je leur disais que leur grand-père décédé qu'ils avaient beaucoup aimé était présent en eux, qu'il représentait leur puissance intérieure et qu'il suffisait de lui faire des demandes pour qu'il se manifeste. Ils ont grandi avec cette image concrète qui les soutient encore aujourd'hui parce qu'elle a une résonance affective en eux. Ils savent, non pas rationnellement mais pour l'avoir expérimenté, que la foi est un support sur lequel ils peuvent toujours compter, qu'elle contribue à entretenir l'espoir. Ils savent, lorsqu'ils sont confrontés à une difficulté ou à un défi qu'ils ont la possibilité d'utiliser non seulement leurs ressources corporelles, rationnelles et affectives mais aussi de solliciter leurs ressources spirituelles. L'interrelation de toutes les dimensions de leur être les mène vers la lumière. Au lieu d'attendre, passifs, que Dieu fasse tout pour eux, ils participent à la résolution de leurs problèmes et à l'actualisation de leurs projets. « *Aide-toi et le ciel t'aidera* » dit le proverbe. Aucune évolution ne s'avère possible sans cette participation de chacun à sa propre transformation, à son propre processus de croissance. Aucune réalisation ne paraît possible sans cette relation intérieure entre la pensée, l'émotion, la force physique et la puissance spirituelle, les quatre composantes indissociables de tout être humain.

On n'aborde toutefois pas la spiritualité en éducation comme on aborde un sujet d'ordre rationnel. L'éduqué a besoin d'analyser, de calculer, de réfléchir pour résoudre un problème d'algèbre et trouver la bonne solution. Par contre, sur le plan spirituel, il doit au contraire lâcher prise et faire confiance. Il doit aussi accepter que la réponse à ses demandes n'arrivera pas par le même processus que la réponse à ses questions à propos d'un problème de mathématiques, d'une règle de grammaire ou du fonctionnement d'une machine. Avoir recours à sa force spirituelle intérieure signifie développer une forme de pensée différente de la pensée rationnelle, une pensée que Jean Lerède dans *Les troupeaux de l'aurore* appelle la pensée irrationnelle. Cette forme de pensée appréhende plus facilement le monde des signes et des symboles que celui des idées. L'âme se manifeste par un langage symbolique auquel plusieurs ne se donnent pas accès parce qu'ils ont accordé toute leur attention à la rationalité au détriment de leurs autres dimensions. Ceux-là, comme tous ceux qui n'accordent pas à chacune des parties constituantes de leur être la place qui lui revient, n'atteignent pas cet équilibre personnel si important pour se réaliser au maximum de leurs potentialités.

L'éducateur averti saura que, pour participer à l'évolution globale des enfants, il est essentiel qu'il cherche l'équilibre dans sa propre vie. Il pourra ainsi être créateur d'équilibre dans la vie de ceux qu'il a pour mission d'accompagner sur le chemin de leur épanouissement.

C'est sur cette notion fondamentale d'équilibre que je termine le troisième et dernier chapitre de cet ouvrage sur l'éducation, chapitre qui a répondu à la question suivante : Comment apprendre à l'éduqué à se réaliser ?

La réalisation de l'éduqué tout comme celle de l'éducateur devient un des moyens de rendre heureuses les personnes impliquées dans le processus éducatif. Cette réalisation qui comprend l'élargissement de la zone de confort, le développement du sens des responsabilités, le sens du discernement et la recherche d'équilibre ne s'atteint toutefois pas sans difficultés. Chaque fois que je suis passée à l'action pour réaliser mes rêves, j'ai connu de profondes satisfactions mais aussi des moments plus ardus. Je ne veux pas faire croire que la route d'une vie n'est parsemée que de marguerites au cœur d'or et qu'il suffit d'arracher les pétales pour que tous les problèmes s'envolent comme par magie. Elle renferme aussi des roses avec des épines qui favorisent les remises en question, qui permettent de mesurer notre détermination et qui nous font évoluer et aller toujours plus loin dans l'exploitation de nous-mêmes.

Quand, en 1985, j'ai créé le Centre de Relation d'Aide de Montréal avec mon mari, j'ai mis sur pied une école qui m'a donné la possibilité de mettre à profit tout mon potentiel créateur. Je suis aujourd'hui très fière de cette merveilleuse réalisation grâce à laquelle j'ai fait un cheminement remarquable sur les plans personnel et professionnel et grâce à laquelle des centaines de personnes du Québec et de pays étrangers ont considérablement amélioré leur relation avec elles-mêmes et avec les autres tout en devenant, sur le plan professionnel, des spécialistes compétents de la relation d'aide.

Cependant, si cette école d'apprentissage m'a comblée de satisfaction, elle n'a pas toujours été une entreprise sans problèmes. En cours de route, j'ai dû faire face à des jugements injustifiés, à la critique destructrice, au rejet et même à la trahison de la part de personnes en qui j'avais mis toute ma confiance.

De tels obstacles peuvent nous détruire, bloquer notre évolution et nous mener à sacrifier nos rêves tout comme ils peuvent contribuer à nous construire et à nous faire avancer plus vite vers notre réalisation. Nous avons le choix. Pour ma part, j'ai choisi de m'en servir comme tremplins et comme moyens d'apprentissage. Grâce à eux, j'ai fait des découvertes extraordinaires à propos de la nature humaine et de la vie et surtout à mon sujet par le biais de la responsabilité. J'ai parfois beaucoup souffert mais mon élan intérieur m'a fait transformer cette souffrance en créativité. De plus, j'ai compris que je souffrirais encore davantage si je restais sur place et que je ne suivais pas ma voie intérieure. C'est pourquoi je ne suis jamais habitée par la frustration et le regret, jamais tirée vers le passé mais toujours tournée vers l'avenir.

> **Mon expérience du passage à l'action m'a appris que je peux réaliser tous mes rêves si je le veux vraiment à condition qu'ils s'inscrivent dans la réalité et qu'ils me fassent évoluer tout en faisant évoluer les autres et la société.**

Cette conviction inébranlable, je l'ai transmise en tant qu'éducatrice à mes élèves et à mes enfants et j'espère aussi avoir réussi à la transmettre aux parents, aux enseignants et aux autres éducateurs par le biais de cet ouvrage. J'aimerais qu'après sa lecture ils s'offrent le merveilleux cadeau de suivre leur chemin de vie, de franchir les obstacles et d'avancer vers leur but en se servant des expériences du passé sans jamais revenir en arrière.

> **Tout est possible à celui qui veut, j'en suis profondément convaincue. Il n'est jamais trop tard pour se réaliser. Commencez dès mainte-**

nant. Déterminez les étapes de votre
parcours. Allez-y et si vous savez,
au fond de vous-même, que vous
êtes juste et que vous suivez le bon
chemin, <u>ne laissez rien ni personne
vous arrêter.</u>

CONCLUSION

À la fin du XIXe siècle, avec le développement de la psychologie expérimentale, apparaît la science de l'éducation fondée sur la psychologie scientifique. Le monde de l'éducation, encore aujourd'hui influencé par cette forme de psychologie, fonctionne, nous dit Maurice Tardif, sur le modèle de la médecine. Le travail de l'éducateur consiste en l'application avec les éduqués, des résultats de la recherche scientifique en psychologie tout comme le médecin utilise, pour traiter ses patients de façon appropriée, les plus récentes découvertes scientifiques reliées à la pratique de la profession.[1]

Autrement dit, des chercheurs, généralement non engagés directement dans les milieux éducatifs, décident des buts, des fondements et des moyens d'application de leurs

---

1 Maurice Tardif, *Le projet de création d'une science de l'éducation au XXe siècle : analyse et comparaison de deux psychologies scientifiques* in La pédagogie, sous la direction de Clermont Gauthier et Maurice Tardif, Éditions Gaétan Morin, Montréal, 1996, p. 217-218-219.

recherches, lesquels sont ni plus ni moins imposés aux praticiens.

C'est ce que l'on nomme dans les universités la psychopédagogie et que l'on pourrait appeler la psycho-éducation. Cependant, il faut préciser que toutes les psychologies ne sont pas considérées comme scientifiques. La psychologie analytique de Freud, la psychologie des profondeurs de Jung, la psychologie de la forme de Perls, la psychologie phénoménologique d'origine husserlienne, la psychologie transpersonnelle de Grof et la psychologie humaniste représentée par Maslow et Rogers sont toutes rejetées au profit de la psychologie du comportement de Skinner et Watson et de la psychologie cognitive inspirée par Piaget[2] parce que ces dernières sont propices à l'élaboration d'objectifs mesurables. Fondées sur l'étude du comportement et des processus mentaux, elles négligent, en partie ou totalement, le monde psychique et, conséquemment, accordent peu ou pas d'importance à la mouvance émotionnelle et à l'impact sur la relation de la réalité subjective de l'éducateur et de l'éduqué.

Est-ce dire que les réalités psychiques ont été exclues du monde de l'éducation au cours du dernier siècle ? Est-ce dire que les autres courants de la psychologie n'ont exercé aucune influence sur les éducateurs et qu'ils ne sont pas applicables dans le monde de l'éducation?

Fort heureusement non, puisque la psychologie humaniste, bien que considérée comme non scientifique, a réussi à se frayer une place importante en éducation, spécialement avec la contribution de Carl Rogers. Rogers a

---

[2] op.cit

cherché, nous dit Denis Simard, « *à résoudre le conflit entre le béhaviorisme et la psychanalyse classique ou, selon ses termes, entre les pôles « objectifs » et « subjectifs » de la psychothérapie* ». Aussi, ajoute Simard, Rogers a-t-il étudié la personne en excluant « *l'introspectionisme vague* » de la psychanalyse et « *l'approche exclusivement statistique et objective* » du behaviorisme. [3]

Les fondements de son approche thérapeutique et éducative ont interpellé certains chercheurs et surtout rejoint de nombreux éducateurs qui, pour répondre aux besoins de la réalité éducative, ont développé une démarche plus subjective et plus sensible auprès des éduqués. Les influences du courant humaniste étant difficilement mesurables scientifiquement, on pourrait tout de même dire que Rogers, même s'il a parfois glissé, à mon avis, dans une forme de non-directivité qui a conduit au laxisme dans certains cas, n'en a pas moins contribué à rétablir l'équilibre dans le monde de l'éducation. Grâce à lui, on peut non seulement parler d'une science de l'éducation mais aussi d'un art de l'éducation, un peu comme le pratiquaient ou le concevaient les Grecs, les Romains, les penseurs de la Renaissance et de la Réforme, Jean-Jacques Rousseau et les romantiques. [4]

Avec lui et, plus récemment, avec Lozanov, le créateur de la suggestologie, et Jean Lerède, l'éducateur est d'abord et avant tout, par sa participation à la création humaine, un artiste en ce sens que le résultat de son approche dépend autant, sinon plus, de ce qu'il est que de ce qu'il sait. L'éducateur-artiste est celui qui, pour emprunter

---

[3] Denis Simard, Carl Rogers et la pédagogie ouverte in La pédagogie, op. cit.

[4] Gauthier et Tardif, La pédagogie, op. cit.

les mots de Pascal [5] a développé non seulement « l'esprit de géométrie » mais surtout « l'esprit de finesse », c'est-à-dire cet art subtil et rare d'appréhender la richesse et la complexité de la nature humaine dans ce qu'elle a de plus précieux. Cette démarche demeure insaisissable pour celui qui a limité sa compétence au développement des connaissances scientifiques et exclusivement rationnelles. L'éducateur-artiste est surtout préoccupé par la personne même de l'éduqué et par la relation éducative parce que, pour lui, l'éducation n'est pas une fin en soi. Elle est un processus, le processus de la vie, le processus évolutif d'un être humain qui le mène de sa naissance jusqu'à sa mort.

Nous sommes tous des éducateurs. L'enfant éduque son père et sa mère, l'élève éduque ses maîtres. Par leur présence et par ce qu'ils sont, ils suscitent les remises en question, ils favorisent la connaissance de soi, ils éveillent les potentialités tout autant que peuvent le faire le parent et l'enseignant. C'est pourquoi l'éducation résulte d'une relation entre deux personnes distinctes qui s'enrichissent mutuellement dans le respect de leurs rôles, qui se stimulent l'une l'autre et qui se réalisent chaque jour davantage, grâce au lien qui les unit dans cette œuvre commune qu'est la création de soi, de l'autre et du monde.

L'évolution de l'humanité au 3e millénaire dépassera largement les découvertes de la science et de la technologie. Les progrès remarquables de la fin du 20e siècle en ces domaines ont été extraordinaires en termes de connaissance, d'efficacité et de productivité, mais toutes ces innovations n'ont pas répondu aux cris désespérés de l'enfant et de l'homme qui ont besoin d'amour ; elles n'ont pas ré-

---

[5] Blaise Pascal, Les pensées, p.9.

duit l'impuissance des parents et des enseignants qui manquent de ressources ; elles n'ont pas diminué les problèmes de délinquance, de violence ni le suicide chez les jeunes ; elles n'ont pas diminué la détresse de ceux qui se battent pour assurer leur survie physique et psychique ; elles n'ont pas anéanti les guerres ; elles n'ont pas su résoudre les problèmes causés par la drogue, l'alcool et la prostitution ; elles n'ont pas diminué le nombre de séparations et de divorces ; et, en dépit des communications internationales qu'elles ont favorisées, elles n'ont pas comblé les difficultés de communication, entre les époux et entre les parents et leurs enfants. Malgré les sommes astronomiques qu'elles ont exigées, elles n'ont pas réussi à rendre les hommes fondamentalement plus heureux.

Il est temps qu'on s'arrête et qu'on réfléchisse à cette importante partie de l'humanité qui crie « au secours ». Quels sont les plus grands besoins des enfants ? Quels sont les besoins les plus fondamentaux des éducateurs ? Il est essentiel de trouver les moyens pour donner à ceux qui n'en ont pas, un toit et de la nourriture, mais tout ça est encore loin d'être suffisant. Beaucoup d'êtres humains, riches comme pauvres, sont totalement dépourvus de ressources affectives et spirituelles. Il est urgent de songer à nourrir les cœurs d'amour véritable et de semer des espoirs fondés sur la réalité, par la création de relations humaines plus saines et plus équilibrées. Il ne s'agit plus seulement du problème de quelques individus, mais d'un problème de société et d'humanité.

Nous ne sommes pas isolés. Nous ne pourrons plus très longtemps nous enfermer dans l'individualisme et l'indépendance malsaine qui jouent contre notre nature même. En réalité, tout en étant uniques et différents, nous n'en sommes pas moins reliés les uns aux autres comme l'arbre est relié à la terre, la terre à l'eau et à la chaleur du Soleil. C'est une conscience humanitaire qu'il importe d'éveiller pour que chacun réalise qu'il fait partie d'un tout et que toutes les parties de cet ensemble s'influencent les unes les autres au sens qu'elles agissent les unes sur les autres. Autrement dit, chaque personne humaine est interreliée à sa famille, à son école, à sa société, au monde. Elle agit sur eux, consciemment ou non, et ils influent sur son « être » et sur son « devenir ».

Pour participer à l'œuvre commune des hommes qui consiste à créer un monde meilleur, il ne s'agit pas nécessairement de se lancer dans des croisades planétaires mais bien plutôt d'être conscient de l'influence bienfaisante, sur la société et l'humanité, des relations nourrissantes à l'intérieur des cellules de base que sont la famille et l'école. À mon avis, c'est la relation éducative qui sert de fondement à la société d'aujourd'hui et à celle du 3e millénaire. C'est elle qui peut donner à l'humanité ce que les découvertes de la science et de la technologie ne lui ont pas encore apporté. C'est elle qui peut répondre aux besoins véritables de l'homme de façon à le rendre plus humain, plus proche de lui-même et, conséquemment, plus capable d'établir des relations profondes et authentiques avec les autres.

C'est quand nous aurons compris l'importance de l'éducation, au sens développé ici, comme facteur d'évolution de la personne humaine et de l'humanité, que commenceront à se résoudre les plus grands problèmes du monde. C'est quand nous donnerons aux éducateurs les ressources nécessaires pour mieux accomplir leur tâche et que ces

316

derniers crieront assez fort pour
réclamer la reconnaissance qu'ils
méritent que nous contribuerons à
semer la paix dans nos sociétés
déchirées par les luttes de pouvoir.
Quand nous aurons saisi que c'est
surtout dans la famille et à l'école
que se forment ceux qui assureront
l'avenir de notre ville, de notre pays
et du monde, nous serons motivés à
donner à l'éducation la place prioritaire qui lui revient dans nos vies.

Ce n'est pas seulement comme société que nous nous devons d'agir, bien que je sois convaincue que les instances politiques et administratives ont une part indéniable à assumer en ce sens. Leur rôle n'est pas uniquement de fournir des ressources financières mais surtout de contribuer à soutenir les milieux éducatifs dans la mise en place de valeurs plus humaines pour remplacer la concurrence et la performance par la reconnaissance des ressources personnelles; ces instances doivent aussi assurer l'intégration de toutes les dimensions de l'être à la pratique éducative.

Cela dit, le rôle le plus important revient aux **éducateurs**, c'est-à-dire aux parents et aux enseignants. Ils sont ceux qui participent le plus près et le plus activement à l'avenir des enfants. Ils sont ceux qui ont le plus besoin d'aide, de support, d'encouragement et surtout de soutien, de reconnaissance et de valorisation. Leur influence est indéniable sur les éduqués. **Ils sont au cœur de l'évolution de l'homme**. C'est pourquoi il est essentiel et urgent de leur fournir beaucoup plus de ressources sur le plan du ressourcement personnel et de leur donner beaucoup plus de considération.

Plusieurs **parents** sont confrontés à l'impuissance devant les comportements de leurs enfants. Certains sont envahis par la honte et la culpabilité parce qu'ils ont le sentiment d'avoir échoué dans leur rôle d'éducateurs. D'autres, découragés, ont choisi d'abandonner. Tous ces parents, de plus en plus nombreux, ont besoin d'être entendus, compris, soutenus, encouragés et aidés. Dans un monde où les jeunes baignent dans la violence, les problèmes de dépendance, de décrochage scolaire et même, de chômage, et où un nombre de plus en plus élevé d'adolescents et de jeunes adultes se suicident, la tâche des parents n'est pas toujours facile. Il est essentiel que des ressources beaucoup plus nombreuses soient mises à leur disposition et même que des moyens adaptés à la société actuelle, soient créés pour préparer les pères et les mères à leur mission d'éducateurs et de créateurs de la société de demain.

Il est aussi urgent que les **enseignants** affirment leurs besoins et qu'ils trouvent les moyens de se faire entendre concernant la fonction la plus déterminante de leur profession qui est non seulement celle d'enseigner mais aussi d'éduquer. Le fait de se battre pour améliorer leur salaire et leurs conditions de travail est essentiel compte tenu de l'ampleur de leur tâche, mais nettement insuffisant. Limiter leurs revendications à ces seuls éléments altère malheureusement leur crédibilité auprès du public. En agissant ainsi, ils présentent une image beaucoup trop réduite de leur véritable travail auprès de leurs élèves. C'est pourquoi il est fondamental qu'ils informent la population au sujet des exigences de leur profession et qu'ils revendiquent aussi plus fermement beaucoup plus de ressources pour leur propre perfectionnement et pour la résolution des problèmes de plus en plus cruciaux qui envahissent chaque jour les écoles, des problèmes graves tels la drogue, l'alcool, la violence, le décrochage. Ils ont réellement besoin de formation et de support pour faire face aux difficultés incontournables de l'enfant abandonné, de l'enfant agressé, de l'enfant violé, de l'enfant écartelé entre des parents qui se déchirent, de l'enfant démotivé, de l'enfant angoissé et de tous ces enfants perturbés et malheureux qu'ils rencontrent tous les jours.

Il est devenu impossible pour les parents, les enseignants et les responsables de l'éducation de fermer les yeux sur ces réalités et d'aborder leur rôle de façon unidimensionnelle en concentrant leurs efforts uniquement sur l'apprentissage de notions théoriques, scientifiques ou pratiques. Il faut s'ouvrir les yeux et regarder la réalité en face pour composer avec elle plutôt que d'essayer de ramener le monde de l'éducation à des principes, à des valeurs et à des approches désuètes qui convenaient aux générations précédentes mais qui ne sont plus du tout adaptées aux enfants d'aujourd'hui. Ces derniers sont confrontés à des réalités personnelles et sociales que nos parents et nos grands-parents n'ont jamais connues.

Éduquer et enseigner aujourd'hui, diffère complètement du métier d'enseignant d'il y a trente ou quarante ans. Les éducateurs actuels, scolaires ou parentaux, ont besoin de nombreuses ressources personnelles en relation d'aide. Tant et aussi longtemps que ces ressources ne leur seront pas fournies au niveau de la formation des maîtres et de leur formation permanente, tous les efforts pour régler les véritables problèmes de l'éducation seront vains. L'enseignant actuel doit être

**reconnu par tous non seulement
comme spécialiste d'une matière,
non seulement comme pédagogue
mais aussi et surtout comme
éducateur.**

Il est important, bien sûr, de s'occuper de la santé du corps et de donner aux spécialistes de la santé physique le support et la reconnaissance dont ils ont besoin. Mais il est temps qu'on s'occupe enfin de la reconnaissance de ceux qui ont, par le biais de l'éducation, la charge quotidienne de la santé affective et spirituelle de l'enfant et de la société. Un corps n'est jamais complètement sain quand le cœur et l'âme sont malades. Croire que tout ce qui concerne la vie psychique concerne uniquement les psychologues et les psychothérapeutes s'avère une grave erreur. Cette croyance a pour conséquence de dissocier les 4 dimensions de l'éduqué et d'encourager certains enseignants et certains directeurs d'école à agir comme si l'école n'avait pour but que de nourrir la dimension intellectuelle et qu'il fallait réserver les dimensions affective et spirituelle aux psychologues ou aux responsables de la pastorale. Sans être des spécialistes de la psychologie, les parents et les enseignants d'aujourd'hui ne peuvent avoir une approche globale de leurs enfants et de leurs élèves s'ils limitent leur travail à l'enrichissement des connaissances rationnelles et pratiques. La plupart d'entre eux en sont d'ailleurs conscients et souffrent du manque de ressources.

Autrefois, notre société avait surtout besoin d'instruction pour évoluer. Aujourd'hui, elle a besoin d'éducation. L'instruction, bien que nécessaire, ne suffit plus. Il s'agit d'observer ce qui se passe dans les

familles et dans les écoles pour s'en convaincre. Pourquoi alors ne pas tenir compte des besoins réels et ne pas s'organiser pour y répondre en préparant les maîtres non seulement à instruire les enfants mais aussi à les éduquer par des approches qui ne les morcellent pas en plusieurs dimensions mais qui respectent tout ce qu'ils sont ? C'est l'avenir de nos enfants, de nos sociétés et de l'humanité qui est en cause.

L'amélioration de la condition humaine est notre responsabilité à tous. Elle dépend d'une participation des instances qui détiennent les pouvoirs politiques et administratifs et de celle des enseignants et des parents. Ces derniers ont aussi leur responsabilité à une autre échelle. Ils forment la base de la pyramide du monde de l'éducation. Ils servent de base à la structure. Sans eux, tout s'écroule. Ils sont constamment en relation directe avec les éduqués, quel que soit leur âge. Ils ont une grande influence sur leur évolution. Quand donc serons-nous assez sensibilisés à cette réalité pour assurer des changements significatifs dans les milieux de l'éducation, autant en tant que sociétés qu'en tant que personnes ?

C'est à chacun d'entre nous à titre d'éducateurs de contribuer à magnifier notre tâche en étant d'abord conscient de l'importance de notre rôle et de la responsabilité qui en découle. Il ne s'agit pas de prôner le perfectionnisme, encore moins la domination. Trop souvent, quand les groupements sont reconnus, ils se servent de cette reconnaissance pour se montrer supérieurs et pour dominer. Il s'agit d'abord de jouer un rôle social en s'affirmant comme groupes et d'agir personnellement en prenant les moyens pour être de bons éducateurs, c'est-à-dire pour être des personnes humaines qui utilisent leurs forces et qui acceptent leurs limites et leurs faiblesses.

Sur le plan personnel, être un bon éducateur, veut d'abord dire : rester fidèle à soi-même et être ouvert à son propre ressourcement par le biais de ses relations avec ses enfants et ses élèves et par le biais de ses relations amicales, amoureuses et professionnelles.

Pour être un bon éducateur, il ne faut pas s'inquiéter uniquement de ce que nos enfants et nos élèves vont devenir sur le plan professionnel mais surtout se préoccuper de leur bonheur.

Être un bon éducateur, c'est apprendre aux jeunes à suivre la voie intérieure qui les conduira sur des chemins où ils seront heureux. Cela ne sera possible que si nous cherchons à être heureux nous-même. Aussi, j'encourage tous les éducateurs qui me lisent à prendre maintenant le temps de répondre aux questions suivantes :

- *Êtes-vous heureux ?*
- *Qu'est-ce qui vous rend heureux ?*
- *Qu'est-ce qui manque à votre bonheur ?*

C'est en cherchant la réponse à ces questions pour vous-même d'abord que vous pourrez ensuite être plus sensible à ce qui fera le bonheur véritable de vos enfants et de vos élèves.

J'ai consacré ma vie à l'éducation et, comme formatrice de spécialistes de la relation d'aide, je suis convaincue que mon enseignement serait vide de sens si je n'étais pas consciente de mon rôle d'éducatrice auprès de mes élèves. C'est cette préoccupation qui donne à mon travail toute sa valeur et toute sa chaleur. Je sais que je n'ai pas seulement pour mission de communiquer des connaissances théoriques et pratiques mais que je dois le faire en ne perdant jamais de vue que je m'adresse à des personnes globales qui ont besoin de nourrir non seulement leur tête mais aussi leur cœur, leur âme et leur corps. Cette conscience toujours présente me garde éveillée, disposée à apprendre sur moi-même, à me remettre en question, à découvrir et à respecter ma différence et celle des autres. C'est elle qui m'aide aussi à poursuivre ma mission, à ne pas trahir ma voie intérieure et à suivre mon chemin tant dans les moments de grande satisfaction que dans les passages difficiles.

Je sais que ce qui me permet d'entretenir constamment la passion pour mon travail après toutes ces années et malgré tous les obstacles rencontrés sur ma route, c'est le travail que je fais sur moi-même et aussi ma foi profonde en la force intérieure qui m'habite et en la grandeur de l'être humain.

En cultivant cette foi, l'éducateur peut dissoudre ses doutes parce qu'elle lui rendra le contrôle de lui-même et lui donnera l'élan perpétuel dont il a besoin pour accomplir sa mission malgré les difficultés et en dépit des désapprobations. Je crois que l'une des plus importantes ressources dans la recherche de bien-être est d'assumer la responsabilité de son propre bonheur. Et le meilleur moyen de se procurer soi-même la plénitude à transmettre aux éduqués est de la chercher dans la simplicité de la vie quotidienne.

Le bonheur est modeste. Il n'a rien d'extravagant ni d'inaccessible. Quand on le cherche trop loin dans l'espace et dans le temps, on ne le voit pas passer devant sa porte. La route la plus sûre pour y accéder est celle de l'instant présent. Être heureux, c'est apprendre à vivre pleinement « les moments vrais », qu'ils soient agréables ou désagréables, comme le dit si bien la psychologue américaine Barbara de Angelis. Plutôt que de rêver d'un bonheur inaccessible, sans souffrance ni obstacles, plutôt que de sortir de la réalité humaine pour tenter de trouver le bien-être dans un nirvana imaginaire qui conduit toujours à la désillusion, l'éducateur qui a pour objectif de rendre heureux ses enfants et ses élèves leur apprendra à le trouver en les aidant :

- à être pleinement eux-mêmes
- à être en relation avec les autres
- à être créateurs de leur vie, de leurs rêves et, conséquemment créateurs du monde.

BIBLIOGRAPHIE

BARRET, G. (1989). *Essai sur la pédagogie de la situation en expression dramatique et en éducation.* Outremont : Éditions recherche en expression.

BARRET, G. (1992). *La pédagogie de la situation.* Montréal: Édition Recherche en Expression.

BIGEAULT, J.-P. et G. TERRIER. (1978). *L'illusion psychanalytique en éducation.* Paris : PUF.

CHEVALIER, J. et A. Gheerbrant, (1973). *Dictionnaire des symboles.*Tomes I, II, III, IV. Paris : Éditions Seghers.

DE ANGELIS, B. (1994). *Real Moments.* New-York : Dell Publishing.

FILLIOZAT, I. (1997). *L'intelligence du cœur. Rudements de grammaire émotionnelle.* France : JC Lattès.

GARDNER, H. (1996). *Les intelligences multiples.* Paris : Retz.

GIBRAN, K. (1956). *Le prophète.*Tournai : Casterman.

GINGRAS, J.-M. (1979). *Notes sur l'Art de s'inventer comme professeur.* Prospectives. (Vol. 15, N° 4, pp. 193-204). Montréal.

GOLEMAN, D. (1997). *L'intelligence émotionnelle, comment transformer ses émotions en intelligence.* Paris : Robert Laffont.

GROF, S. 1984). *Psychologie transpersonnelle.* Traduit de l'américain par Paul Couturiau et Christel Rollinat. Monaco : Éditions du Rocher.

JEFFERS, S. (1987). *Feel the fear and do it anyway.* New-York : Ballantine Books.

JOHNSON, Dr P. (1992). *Time Out! Restoring your Passion for Life, Love and Work.* Toronto : Stoddart.

JUNG, C.-G. (1964). *Didactique du Moi et de l'inconscient.* Traduit de l'allemand par Roland Cohen. Paris : Gallimard.

JUNG, C.-G. (1969). *L'âme et la vie.* Traduit de l'allemand par Roland Cohen et Yves Le Lay. 2e éd, Paris : Buchet/ Chastel

JUNG, C.-G. (1962). *Présent et avenir.* Traduit de l'allemand par Roland Cohen. 2e éd. Paris : Éditions Buchet/ Chastel.

JUNG, C.-G. (1963). *Psychologie et éducation.* Traduit de l'allemant par Yves Le Lay. Paris : Éditions Buchet/ Chastel.

KRISHNAMURTI, J. (1980). *De l'éducation*. Traduit de l'indien par Carlos Suarès. 7e éd., Paris : Delachaux et Niestlé.

LERÈDE, J. (1980). *Les troupeaux de l'aurore : mythes, suggestion créatrice et éveil surconscient*. Boucherville : Éditions de Mortagne.

LERÈDE, J. (1980). *Suggérer pour apprendre*. Québec : Les Presses de l'Université du Québec.

LOBROT, M. (1974). *Les effets de l'éducation*. 2e éd., Paris : Éditions ESF.

LOZANOV, G. (1984). *Suggestologie et éléments de suggestopédie*. Traduit du bulgare par Pascal Boussard. Montréal : Éditions Sciences et Culture.

PASCAL, B. (1935). *Pensées et Opuscules*. Paris : Librairies Hachette.

PETERS, Dr R. (1997). *Don't be afraid to discipline*. New-York : Golden Books.

PORTELANCE, C. (1995). *Authentic Communication : In Praise of Intimate Relationships*. Traduit du français par Diana Halfpenny. Montréal : CRAM Publishers.

PORTELANCE, C. (1994). *La communication authentique : L'éloge de la relation intime. 2e éd. 1997 sous le titre Approfondissez vos relations intimes par la communication authentique*. Montréal : Éditions du CRAM.

PORTELANCE, C. (1996). *La liberté dans la relation affective*. Montréal : Éditions du CRAM.

PORTELANCE, C. (1990). *Relation d'aide et amour de soi : L'approche non directive créatrice en psychothérapie et en pédagogie.* 4e éd. 1998, Montréal : Éditions du CRAM.

PORTELANCE, C. (1994). *Helping Relationships Through Self-Love : A Creative Nondirective Approach to Psychotherapy and Education.* Montréal : CRAM Publishers.

RACLE, G. (1983). *La pésagogie interactive.* Paris : Retz.

ROGERS, C. (1972). *Liberté pour apprendre.* Paris : Dunod.

SEARS, B., B. LAWREN, (1997). *Le juste milieu dans votre assiette : Un régime révolutionnaire.* Traduit de l'américain par Jeanne-Maroun-Haddad. Montréal : Les éditions de l'homme.

STARENKYJ, D. (1981). *Le mal du sucre.* Richmond, Orion.

TARDIF, M. et C. Gauthier. (1996). *La pédagogie, théories et pratiques de l'Antiquité à nos jours.* Montréal : Éditions Gaétan Morin.

WINNICOTT, D.-W. (1989). *Processus de maturation chez l'enfant : Développement affectif et environnement.* Traduit de l'anglais par J. Kalmanovitch. Paris : Payot

TABLE DES MATIÈRES

RELATION D'AIDE ET AMOUR DE SOI

◆

Best-seller des huit dernières années, **Relation d'aide et amour de so**i est un livre bien pensé et juste. Il propose de la relation humaine aidante une approche cohérente, complète, structurée et guidée dans le processus. Dans la continuation des travaux de Carl Rogers, l'auteur met l'accent sur la congruence et la connaissance, le respect, l'amour et l'expression de soi. L'amour de soi, et de l'autre, passe par l'écoute des besoins, des émotions et des complexes via un saisissant processus des mécanismes psychiques clairement décrit. Simple et solide, c'est un livre grand public et professionnel, sérieux et profond, stimulant et enrichissant.

ISBN 2-922050-08-4
4ᵉ édition 1998

Approfondissez vos relations intimes par
LA COMMUNICATION AUTHENTIQUE

◆

Aussi populaire que le livre précédent, **Approfondissez vos relations intimes par la communication authentique** montre, en plus d'«avoir de bonnes relations», comment «être en relation», i.e. comment, par un entraînement de soi, gagner en profondeur, en authenticité, en qualité. L'auteur y traite du phénomène émotionnel dans les relations, des éléments et des niveaux de la communication, de ses obstacles et de ses facilitateurs. Elle montre l'essentiel qui mène à la liberté. Passionnant, ce livre, tout comme le précédent, s'adresse aux couples, aux parents, aux enseignants, aux praticiens et professionnels de la relation d'aide. Ses lignes sont remplies d'une sève et d'une richesse qui touchent quel que soi le niveau où l'on se trouve soi-même.

ISBN 2-9801489-7-0
2ᵉ édition 1997

ALSO AVAILABLE IN ENGLISH

CRAM Publishers Inc. (514) 598-8547
ISBN 2-9801489-5-4

LA LIBERTÉ DANS LA RELATION AFFECTIVE

◆

Paru en octobre 1996, 10 000 exemplaires ont été vendus en trois mois.

Cet ouvrage, rigoureusement juste, propose avec intelligence, sensibilité, simplicité et d'une manière concrète le nouveau chemin à fréquenter pour se sentir libre dans toutes ses relations, en particulier dans ses relations affectives. Dans ce livre, dont la lecture vous entraîne au coeur de vous-même, la peur de l'engagement et la peur de perdre sa liberté, qui lui est intimement liée, s'estompent au profit d'une véritable gestion de la psyché. Le discours, à la portée de tous, favorise la compréhension simple et rassurante de la nature même du fonctionnement de l'homme en relation avec lui-même et avec les autres. Un livre passionnant, un outil fondamental.

ISBN 2-9801489-6-2
1ᵉʳᵉ édition 1996

FORMATION PROFESSIONNELLE
EN RELATION D'AIDE ET EN PSYCHOTHÉRAPIE

par l'approche non-directive créatrice^{MC}
de Colette Portelance

Pour se créer des relations affectives durables et satisfaisantes

•

Pour devenir un psychothérapeute compétent et un spécialiste
des relations humaines dans les milieux de travail.

•

Offrez-vous une formation sérieuse à l'école de Colette Portelance,
l'une des plus anciennes et des plus grandes écoles privées
de formation à la psychothérapie et à la relation d'aide
du Québec et des pays francophones du monde.

Une formation de 1200 heures en 3 certificats

Programme national

Formation de 3 ans comprenant environ
10 week-ends et un stage intensif par année
(Montréal et Québec)

Programme international

Formation intensive d'été pour les personnes
de pays étrangers et des régions éloignées
du Québec et d'ailleurs.

Demandez nos programmes détaillés :

1030, rue Cherrier, bureau 205, Montréal (Québec) H2L 1H9
Tél. : (514) 598-7758 / Fax : (514) 598-8788
Internet : www.cram-eif.org

formation :
ÉDUQUER POUR RENDRE HEUREUX
pour les parents et les enseignants

L'objectif de la formation *Éduquer pour rendre heureux* est de fournir aux parents et aux enseignants des moyens réalistes et efficaces pour assumer plus sereinement et avec plus de satisfaction leur mission auprès des éduqués de tous les âges. Elle a pour but de les aider à trouver des solutions pertinentes à leurs problèmes et de leur fournir des réponses concrètes aux grandes questions qu'ils se posent :

- *Comment composer avec la culpabilité et l'impuissance de façon créatrice et vraiment éducative ?*
- *Comment s'occuper de nos besoins et de nos limites en éducation ?*
- *Comment s'assumer comme autorité sans être autoritaire ? Comment intégrer la discipline personnelle dans la vie des éduqués ?*
- *Comment communiquer adéquatement et maintenir une relation agréable et nourrissante avec nos enfants et nos élèves ?*
- *Comment départager la responsabilité de chacun dans les problèmes relationnels ?*
- *Comment aider l'enfant dans les étapes de son développement ?*
- *Comment traverser sereinement la période d'adolescence ?*
- *Que faire pour inculquer et inspirer le respect ? Comment développer l'habitude à la reconnaissance ?*
- *Comment dépister et travailler avec les différents types d'intelligence des éduqués pour favoriser l'apprentissage ?*

Grâce à son expérience approfondie de la relation éducative, Colette Portelance avec l'aide de d'autres spécialistes, apportera aux éducateurs scolaires et parentaux des moyens adaptés aux éduqués de la société d'aujourd'hui. Aussi cette formation fera-t-elle une très grande différence dans la vie des parents et des enseignants qui la suivront. Ils auront en main des outils fondamentaux non seulement pour rendre leurs enfants plus heureux mais aussi et surtout pour accomplir leur mission avec beaucoup plus de calme et de sérénité.

Formation de 150 heures réparties en 10 week-ends sur 1 an.
Aucun préalable.

Pour plus d'informations : 514-598-7758

La **première édition**
du présent ouvrage
publié par Les Éditions du Cram
a été achevé d'imprimer
le 20e jour d'octobre
de l'an mil neuf cent quatre-vingt-dix-huit
sur papier Windsor Offset 120M
sur les presses de l'imprimerie Gagné à Louiseville.

IMPRESSION
IMPRIMERIE GAGNÉ